이슈를 통해 본

미국정치

미국학총서 XIII

이슈를 통해 본 미국정치

펴낸곳 서울대학교출판문화원
펴낸이 오연천
지은이 서현진 이소영 김준석 박원호
장승진 정회옥 정수현 정구연

초판 1쇄 인쇄 2014년 5월 25일
초판 1쇄 발행 2014년 5월 30일
출판등록 제15-3호

주소 151-742 서울 관악구 관악로 1
대표전화 02-880-5252 **팩스** 02-888-4148
마케팅팀(주문상담) 02-889-4424, 02-880-7995
이메일 snubook@snu.ac.kr
홈페이지 www.snupress.com
영문 홈페이지 eng.snupress.com

ISBN 978-89-521-1595-9 94340
978-89-521-1106-7 (세트)

이 저서는 2013학년도 서울대학교 미국학연구소 총서 사업의
지원을 받아 수행된 연구 결과물임.
This work was supported by Seoul National University
(American Studies Institute Publication Series).

미국학총서 XIII

POLITI CAL ISSUES

이슈를 통해 본
미국정치

This book aims to promote in-depth discussion, facilitate further research and help readers understand how political issues affect American society today and will for years to come. It includes eight critical issues at the heart of current American public policy and society: education reform, healthcare reform, gun control, affirmative action, gay rights, immigration, energy security, and human rights diplomacy. Current events and debates over all eight issues are addressed throughout the book to spark interest and demonstrate how the government affects Americans' daily lives.

서현진·이소영·김준석·박원호
장승진·정회옥·정수현·정구연

서울대학교출판문화원

Political Issues for Debate in American Society

Hyun-Jin Seo
So Young Lee
Junseok Kim
Won-ho Park
Seung-Jin Jang
Hoi Ok Jeong
Soo Hyun Jung
Kuyoun Chung

Seoul National University Press

서문

오랫동안 영국의 식민지였다가 독립하여 새로운 나라를 건국하는 과정에서 미국의 가장 큰 고민거리는 개인과 주 그리고 국가가 어떻게 서로 권력을 나누고 공유할 것인가였다. 길고 힘든 논쟁과 시행착오를 거쳐 일단의 타협과 합의를 이루게 되었고 그 결과물은 행복한 공존을 위한 제도로 나타났다. 삼권분립을 원칙으로 하는 대통령제를 만들고 주와 연방 간 권력을 나누는 연방제를 창출했으며 이런 제도의 기반이 된 가치들을 헌법으로 명문화하였다. 건국의 아버지들(founding fathers)이 구상한 대통령제와 연방제 그리고 헌법적 가치들은 당시로선 매우 실험적인 것이었다. 그들은 미국이 현재와 같이 미국식 민주주의 모델과 미국적 가치를 전 세계에 전파하는 강대국이 될 것이라고 상상했을까? 현재를 살고 있는 미국인들에게는 어떤 제도와 헌법 가치가 소중할까? 건국 초기부터 현재까지 중요하게 여겨지는 미국의 가치는 무엇이며, 정치·사회적 변화에 따라 다르게 해석되는 가치는 무엇인가?

이 책은 이러한 궁금증에서 출발하였다. 현재 미국의 정치와 사회를 이해함에 있어 과거와의 연결 고리를 놓치지 않으려고 했고 이를 통해 미래를 가늠해 보고자 했다. 현재 미국사회에서 뜨거운 논쟁거리인 여덟 가지 정치 이슈를 중심으로 각 이슈가 제기된 배경과 다양한 관련 행위자가 주어진 구조적·제도적 조건 아래서 어떤 상호작용을 하면서 발전해 왔는지를 살펴본다. 또한 각 이슈의 발전 양태는 행위자들이 어떠한 전략 아래서 어떠한 자원을 동원하는가에 따라 다르게 나타날 수 있기 때문에 각 이슈가 가진 특수성과 그것이 반영하는 미국 사회와 정치의 보편성을 동시에 찾아보고자 하였다. 구체적으로 이 책에서는 현재 미국의 정치·사회에서 뜨거운 논쟁을 불러일으키고 있는 여덟 가지 이슈인 교육, 의료보험, 총기규제, 소수자우대, 동성결혼, 이민, 에너지, 인권외교 등을 다루고 있다.

보다 구체적으로 선정된 여덟 가지 이슈가 핵심적으로 다루고 있는 질문은 다음과 같다. 1장에서는 교육개혁 이슈에 주목하여 어떻게 연방정부가 미국 공교육정책에 있어 가장 직접적이고 중요한 영향력을 행사하는 주체가 되었으며, 이러한 연방정부의 영향력 확대에 대해 미국인들은 어떤 반응을 보이고 있는가에 대한 질문을 던진다. 미국 헌법에 따르면 학교 교육과정에 관한 주정부의 권한은 연방교육부에 위임되지 않았기 때문에 50개 주가 개별적으로 주의 지침과 정책을 만들 수 있고 같은 주 안에서도 학교별로 융통성 있게 운영될 수 있다. 그러나 최근 들어 공교육에 미치는 연방정부의 영향력이 강화되고 있는 추세다. 보조금을 통한 직접적 통제뿐 아니라 다양한 정부 기구와 제도 등을 통해서도 간접적으로 연방정부가 학교 교육에 관여했기 때문에 연방 교육정책은 주와 지방 정부 수준에서 이행될 수밖에 없었다. 이 장은 교육정책에 있어 이런 연방정부의 영향력 확대가 미국 민주주의의 가치 실현이라는 측면에서 역사적으로 어떻게 기여해 왔으며, 현재 당면한 문제점은 무엇인지를 살펴본다.

2장에서는 지난 100년간 미국의 정치과정에서 중요한 논쟁점이 되어 온 의료보험 이슈를 다룬다. 미국은 OECD 국가 중 유일하게 전 국민이 의료보험 혜택을 받는 보편적 의료보험체계를 갖추지 못한 나라인데, 역사적으로 보편적 의료제도를 위한 개혁이 시도되었지만 실패를 거듭하고 있는 근본적 이유는 무엇인가? 2010년 오바마 행정부에 이르러서야 보편적 복지의 형태로 의료보험의 개혁이 이루어졌지만 이 또한 보편적 의료보험 반대자들과 여론의 강한 반대로 애초에 계획했던 국가가 주도하는 국민의료보험의 확충 시도는 무산된 채 이루어진 개혁이었다. 2014년 본격적으로 의료보험개혁이 시행되고 있지만, 미국사회는 여전히 이를 둘러싸고 양분된 채 정치적 논쟁을 계속하고 있다. 특히 연방정부의 재정적자 위기 논의와 결합되면서 이 이슈는 보편적 복지 논쟁으로 미국정치 과정의 핫 이슈가 되고 있다. 따라서 이 장에서는 의료보험 논쟁의 핵심 이슈가 무엇이며, 그러한 논쟁이 어떻게 전개되어 왔는지를 고찰하는 등 보다 근본적인 이유를 살펴봄으로써 미국사회에 대한 이해를 높이고자 했다.

3장은 반복되는 총기참사와 위협에도 불구하고 총기규제에 대한 미국인들의 미온적인 반응과 입법 실패의 원인은 무엇이며, 이 과정에서 드러나는 전미총기협회(National Rifle Association)를 비롯한 이익집단들의 영향력은 어느 정도인가라는 질문에 집중하고 있다. 2012년 12월 14일 미국 코네티컷 주 뉴타운의 초등학교에서 총기난사로 인해 26명이 사망하는 참극이 발생한 예에서 볼 수 있듯이 최근에도 총기참사는 종종 일어나고 있다. 미국 외에도 개인의 총기 소유를 허용하는 국가는 스위스, 호주, 이스라엘 등 상당수이지만 미국처럼 총기를 자유롭게 구매할 수 있고 총기사고가 빈번하게 일어나는 나라는 없다. 반복되는 총기사고에도 불구하고 총기규제를 강화하는 정책에 대해서는 미국인들 사이에서 여전히 찬성과 반대가 팽팽히 대립하고 있다. 왜 미국인들은 총기보유에 집착하는 것일까? 지위와 계급, 장소와 시간을 망라한 총기참사와 위협에도 불구하고, 총기규제에 대한 미국인의 미온적 태도는 어디에서 오는 것일까? 미국인이 총기소유를 소위 '불가침의 권리' 중의 하나로 인식하고, 헌법상에 총기보유의 권한을 명문화한 배경은 무엇인가? 현재 미국에서의 총기 규제에 대한 입법이 어려운 이유는 무엇이고, 전미총기협회의 영향력은 어느 정도인가? 이 장에서는 미국 총기보유의 기원과 규제의 역사를 심도 깊게 살펴봄으로써 이런 질문들에 대한 답을 구하고 있다.

4장에서 제기된 질문은 미국 내 소수자를 위한 법적·제도적 장치들이 어떻게 정치에서 현실적으로 구현되어 왔으며, 다른 한편에서 진행된 대중적 토의가 이루어지는 공적 숙고의 과정과 이것이 여론에서 어떻게 받아들여져 왔는가에 대한 것이다. 소수집단 우대정책과 관련된 논쟁은 업적과 성취에 의해 평가받는 현대 사회의 자유경쟁 원리와 근본적으로 상충될 수밖에 없다. 따라서 미국적 자본주의의 토양에서 소수집단 우대정책에 대한 논쟁이 매우 철학적이고 근본적인 정치와 공동체의 문제들을 그 근저에서 다루고 있는 것은 우연이 아니다. 매우 흥미롭고 시사적인 사실은 이러한 논쟁이 실제 법정과 더불어 대중 여론이라는 또 다른 법정에서 진행되었다는 사실이다. 따라서 이 장에서는 소수집단 우대정책을 구체적인 정책으로 구현하는 과정과 이를 둘러싼 법정 중심 논쟁, 철학적 논쟁, 미국 대중 여론의 흐름에 대해 살펴봄으로써 소수집단 우대정책의 과거, 현재와 미래를 종합적으로 짚어 본다.

5장에서는 성적 소수자의 권리와 관련한 미국인들의 여론이 어떻게 변화해 왔으며, 이 문제와 관련하여 주에 따라 편차가 나타나는 원인은 무엇인가라는 질문을 던진다. 2013년 미국사회는 동성결혼 문제와 관련하여 두 가지 흥미로운 사건을 목격하였다. 오바마 대통령이 취임연설에서 동성결혼을 인정하고 동성애자에 대한 차별을 철폐하겠다고 천명한 것과 2013년 6월 미국 연방대법원이 동성커플에 대해서는 연방정부 차원에서 기혼자에게 제공되는 각종 지원과 혜택을 금지하는 결혼보호법(Defense of Marriage Act: DOMA)에 대해 위헌 판결을 내린 것이다. 이로 인해 좁게는 동성결혼, 넓게는 성적 소수자의 권리 보장과 관련한 다양한 이슈에 대해 미국사회가 경험하고 있는 논란과 분열은 앞으로도 한동안 지속될 것으로 예상된다. 이 장에서는 성적 소수자의 권리와 관련한 다양한 쟁점에 주목하여 미국사회가 추구하는 민주주의가 구체적으로 어떻게 이루어지는지를 살펴본다. 여러 가지 논란과 갈등을 거치면서 법적·제도적 합의에 이르는 과정을 통해 정책결정과정에서 일반 대중의 여론 및 이익집단의 영향력, 그리고 사법정치(judicial politics)가 행사하는 영향력과 그 한계를 찾아보고 있다.

6장에서는 이민 이슈를 둘러싼 다양한 행위자 간의 갈등과 대립의 양상이 어떻게 변화해 왔으며, 결과적으로 기존의 전통적인 정치적 대립 축과 어떻게 결합하게 되었는가를 다룬다. 미국정치에서 이민 이슈는 다양한 행위자 간의 역학관계가 극명하게 드러나는 이슈 중의 하나다. 2012년 대통령 선거 당시 민주당과 공화당은 이민 이슈를 두고 대립했고 오바마 대통령과 롬니 공화당 후보는 히스패닉을 비롯한 이민자 표심 잡기에 적극적으로 나섰다. 두 후보의 이민정책은 정반대였고 재선에 도전한 오바마의 승리에는 이민 이슈가 적지 않은 역할을 한 것으로 평가된다. 또한 최근 이민 문제는 연방정부 대 주정부의 권한 문제로까지 번져 미국정치를 가로지르는 중요한 갈등 형태인 작은 정부냐 큰 정부냐 하는 문제와 결합하여 치열하게 전개되고 있다. 이민 문제는 더 이상 연방정부의 전유물이 아니라는 인식이 팽배해지면서 이를 정치적으로 활용하려는 주정부의 행보가 빨라졌고 이민자를 대상으로 한 주의회 입법 활동의 성공률이 폭증한 바 있다. 이 장에서는 이런 이민 이슈를 둘러싼 다양한 행위자 간의 갈등과 대립을 분석하며 어떠한 과정을 거쳐 이민 이슈가 현재의 상황에 이르게 되었는지 기술하고 있다.

7장은 1970년대 이후 미국의 에너지정책과 유전개발정책의 변화와 연안유전 및 북극국립야생보호구역 개발에 대한 찬반논쟁을 기술하고 있으며 이를 통해 드러나는 미국 정책결정과정의 주요 특징에 주목하고 있다. 1970년대 석유 파동은 미국의 에너지정책에 중요한 변화를 가져왔으며 그 후 에너지 안보와 자립은 거의 모든 대통령들이 강조하는 대표적인 에너지정책의 목표로 자리 잡았다. 그리고 2008년 대통령 선거에서 공화당의 대표적인 구호였던 '드릴, 베이비, 드릴'이나 2010년 오바마 대통령의 알래스카와 멕시코 만 등의 연안유전개발 허용계획에서 드러나듯이 미국은 '수요의 축소'보다는 '공급의 확대'를 통해서 에너지 안보와 자립을 이룩하고자 하고 있다. 이 장에서는 미국정부가 지난 40년 동안 에너지 안보와 자립을 목표로 탈석유정책들을 추진했음에도 불구하고 석유공급확대정책에서 벗어나지 못하고 여전히 외국자원에 의존적인 이유를 정책결정과정에서의 이익집단과 대중 여론의 영향력 등에서 찾고 있다.

8장은 2011년 오바마 정부가 리비아에 대해 인도주의적 개입 정책을 채택한 배경은 무엇이며 인도주의적 개입정책의 대내외적 조건들은 무엇인가 하는 질문을 던진다. 건국 이후 미국의 인권외교정책은 그 스스로 미국예외주의를 주창해 온 것과 반대로 상당히 선별적으로 개진되어 왔다. 그러나 이러한 선별적인 인도주의적 개입정책의 결정요인은 미국외교정책 연구에 있어 아직도 논란이 분분하다. 이러한 관점에서 이 장은 미국이 북대서양조약기구 동맹국들과 함께 가장 강압적인 군사개입정책을 채택했던 리비아 사태를 중심으로, 그러한 강압적인 미국의 외교정책이 도출될 수 있었던 외교정책 결정과정과 결정요인을 논의해 보고자 한다. 특히 리비아 이외에 재스민 혁명을 겪은 국가들의 사례와 비교하며, 미국은 어떠한 측면에서 정치적·외교적 비용을 최소화하며 개입정책을 채택할 수 있었는지를 알아보고, 이를 통해 향후 인도주의적 개입정책이 관습화될 수 있는 대내외적 조건들을 알아보고자 한다. 궁극적으로 이 장의 논의는 이번 개입정책의 규범적 근간이 되었던 보호개입의무 규범이 어떠한 조건하에서 외교정책결정과정에 영향력을 미칠 수 있는지 알아보는 기회가 될 것이다.

그동안 미국학 분야의 많은 연구들이 미국정치의 구조적·제도적 측면에 초점을 맞춘 반면, 본 연구는 과연 어떠한 이슈들이 현재 미국의 정치와 사회에서 중요한 논쟁의 대상이 되고 있으며, 이러한 이슈들이 어떠한 역사적·현재적 의미를 가지고 있는지를 살펴봄으로써 차별화된 접근을 보이고자 했다. 이 책에서는 이슈 자체에 대한 설명과 이해를 넘어서서 이를 통해 드러나는 미국의 독특한 정치제도, 연방-주 관계, 여론과 문화 등 미국 정치·사회의 다양한 측면을 새로운 각도로 조망하고자 하였다. 결과적으로 이 책은 미국의 정치와 사회를 이해하기 위한 새로운 시각을 제시함으로써 앞으로 다양한 미국학 연구에서 참조할 수 있는 학술자료로서의 역할과 더불어, 대학의 다양한 미국 관련 강의에서 실질적으로 활용할 수 있을 것으로 기대된다.

이 책의 저술이 가능하도록 기초학문진흥기금을 지원해 주신 서울대학교 변창구 교육부총장님께 감사드린다. 그리고 이 연구에 큰 관심을 갖고 연구진이 소신껏 연구 활동을 할 수 있도록 여러모로 후원을 아끼지 않은 서울대학교 미국학연구소 이옥연 소장님의 적극적인 배려에 진심으로 감사드린다. 덕분에 여기 실린 글들은 2013년 8월 23일부터 이틀 동안 부산에서 열린 한국국제정치학회 패널에서 1차 발표되었고 12월 17일 서울대학교 미국학연구소와 미국정치연구회가 공동 주최한 세미나에서 2차 발표되었다. 마지막으로 무더운

여름 세미나에 참여하여 초고를 발표한 시점부터 최종 수정작업이 이루어지기까지 녹록지 않은 일정이었지만 묵묵히 믿고 따라와 준 연구진께 무한한 애정을 담아 고마운 맘을 전한다.

2014년 4월
미국정치연구회 연구진을 대표하여
서현진

차례

표 차례

그림 차례

1부
연방정부의 역할과 헌법적 가치

POLITI
CAL
ISSUES

1장

교육개혁 이슈와 정책

서현진

1. 서론

21세기 들어 미국에서는 공립학교의 책임을 강조하고 교육격차를 줄이며 전반적인 교육수준을 향상시키기 위한 일련의 교육개혁 조치가 이루어졌다. 이런 교육개혁 조치는 1960년대 이후 제기되어 온 공교육에 대한 유권자의 불만과 다른 선진국과 비교해 볼 때 공교육의 질이 현저히 떨어진다는 국가적 위기의식에서 비롯되었다. 최소한 모든 학생들이 고등학교까지의 정규 교육과정을 마치면 대학 진학이나 취업에 지장이 없을 정도의 교육수준은 되어야 한다는 경각심에서 공교육개혁은 가장 중요한 국내 정치 이슈로 떠올랐다. 공공정책 지출의 15%를 차지하고 전체 공무원의 36% 이상이 교육 분야에 종사할 정도로 교육은 중요한 공공정책 영역이다. 또한 교육은 유권자의 대다수가 학부모로서 직접적인 정책 수혜자이거나 관련자인 생활밀착형 정책 사안이기 때문에 최근 선거마다 가장 중요한 이슈가 되어왔다.

특히 공교육은 가장 보편적인 교육 시스템으로 2013년 현재 미국 연방교육부 자료에 따르면, 학생의 88%가 공립학교에 다니는 것으로 조사되었다(사립학교 9%, 홈스쿨링 3%). 그렇다면 공교육정책과 기금은 주·지방정부와 연방정부 중 어디서 관장할까? 전통적으로 공교육은 연방정부보다는 주와 지방정부에 의해 다양하고 자율적으로 이루어져 온 것이 미국 교육정책의 특징이다. 공립학교 교육과정, 기금, 교과과정, 교사임용 등 교육정책은 전적으로 지역에서 선출된 학교교육위원회(school boards)에서 결정한다. 지역교육위원회는 관할 학군 내 개별 학교에 대한 관할권을 갖고 있고 주정부는 공교육에 필요한 교육 기준을 설정하고 이 기준에 따라 학력평가를 시행할 수 있는 권한을 갖는다.

미국의 정규 초·중등교육(Elementary and Secondary Education) 과정은 K-12라 불리는데, K는 유치원(Kindergarten)의 약자로 유치원 1년부터 초등학교(Elementary Schools) 1-6학년, 중·고등학교(Junior-Senior High Schools) 7-12학년까지를 의미한다. 하지만 교육과정은 주와 지방마다 다양해서 초등학교 5년, 중학교(Middle Schools) 3년, 고등학교(High Schools) 4년 과정으로 이루어지기도 한다. 최근 교육부 통계에 따르면 중학교(6-8학년)와 고등학교(9-12학년)가 나누어진 과정을 택한 주가 가장 많은 것으로 나타났다. 이렇듯 미국의 공교육 과정과 정책은 지역교육위원회, 주정부, 연방정부가 관여할 수 있지만 전통적으로 주와 지방 수준에서 자율적으로 수립되고 운영되어 왔다.

이런 전통은 건국 초기 미국인들의 가치가 교육 시스템의 구축에 반영되어 생겨난 것이다. 미국인들은 헌법이 고안될 당시 개인의 자유가 정부의 권력에 의해 제한되는 것을 매우 두려워했다. 권리장전이라 불리는 수정헌법의 10개 조항은 이런 개인적 자유를 보장하는 내용으로 구성되었다. 토머스 제퍼슨(Thomas Jefferson)을 비롯한 건국의 아버지들은 자치(self-governance)란 개개인의 구성원이 개인적 자유가 무엇인지 제대로 이해하고 그 자유의 경계를 알게 되어 공동체와 국가 전체를 위한 현명한 선택을 할 수 있을 때 가능하다고 믿었다. 더 나아가 민주주의가 시민의 교육과 참여에 의존하기 때문에 교육을 통해 올바른 시민을 길러내지 못한다면 민주주의는 발전하지 못할 것이라고 주장했다(NCSS 2010, 171). 즉 민주정부의 필수 요건은 개개인의 정치·사회적 참여이므로 시민성에 대한 충분한 교육이 필요하다고 믿었다.

또한 건국 당시부터 이민자의 나라였던 미국에서 이질성을 극복하고 국민 통합을 유지하는 것은 국가 존립에서 중대한 과제였다. 따라서 미국인의 정체성을 기르는 시민교육에 대한 국가적 관심은 건국 초기부터 매우 컸다. 마지막으로 개인적 측면에서 성공하는 미국인이 되기 위해 교육은 필수적이다. 교육을 통해 자신들이 원하는 직업과 경제·사회적 지위를 얻고 원하는 삶을 영위할 수 있게 되면 국가의 지원에 의존하지 않게 된다고 믿었다(Kraft and Furlong 2013, 365). 이와 같이 건국 당시 미국의 교육 목표는 민주시민성과 미국인으로서의 정체성을 확립하고 국가에 의존하지 않는 시민을 양성하는 것이었다.

하지만 이런 교육 목표를 달성하기 위한 국가 수준의 교육 시스템은 만들어지지 않았으며 현재까지 헌법조항 어디에도 이에 대한 언급은 없다. 미국 헌법에 따르면 학교 교육과정에 관한 주정부의 권한은 연방교육부에 위임되지 않았기 때문에 50개 주가 개별적으로 주의 지침과 정책을 만들 수 있고 같은 주 안에서도 학교별로 융통성 있게 운영될 수 있다. 따라서 다음 세대에게 시민성을 전수하는 교육은 주와 지방정부, 지역공동체, 가정과 개인의 관할 영역으로 남겨졌고 대부분의 교육정책은 주와 지방정부 수준에서 만들어졌다. 개인적 자유의 보장이 미국의 건국이념이기 때문에 연방정부의 개입 없이 개인과 관련자들이 교육기관과 내용을 선택하도록 하는 교육정책의 기틀이 마련된 것이다. 따라서 교육과 관련된 법과 제도도 세금 납부자, 학생, 학부모, 교사의 권리에 관한 내용 위주로 만들어졌다(Ramirez 2013, 6).

그런데 21세기 초 연방정부가 가장 중요한 교육정책 행위자로 등장하면서 연방기금을 통한 직접적인 개입뿐 아니라 다른 간접적인 방법을 통해 영향력을 행사하고 있다. 그 대표적인 예는 2001년 부시(George W. Bush) 대통령이 제안한 공교육개혁 이니셔티브인 아동낙오방지법(No Child Left Behind: NCLB)이다. 2001년 의회 통과 후 2012년까지 10년간 시행된 이 정책에 대한 논쟁은 뜨거웠다. 이 정책에 대한 개혁조치로 마련된 오바마(Barack Obama) 대통령의 공교육개혁 프로그램인 레이스 투 더 탑(Race to the Top: RTT)도 논란의 대상이 되고 있다.

이 장에서는 이런 정책들을 중심으로 공교육정책에서 연방정부의 개입과 영향력 확대를 둘러싼 핵심 논쟁점은 무엇인지를 살펴보고자 한다. 먼저 2절에서는 최근 들어 연방정부의 역할이 커지는 방향으로 교육개혁이 전개된 역사적 배경과 원인에 대해 살펴보고자 한다. 3절에서는 오바마 대통령의 공교육개혁 프로그램을 둘러싼 논쟁점은 무엇인지 여론을 중심으로 고찰하고자 한다. 공교육개혁은 미국인들의 일상생활과 그들이 살고 있는 지역공동체에 직접적인 영향을 미치는 문제이다. 때문에 향후 정책 방향을 설정함에 있어 사법적 견해보다 대중의 여론을 살피는 것이 더 중요할 수 있다. 이런 여론에 대한 고찰을 바탕으로 마지막 결론에서는 향후 미국 공교육개혁의 과제와 이슈는 무엇인지를 고민해 보고자 한다.

2. 공교육개혁정책과 연방정부의 역할 확대

1) 공교육개혁정책의 역사

앞서 설명한 바와 같이 건국 초기에 공교육의 목표는 훌륭한 미국 시민과 미국 발전에 기여할 인재를 양성하는 등 정치·사회적 필요를 충족시키는 것이었다. 그러나 공교육 시스템에 있어 연방정부의 개입이나 통제에 관한 헌법조항은 명시적으로 만들어지지 않았다. 당시 미국 교육 시스템은 교회와 가정이 교육에 책임을 지는 영국 전통의 영향을 받아 지역학교(the district school) 체제로 발전하였다. 건국 초 각 지역 내 거주민들은 교육과 관련된 세금이나 교사 임용과 퇴출, 학사일정, 교과과정 등을 자율적으로 정했는데, 이로 인해 지역공동체가 교육에 대한 통제를 담당하는 전통이 수립되었다. 시간이 흐르면서 점차적으로 주정부가 교육정책에 있어 중요한 역할을 담당하게 되었다. 주정부는 지역 내 학군을 정하고 지역학교에 기금을 제공하고 교육과정 지침을 마련하는 등 교육정책에서 영향력을 확대해 나갔다(Cochran *et al.* 2009, 309).

공교육의 필요성이 제기되면서 1834년 뉴욕 주에서 최초로 무상 공교육을 도입하였다. 이후 공교육은 모든 주에서 의무화되었다(Peters 2013, 347). 하지만 당시 교육에서 연방정부의 역할은 매우 제한적이어서 대학 이상의 고등교육과 관련된 정책에 주로 관여했다. 1862년 연방의회가 통과시킨 모릴법(Morrill Act)이 그 예다. 이는 농업과 기술 관련 연구와 강의를 위해 각 주에 대학을 세우도록 부지와 운영 기금을 제공하도록 한 법안이다. 코넬(Cornell), 텍사스 에이앤 엠(Texas A&M), 위스콘신(Wisconsin), 일리노이(Illinois), 미네소타(Minnesota) 대학 등이 이런 법안을 통해 설립되어 미국 농업생산량 향상에 크게 기여했다. 따라서 건국 이후 오랫동안 교육에 대한 연방

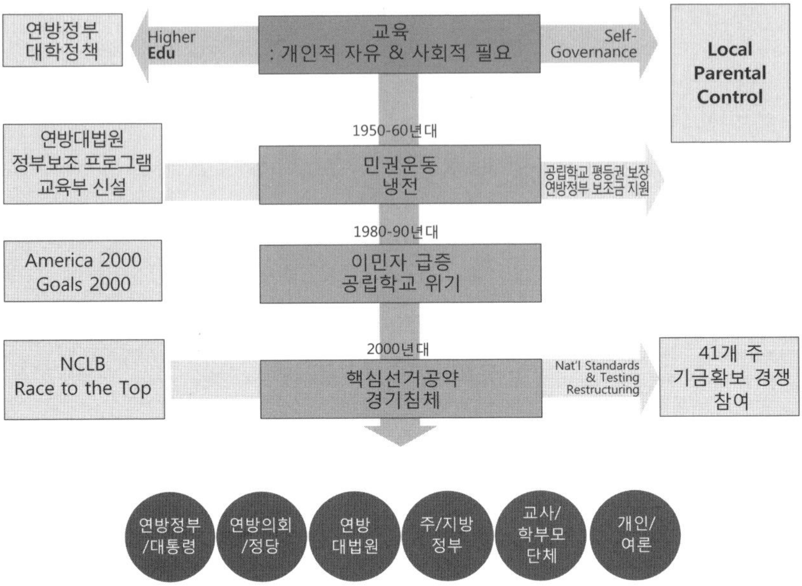

〈그림 1-1〉 주요 공교육정책의 변화와 배경

정부의 개입과 통제는 매우 부적절하고 불편한 일로 여겨졌다. 전통적인 입장에서는 개인적 자유와 권리 그리고 책임을 중시하기 때문에 교육정책에서도 개인, 가족, 지역학교 위원회, 사적 기관 또는 주정부 등이 중요한 행위자라고 보는 것이다.

그런데 〈그림 1-1〉에서 보는 바와 같이 시간이 흐르면서 점차 공교육정책에서 연방정부의 영향력은 확대되었고 최근에는 다양한 교육정책 행위자들 중 연방정부가 가장 중요한 역할을 하게 되었다. 이런 변화는 진보주의 운동을 시작으로 세계대전, 경제공황, 냉전 등 미국사회가 직면한 다양한 정치·경제적 상황에 따라 연방정부의 역할이 커진 것과 무관하지 않다. 20세기 초 진보주의 교육운동이 일어나면서 건전한 사회생활을 영위하고 다양한 사회 분야에 종사하거나 관심을 갖는 훌륭한 시민 양성의 중요성은 다시 강조되었다. 1910년

교육 대상자의 72%만 학교에 다녔는데 1910년부터 1940년까지 고등학교 운동(high school movement)으로 인해 고등학교 등록자와 졸업자 수는 급속히 증가했다. 1930년에는 교육 대상자의 100%가 학교에 다니는 것으로 조사되었다. 이후 1·2차 세계대전과 경제공황으로 인해 대부분의 주에서 교육비 예산이 삭감되었는데 전후 베이비붐 세대가 대거 학교에 등록하면서 주정부는 연방정부의 도움이 절실히 필요하게 되었다.

특히 1950년대부터 1960-1970년대 냉전시기를 거치면서 국제정치 및 사회 문제로 인해 연방정부의 영향력은 더욱 확대되었고 교육의 현실적 필요성도 커졌다. 1950년대에 광범위한 연방보조 프로그램이 승인되었다. 연방정부는 소련이 인류 최초로 인공위성을 발사한 것에 대한 충격으로 1958년에 국가방위교육법(National Defense Education Act)을 만들었는데, 이 법에 의해 연방정부는 주정부에 수학·과학·외국어 교육을 위한 보조금을 지원하였다. 국내정치적으로도 연방정부는 시민권 운동의 확대, 여러 집단 간 이익 충돌, 정치적 암살과 폭동 등 수많은 문제를 해결하면서 영향력이 커졌다. 이 와중에 1954년 브라운 소송(*Brown v. Board of Education*)에서 연방대법원은 오랫동안 지속되어 왔던 '분리되었지만 평등하다(separate but equal)'라는 초·중등 공립학교의 인종분리제도는 위헌이라는 판결을 내렸다.

이에 따라 공립학교의 인종 간 분리·차별 금지와 평등 보장도 점차 연방 수준에서 논의되어야 할 정치적 이슈로 변모되었다. 진보 진영에서는 특권과 차별 등 개인적 환경 차이로 인해 나타난 사회적 불평등에 대한 보상은 연방정부의 책임이라고 주장했다. 교육은 개인적 자유뿐 아니라 사회적 필요도 충족하는 기능을 수행해야 하기 때문에 개인적 차이를 줄이기 위해 기회의 평등을 보장하는 교육체계를 구축하는 것 또한 연방정부의 역할이라고 주장한다. 즉 민권운동이 대두되면서 과거 주정부와 지역 교육위원회에 의해 만들어진 분리·차별 제도를 바로잡고 소수집단에게 동등한 교육기회를 제공해야 하는 책임이 연방정부에게 부여된 것이다(Cochran *et al.* 2009, 307-308).[1]

평등이라는 민주주의 가치를 실현하기 위해 교육정책에서 연방정부의 역할이 확대되었다. 존슨(Lyndon Johnson) 대통령은 교육적으로 소외된 학생을 위한 특별 처방책으로 지역 공립 초·중등학교에 교육기금을 제공하는 안을 마련했다. 1965년 최초로 공립학교 연방보조법인 초·중등교육법(Elementary and Secondary Education Act: ESEA)이 의회에서 통과되었다. 원칙적으로 이 법은 연방정부의 보조금을 학교가 아닌 학생에게 지급하는 것이다. 소외된 학생 비율이 높은 지역 학교에 지급되는 이 보조금으로 구입할 수 있는 것은 비종교적인 교재, 도서관이나 다른 교육 기자재 등이며 교사의 월급으로 충당해서는 안 된다. 카터(Jimmy Carter) 대통령이 제안한 교육부조직법(U.S. Department of Education Organization Act)이 1979년에 의회를 통과하여 연방교육부가 신설되었다.

그런데 사회적 효율성을 강조한 1980년대에 들어 '최소한의 경쟁과 기본으로의 환원'을 가치로 미국 연방 교육 시스템이 축소되는 듯했다. 공화당은 1980년 7월 연방교육부 폐지를 건의했고 실제로 레이건 행정부의 첫 교육부 장관인 벨(Terrel Bell)은 이를 폐지하려 했다. 또한 1980년 연방정부는 지출의 5.8%를 공교육에 썼는데 레이건(Ronald W. Reagan) 대통령의 임기 첫해인 1981년 연방 교육비의 20%가 삭감되었다. 하지만 1983년에 국가별 학력평가에서 미국 학생들

1 교육에 있어 소수집단 우대정책에 관한 논의는 4장에서 자세히 이루어지므로 여기서는 생략한다.

의 성적이 서유럽, 대만, 한국, 일본보다 저조하다는 사실을 기반으로 한 '위기의 나라(A Nation at Risk)'라는 연방 보고서가 나오면서 미국 공교육의 질에 대한 위기감이 커졌다.

게다가 1950년대에 '조니는 못 읽어요(Johnny can't read)'라는 슬로건이 유행하면서 공교육에 대한 불만이 지속적으로 제기되었다. 이 유행어는 공립학교에서 매우 기초적인 교육조차 이루어지지 않고 있음을 시사한다. 이를 증명하는 실질적인 데이터인 평균 SAT 점수는 1960년대 말 수학 515점, 영어 550점이었으나 1980년대 초에는 수학 490점, 영어 510점으로 해마다 지속적으로 하락했다(Peters 2013, 363). 미국 교육 시스템의 실패에 대한 불만이 고조되면서 공교육은 붕괴되었고 학생들은 마땅히 받아야 할 교육을 제대로 받지 못한다는 비판이 쏟아졌으며, 공립학교에 대한 여론과 매스컴에 나타나는 이미지도 나빠졌다.

따라서 지역 정부와 학교에 대한 변화를 요구하는 사회적 압력이 거세졌고 공화당은 연방교육부 폐지 건의를 철회하게 되었다. 벨의 후임 교육부 장관인 베넷(William Bennett)은 기본에 충실한 체계적인 커리큘럼과 서구 문명에 바탕이 된 '좋은 교육'에 대해 개인적 관심이 있었기 때문에 국가 교육정책의 중요성을 강조했다. 그는 매우 경쟁적이고 후기 산업사회에 맞는 국가적 교육정책을 추진했으나 결과적으로 가시적인 성과로는 이어지지 않았다(Peters 2013, 351). 즉 보수주의의 기치를 걸고 등장한 레이건 정부에서는 모든 다른 정책 영역에서처럼 공교육정책 영역에서도 연방정부의 역할을 축소하려 했으나 국민들의 불만과 국가적 위기감이 커지면서 이를 실행에 옮기지는 못했다.

오히려 20세기 말 연방정부는 공교육에 보다 깊이 관여하기 시작했다. 1990년 전후 경기 침체와 이민자의 급증 등으로 인해 사회 불안이 가중되면서 이에 대한 해결책으로 교육의 질적 수준 강화가 중요한 이슈로 떠오른 것이다. 민주당과 공화당 지도자들은 공교육개혁에 앞장서고 책임 정당의 이미지를 선점하기 위해 치열한 경쟁을 벌였다. 1988년 선거에서 공화당 조지 부시(George H. W. Bush) 후보는 '교육대통령(education president)' 공약을 내걸고 당선되었다. 1989년 부시 대통령은 연방정부 보조금을 재분배하는 방식을 통해 우수한 교사에 대한 보상, 공립학교 선택권 부여, 교사 자격증을 신설하는 내용을 골자로 하는 교육개혁안을 의회에서 제안했다. 하지만 민주당이 다수인 의회는 이에 반대했다. 다시 부시 대통령은 1991년 국가적 성취 기준과 시험제도 마련, 경쟁을 통한 학생의 능력 향상과 교사의 책임 강조 등을 골자로 한 '미국 2000(America 2000: An Education Strategy)'이라는 교육 청사진을 제시했다. 그러나 이 야심찬 계획도 부시 대통령 임기 동안 아무런 성과를 내지 못한 채 사라졌다(서현진 2012, 125-126).

이와 유사하게 1992년 선거운동에서도 공교육개혁 이슈가 강조되었고 민주당 클린턴(Bill Clinton) 후보는 당선 후 가장 중요한 국내정치 이슈로 공교육을 정하고 교육 전반에 걸친 통제와 보조금을 통해 연방정부의 영향력을 확장시켰다. 부시 대통령과는 다르게 클린턴 대통령은 임기 첫해에 자신의 두 가지 교육개혁 법안을 의회의 승인을 받아 통과시켰다. 1994년에 제정된 '2000년을 목표로(Goals 2000)'는 각 주에 교육 기준을 제정하도록 요구하는 법이다. 같은 해 좀 더 발전된 '미국학교법(America's Schools Act)'을 제정했는데 '타이틀 1 기금(Title 1 funds)'을 받으려면 각 주가 학력평가 실시와 이를 위한 기준 제정을 필수적으로 해야 한다는 것이 주요 내용이다.

두 교육개혁안을 입법화하는 데 성공한 클린턴 대통령은 지방정부의 재정적자 해결, 교사의 수준 향상 프로그램 마련, 대학진학 준비 강화, 학급 규모 축소 등을 특히 강조하면서 1965년 제정된 초·중등교육법에 의거하여 연방보조금 10억 달러의 사용을 의회에 요청했다. 하지만 이 두 법안은 실제로 이를 실행하지 않은 주로부터 연방기금을 박탈하지 않았기 때문에 결국 제대로 실행될 수 없었다. 특히 이 정책은 보수 진영으로부터 맹비난을 받았다. 공화당 의원들은 지방마다 교육이 자율적으로 이루어져야 하며 연방정부가 개입하는 것은 미국적 가치를 훼손하는 것이라고 주장했다. 교육부의 존립에는 찬성하지만 연방정부가 기금을 통해 공립학교 교과과정과 시험, 교사의 능력 향상, 시설 투자 등에 국가적으로 관여하는 것에는 반대했다(Jost 2011, 12-14).

이처럼 교육정책에 대한 보수와 진보 간 논란이 거세지면서 2000년 대선 경쟁에서 교육개혁은 또다시 핵심 정치 쟁점이 되었다. 민주당 고어(Al Gore) 후보와 공화당 조지 W. 부시(George W. Bush) 후보 모두 교육정책을 핵심 선거공약으로 내걸었기 때문에 이 선거의 쟁점은 교육에 더 힘쓸 후보를 뽑는 것이 되었다. 공화당 의회 지도자들은 공교육정책에 대한 연방정부의 개입에 반대하면서도 사립학교를 지지하는 바우처나 세금공제 같은 그들만의 프로그램을 제안했다. 이에 대해 고어 후보는 반대하면서 공교육을 위한 기금을 확대해야 한다고 주장했다. 부시 후보도 공화당의 기조인 '작은 정부'를 다른 정책 분야에서는 내세웠지만 공교육 분야에서는 전보다 훨씬 강력한 연방정부의 개입과 통제를 약속했다. 따라서 양당 대통령 후보 모두 작은 차이만 있을 뿐 국가적 수준의 공교육개혁과 책임성 강조에 찬성한 것이다.

이런 분위기에 힘입어 부시 대통령은 교육정책을 가장 중요한 국내 정책 이슈로 정하고 상하원의 초당적 지지를 얻어 2001년에 모든 공립학교가 의무적으로 매년 국가적 시험을 치르도록 강제하는 아동낙오방지법(No Child Left Behind Policy of 2001: NCLB)을 제정했다(Cross 2004, vii-ix). 2002년부터 시행된 이 정책의 골자는 학습부진아에 대한 대책으로 주와 지방정부 관할 학교의 교육 상황을 모니터하고 자원 제공을 통해 낙제점을 받은 학생들의 수준을 향상시키도록 강제하는 것이다. 특히 교육의 질과 책임성 강화를 위해 연례 학력평가에서 수학과 독해 성적이 수준 미달인 학교에는 패널티를 주도록 한 정책이다. 매년 전년도 대비 성적이 향상되어 2014년에는 모든 학생이 일정 수준에 도달하는 것을 목표로 정했다.

역사상 연방정부의 영향력이 가장 강한 교육정책으로 국민적 지지와 초당적 지지를 받아 의회에서 통과되었지만 시간이 지나면서 이 정책에 대한 불만이 커졌다. 보수 진영에서는 주와 지방 수준의 자율성과 창의성을 무시한 획일화된 교육 프로그램이라는 비판을 꾸준히 제기했다. 또한 현실적으로 국가적 성취 기준에 도달하지 못하면 낙제 학교로 찍혀 많은 불이익을 받게 되었다. 하지만 성취 기준에 도달한 학교에는 별다른 기금이나 인센티브가 제공되지 않았기 때문에 연방정부가 보상이나 인센티브는 제공하지 않은 채 의무와 통제만 강요한다는 불만이 터져 나왔다. 2007년 민주당이 과반의 의석을 차지한 의회는 이 법에 대한 재승인을 회피하였다. 이에 따라 2000년 이후 최초로 가시화된 연방 수준의 교육정책인 아동낙오방지법에 대한 개정은 또다시 2008년 대선에서 핵심 선거 이슈로 떠오르게 된다.

2) 오바마 정부의 교육개혁 이슈와 정책

2008년 대선 경쟁에서 민주당 오바마 후보는 아동낙오방지법을 폐지하는 대신 유연성을 강화하는 교육개혁안을 제안했다. 당선 후 오바마 대통령은 교육개혁을 추진하기 위해 개혁주의 성향이 강한 던캔(Arne Duncan)을 교육부 장관에 임명하고 2009년 7월 24일 레이스 투 더 탑(Race to the Top) 정책을 발표했다. 이는 예전처럼 주에 대해 교육의 질 향상이라는 압력을 가하지만 연방정부가 일방적으로 강제하는 것이 아니라 각 주에서 스스로 그 방법을 찾도록 자율성을 부여하는 교육개혁안이었다. 이 정책의 주요 내용은 매년 획기적인 교육성과를 거둔 주의 학교들에 대해서 막대한 성과금을 지급함으로써 각 주가 경쟁을 통해 연방정부 보조금을 확보하도록 한 것이다.

구체적으로 미국 연방교육부는 주와 지방 교육위원회가 공립학교 개혁 경쟁에 동참하도록 43억 5천만 달러를 기금으로 내걸었다. 기금은 2009년 의회에서 통과된 미국 재건과 재투자 법(American Recovery and Reinvestment Act of 2009)의 일부인 교육회복법(ED Recovery Act)에 의해 마련되었다. 많은 주들이 연방 교육기금 경쟁에서 이기기 위해 혁신적인 교육개혁안을 만들고 시행 방안을 도입하여 경쟁력 있게 교육정책을 바꾸었다. 일리노이 주는 차터 스쿨(Charter School)의 기준을 완화했고, 매사추세츠 주는 성과가 낮은 학교에 다니는 학생들이 차터 스쿨로 쉽게 옮겨 갈 수 있도록 제도를 정비했으며, 웨스트버지니아 주는 학생들의 성취도에 따라 각 공립학교에 성과금을 지급하는 정책을 마련했다. 이를 위해 몇몇 주는 각 학교에 성취도에 따라 차등적으로 보조금을 지급하는 것을 금지하도록 한 주 법을 바꾸기도 했다.

그중 각 주에서 기금 확보를 위해 가장 심혈을 기울여 추진한 일은 각 주의 보편적 핵심 기준(Common Core State Standards)을 만드는 것이다. 또는 이와 유사하게 고등학교 졸업 후 바로 취업이나 진학이 가능하도록 교육과정을 개정하는 일이었다. 보편적 핵심 기준 설정은 학생들이 핵심적인 지식을 습득할 수 있도록 최소한 영어나 수학 교과목에서는 각 주가 공유하는 표준 교육 기준을 설정하자는 것이다. 따라서 이는 각 주의 다양성보다 국가적 수준의 교육의 질 향상과 책임성을 강조하는 개혁 이니셔티브라고 할 수 있다. 2009년에 국립 주지사협회(National Governors Association)와 주 학교장 위원회(Council of Chief State School Officers)가 여러 단체로부터 기금을 후원받아 보편적 기준을 만들기 위한 모임을 시작했다.[2]

50개 주 가운데 텍사스, 버지니아, 알래스카, 네브래스카를 제외한 46개 주가 이 개혁 모임에 동참했다. 미네소타 주는 영어 과목 개혁 모임에만 참여했다. 2010년 6월 2일 수학과 영어 과목의 표준 교육 기준이 발표되었고 성취도가 낮은 학교에 대해서는 구조조정이 이루어지는 안이 제시되었다. 대부분의 주가 표준 교육 기준을 적용하여 주의 자체 교육 기준을 만드는 작업에 들어갔다. 연방기금 경쟁에 뛰어든 각 주에서는 초·중등학교 12학년 과정을 위한 기준(common standards for K-12)을 만드는 작업도 시작했다. 이 기준 설정의 데드라인은 2010년 8월 1일이었다. 백악관은 이런 기준을 적용하고 이에 따른 성과를 어떻게 평가할 것인지에 대한 구체적 평가방안을 만드는 데 또 다른 연방기금 3억 5천만 달러를 약속했다.

실제적으로 레이스 투 더 탑 정책은 2010년 1월 19일이 첫 번째 라운드 기금신청 마감일을 시작으로 이행되었고 40개 주와 워싱턴 D.C.(the District of Columbia)가 신청서를 제출하였다.[3] 첫 번째 라운드 최종 기금을 받게 되는 주는 2011년 12월 23일에 발표되었다. 각 주는 기금 확보에 유리한 고지를 선점하기 위해 보편적 기준을 적용하여 각 주의 기준을 만드는 일도 병행하였다. 2012년 4월 9일 연방 교육부는 두 번째 기금 경쟁 라운드의 시작을 알렸고 12월에 기금을

---

2 Bill and Melinda Gates Foundation, Charles Stewart Mott Foundation 등 여러 단체가 기금을 후원하였다.

3 이후 기금을 신청할 수 있는 두 번째 데드라인은 6월 1일, 세 번째 데드라인은 2011년 11월 22일과 12월 16일 등 여러 번의 기회가 있었다.

받게 될 주가 선정되었다. 두 번의 라운드를 통해 총 500점 만점 중 가장 높은 점수를 받은 주가 기금을 받게 되었다.

〈표 1-1〉을 보면 두 번의 라운드에서 각 주가 받은 점수와 보조금을 알 수 있다. 첫 번째 라운드에서 델라웨어와 테네시 주가 상금을 받게 되었고, 다른 주들은 다시 두 번째 라운드에 도전하기 위해 교육개혁안을 재정비하거나 중도 포기 결정을 해야 했다. 학생 수가 약 93만 명인 테네시 주는 5억 달러의 상금을 받았고 학생 수가 약 12만 4천 명인 델라웨어 주는 1억 달러를 받았다. 이 상금은 4년에 걸쳐 나누어 지급된다. 이런 방식으로 두 번째 라운드에서 이긴 워싱턴 D.C., 플로리다, 조지아, 하와이, 메릴랜드, 매사추세츠, 뉴욕, 노스캐롤라이나, 로드아일랜드 등이 상금을 배분받았다.[4]

이 정책 외에 최근 오바마 대통령은 학교 간 경쟁을 통해 교육의 질을 높이는 방안으로 차터 스쿨(Charter School)과 스쿨 바우처(school voucher) 프로그램 등 학교선택정책을 펴고 있다. 이 가운데 차터 스쿨은 정부 기금으로 운영되지만 독립적인 교육과정 체계를 가진 일종의 대안학교 시스템(an alternative education system)이다. 예를 들면 커뮤니케이션과 컴퓨터 기술을 가진 학생을 육성하는 차터 스쿨은 이 과정을 특화하고 있고 여성 리더십 차터 스쿨은 수학, 과학, 리더십, 여성교육 등 특수한 교육과정 기준을 따르고 있다. 2012년 현재 전국적으로 5,200개의 차터 스쿨이 등록되어 있고 계속 늘어나는 추세다. 또 다른 학교 선택 프로그램인 스쿨 바우처는 정부 기금으로 사립학교에 등록할 수 있는 제도다. 물론 정부 보조금으로 사립학교 등록비

---

4 이 정책은 유아교육 분야까지 확대되어 10억 달러의 유아교육기금이 마련되었다. 2013년 12월 20일 교육부 장관 던캔의 발표에 따르면, 조지아, 켄터키, 미시간, 뉴저지, 펜실베이니아, 버몬트 등 6개 주가 총 2억 8천만 달러의 레이스 투 더 탑 유아교육기금을 받게 되었다. 6개 주에 제공된 기금은 영유아교육의 수준을 높이는 프로그램 개발에 사용된다.

〈표 1-1〉 연방정부 보조금 획득 경쟁 결과(2012)

주	1차 라운드 점수 (순위)	1차 라운드 결과	2차 라운드 점수 (순위)	2차 라운드 결과
앨라배마	291.2 (37)	-	212.0 (36)	-
애리조나	240.2 (40)	-	435.4 (12)	Finalist
아칸소	394.4 (17)	-	389.2 (21)	-
캘리포니아	336.8 (27)	-	423.6 (16)	Finalist
콜로라도	409.6 (14)	Finalist	420.2 (17)	Finalist
코네티컷	344.6 (25)	-	379.0 (25)	-
델라웨어	454.6 (1)	1억 달러	-	-
워싱턴 D.C.	402.4 (16)	Finalist	450.0 (6)	7,500만 달러
플로리다	431.4 (4)	Finalist	452.4 (4)	7억 달러
조지아	433.6 (3)	Finalist	446.4 (8)	4억 달러
하와이	364.6 (22)	-	462.4 (3)	7,500만 달러
아이다호	331.0 (28)	-	미제출	-
일리노이	423.8 (5)	Finalist	426.6 (15)	Finalist
인디애나	355.6 (23)	-	미제출	-
아이오와	346.0 (24)	-	382.8 (22)	-
캔자스	329.6 (29)	-	미제출	-
켄터키	418.8 (9)	Finalist	412.4 (19)	Finalist
루이지애나	418.2 (11)	Finalist	434.0 (13)	Finalist
메인	미제출	-	283.4 (33)	-
메릴랜드	미제출	-	450.0 (6)	2억 5천만 달러
매사추세츠	411.4 (13)	Finalist	471.0 (1)	2억 5천만 달러
미시간	366.2 (21)	-	381.6 (23)	-
미네소타	375.0 (20)	-	미제출	-
미시시피	미제출	-	263.4 (34)	-
미주리	301.4 (33)	-	316.4 (30)	-

〈표 1-1〉 (계속)

주	1차 라운드 점수 (순위)	1차 라운드 결과	2차 라운드 점수 (순위)	2차 라운드 결과
몬태나	미제출	-	238.4 (35)	-
네브래스카	247.4 (39)	-	295.8 (31)	-
네바다	미제출	-	381.2 (24)	-
뉴햄프셔	271.2 (38)	-	335.2 (29)	-
뉴저지	387.0 (18)	-	437.8 (11)	Finalist
뉴멕시코	325.2 (30)	-	366.2 (28)	-
뉴욕	408.6 (15)	Finalist	464.8 (2)	7억 달러
노스 캐롤라이나	414.0 (12)	Finalist	441.6 (9)	4억 달러
오하이오	418.6 (10)	Finalist	440.8 (10)	4억 달러
오클라호마	294.6 (34)	-	391.8 (20)	-
오리건	292.6 (35)	-	미제출	-
펜실베이니아	420.0 (7)	Finalist	417.6 (18)	Finalist
로드아일랜드	419.0 (8)	Finalist	451.2 (5)	7,500만 달러
사우스 캐롤라이나	423.2 (6)	Finalist	431.0 (14)	Finalist
사우스다코타	135.8 (41)	-	미제출	-
테네시	444.2 (2)	5억 달러	-	-
유타	379.4 (19)	-	379.0 (25)	-
버지니아	324.8 (31)	-	미제출	-
워싱턴	미제출	-	290.6 (32)	-
웨스트 버지니아	292.4 (36)	-	미제출	-
위스콘신	341.2 (26)	-	368.4 (27)	-
와이오밍	318.6 (32)	-	미제출	-

출처: en.wikipedia.org/wiki/Race_to_the_Top

주: 알래스카, 노스다코타, 텍사스, 버몬트는 두 번의 라운드에 모두 참여하지 않았다.

를 충당하기에는 역부족이다. 다만 학부모의 재정 부담을 줄여 주어 자녀를 사립학교에 보낼 수 있도록 지원해 주는 제도다. 정부 입장에서는 사립학교도 이 제도를 통해 교육경쟁의 장으로 들어오도록 유도함으로써 결과적으로 모든 학교 교육의 질적 수준이 높아질 것을 기대하는 것이다. 현재 가장 유명한 바우처 프로그램은 클리블랜드와 밀워키에서 시행되는 제도로, 소득수준 6만 6,700달러 이하인 저소득층 가정의 자녀들에게만 일정한 기금을 보조해 주는 방식이다 (Kraft and Furlong 2013, 384).

이러한 두 가지 학교선택정책은 학부모가 자녀를 보내고 싶은 학교를 선택할 권한을 갖는 것으로 지역 내 공립학교 간 경쟁을 유발한다는 취지로 만들어졌다. 근거리 배정 원칙이 아니라 학생과 학부모의 선호에 따라 학교를 선택할 수 있게 된다면 학교는 신입생 유치와 재학생 유지를 위해 노력할 것이기 때문이다. 특히 정부 보조금을 많이 받아 재정이 튼튼한 학교일수록 학부모들이 선호할 가능성이 높기 때문에 학부모에게 선택권이 주어지는 정책과 기금경쟁정책은 학교 간 경쟁을 유발하는 시너지 효과를 낼 수 있다. 이와 같이 찬반 논란에도 불구하고 최근 미국의 공교육개혁정책은 학교 간 경쟁을 통해 교육의 질을 높이고 기금을 통해 연방정부의 개입과 영향력이 강화되는 쪽으로 변화되어 왔다.

3. 공교육개혁정책에 대한 여론과 현 논쟁점

여기서는 이런 전반적인 변화에 대해 미국인들의 생각은 어떤지, 현 오바마 대통령의 교육개혁 이니셔티브는 지지를 받고 있는지, 이런 개혁정책은 궁극적으로 교육의 질적 수준 향상에 기여했는지 등 이

정책을 둘러싼 논쟁점에 대해 살펴보고자 한다.

1) 연방정부의 개입 확대와 헌법적 가치

먼저 연방정부의 개입과 영향력이 확대되는 방향으로 전개되어 온 교육개혁에 대한 근본적인 문제제기는 헌법적 가치를 둘러싼 논쟁이다. 보수 진영에서는 주와 지방 공립학교들에 대한 연방의 통제가 너무 심하다고 비판해 왔다. 특히 주들이 연방기금을 받기 위해 경쟁하도록 한 프로그램과 이를 위해 보편적 교육 기준을 만들도록 한 오바마 대통령의 개혁정책은 많은 비판을 받고 있다. 대표적으로 연방기금 경쟁에 참여하지 않은 텍사스 주의 릭 페리(Rick Perry) 주지사는 "우리 아이들의 미래를 수천 마일 밖에 거주하는 선출되지 않은 공무원들과 이익집단들의 손에 맡기는 일은 멍청하고 무책임하기 때문"에 기금 지원 신청서를 내지 않았다고 설명했다.

2010년 5월 26일 버지니아 주의 맥도널(Bob McDonnell) 주지사는 첫 번째 라운드에 참여한 41개 주 가운데 31등을 차지한 버지니아 주가 두 번째 라운드에 참여하지 않을 것이라고 발표했다. 왜냐하면 이 경쟁은 버지니아 주의 현재 기준과는 매우 다른 보편적 교육 성취 기준에 따라야 하기 때문이라는 것이다. 맥도널은 오바마 대통령의 교육정책이 모든 주가 동등한 기준을 따르는 조건을 제시하고 있기 때문에 많은 주들이 기금경쟁에 동참하는 것을 막고 있다고 비판했다. 즉 보수주의자들은 이런 정책들로 인해 자율성과 다양성을 특징으로 하는 미국 교육정책의 본질이 훼손되어 왔다고 주장한다.

한편 많은 시민단체도 기금경쟁정책 폐지를 주장하며 교육부 장관에 항의하는 시위를 벌여 오고 있다. 이들은 공화당과 민주당 구분 없이 모든 대통령과 의회가 연방정부가 막대한 영향력을 행사하는 방향으로 교육개혁을 실시해 온 것은 교육수준의 질적 향상 같은 본래 목적보다는 '교육개혁의 정치화' 분위기 때문이라고 비판한다. 즉 교육개혁 이슈를 선점하고 더 많은 유권자의 지지를 얻기 위해 선거에서 핵심 공약으로 내세웠으며 실제 정책 시행도 교육적이 아닌 정치적으로 하고 있다고 비난한다.

예를 들면, 도시연맹(Urban League)이나 NAACP, 동성애자 연합(Rainbow Push Coalition) 등 진보적인 민권운동 연대는 연방정부가 정치적 프레임을 통해 주정부를 통제하는 방식에 대해 비판한다. 이들은 이런 방식에 대해 이미 1965년 당시 민권단체들이 반대했다고 성명서를 내고 지난 교육개혁은 모두 실패로 끝났으며 현재 진행 중인 정책도 별 효과가 없다고 비판했다. 경제정책협회(Economic Policy Institute)도 첫 번째 라운드에서 델라웨어와 테네시 주가 선정된 것은 이 주들이 개혁정책을 잘 이행하여 얻어진 결과라기보다는 매우 주관적인 기준에 의한 우연일 뿐이라고 보도문을 냈다. 미국기업협회(American Enterprise Institute)도 2010년 9월 정부가 산정한 각 주의 점수와 다른 출처를 통해 산정된 주의 등수와 교육개혁 기록 간에 큰 차이가 있음을 발견하고 결국 각 주의 최종 점수에 영향을 미친 것은 정치 요인이라고 비판했다.[5]

마지막으로 오바마 대통령이 제안한 스쿨 바우처 같은 학교선택권에 반대하는 사람들은 이 프로그램이 전통적 헌법 가치에 위배될 수 있다고 경고한다. 이들은 이 프로그램이 개인의 종교적 자유를 훼손한다는 점과 정교분리 원칙에 위배된다는 점에서 위헌이라고 주장한다. 이들은 학부모에게 정부 기금을 주어 사립학교에 보내도록 하는 것은 그 기금이 특정 종교를 장려하는 쪽으로 사용될 우려가 크기 때문에 명백히 수정헌법 제1조를 위반한 행위라고 주장한다(Kraft and

5 http://en.wikipedia.org/wiki/Race_to_the_Top 참조.

Furlong 2013, 384). 더불어 헌법은 공립학교에서 무엇을 가르치고, 누가 교육비용을 감당하는 것이 옳은지 등에 대한 논란을 해소할 책임이 있다는 주장도 있다.

하지만 현재까지 이 정책은 연방법원 수준에서 큰 논란을 불러일으키지 않았다. 법원은 이런 연방정책이 시행되고 있지만 아직도 교육 기회와 기금을 평등하게 배분하는 것은 주의 책임이기 때문에 헌법적 가치에 크게 위배되지 않는다는 입장이다. 왜냐하면 연방정부의 정책이 기금과 통제를 통해 지역과 개인 수준까지 영향력을 미치지만 실제로 공립학교 교직원은 여전히 지방정부의 공무원이며 1만 4천여 개의 주와 지역 교육위원회가 존재하고 2만 2천여 개의 카운티와 도시가 공교육에서 중심적인 역할을 담당하기 때문이다. 무엇보다 지방정부는 공교육정책에서 가장 중요한 교육 재정 책임자이기 때문이다.

그렇다면 연방정부의 개입 없이 다른 현실적인 대안이 있는가? 연방정부가 주와 지방정부의 관할인 교육정책에 개입하고 영향력이 확대된 가장 중요한 요인은 경기침체로 인한 지방정부의 재정악화였다. 특히 가난한 주의 교육 재정은 부자 주의 재정과 매우 큰 차이가 났고 이는 교육의 형평성 문제를 야기했다. 아이러니하게도 동등한 수준의 교육을 받기 위해 가난한 사람들이 더 많은 세금을 내야 하는 상황이 벌어진 것이다. 2007년 미국 연방교육부 통계조사 자료에 따르면 학생 1명당 지출되는 교육비가 뉴저지 주는 1만 6,587달러인 반면 유타 주는 6,629달러였고, 교사의 평균 연봉도 캘리포니아 주는 6만 3,600달러인 반면 사우스다코타 주는 3만 5,400달러로 차이가 매우 컸다(Peters 2013, 374).

최근 미국 경제는 회복세를 보이고 있지만 2012년 현재 실업률이 8%이며 주와 지방 정부는 매우 가난하고 공교육 재정과 교원 수의 축소가 필요한 실정이다. 캘리포니아 주의 스톡톤(Stockton)과 샌 베르나디노(San Bernardino) 같은 시는 파산을 맞았고 미시간 주의 머스크곤(Muskegon) 학군 학교들도 파산으로 인해 운영권이 영리법인으로 넘어갔다. 예체능교육이나 방과 후 활동 등에 드는 예산이 삭감되는 것은 다반사이고 전국적으로 지난 5년간 공교육 인원의 5%가 감축되었다. 결국 경기침체로 인한 지역이나 주 간의 경제적 차이는 교육수준의 차이로 귀결된다는 점에서 평등 문제가 제기되었고 평등한 교육 기회의 제공 또한 미국 민주주의의 가치이기 때문에 이에 대한 논란은 앞으로도 계속될 것으로 보인다.

2) 교육개혁정책에 대한 여론

이런 상황에서 일반 미국인들은 공교육개혁에 대해 어떻게 생각하는지를 여기서는 보다 구체적인 정책에 대한 여론을 중심으로 살펴보겠다. 먼저 전반적으로 미국인들의 교육정책에 대한 여론은 공교육개혁이 시작된 이래 2013년 현재까지 어떻게 변해 왔는지 살펴보자. 〈그림 1-2〉는 매년 갤럽 여론조사를 통해 살펴본 공교육에 대한 미국인의 만족도 변화를 나타낸다. "전반적으로, 당신은 현재 미국에서 학생들이 12학년을 통해 받는 교육의 질에 얼마나 만족하십니까?"[6] 라는 조사 문항에 대해 2004년을 제외하고 1999년부터 현재까지 만족하지 않는다는 응답자 비율이 항상 더 높았다. 아동낙오방지법이 제정된 초기에는 만족한다는 유권자 비율과 불만이라는 비율 간에 큰 차이가 없었는데 현재는 그 간격이 커지고 있다.

---

6 Overall, how satisfied are you with the quality of education students receive in kindergarten through grade 12 in the U.S. today-would you say you are completely satisfied, somewhat satisfied, somewhat dissatisfied, or completely dissatisfied?

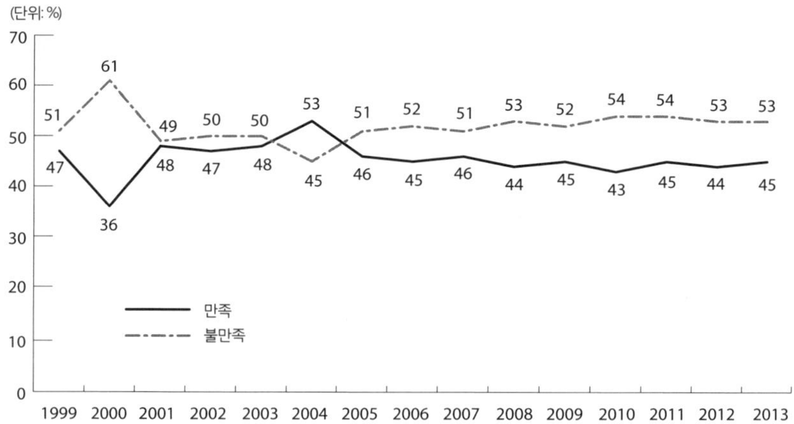

〈그림 1–2〉 공교육에 대한 미국인의 만족도

출처: www.gallup.com/poll/1612/education.aspx(검색일 2013. 10. 1).

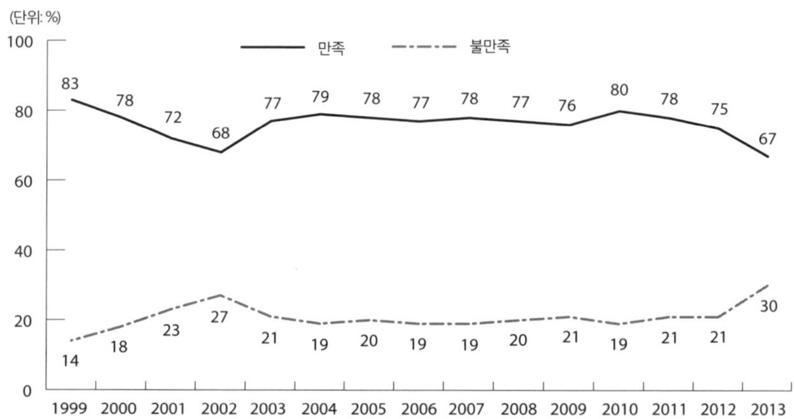

〈그림 1–3〉 공교육에 대한 학부모 만족도

출처: www.gallup.com/poll/1612/education.aspx(검색일 2013. 10. 1).

〈그림 1-3〉은 공교육에 대한 만족도를 가장 큰 아이를 학교에 보낸 학부모를 대상으로 조사한 결과다. "가장 큰 아이가 받는 교육의

질에 얼마나 만족하십니까?"[7]라는 문항을 통해 알아본 학부모의 만족도는 일반 국민과는 달리 전체적으로 훨씬 높게 나타났다. 2002년 아동낙오방지법이 제정될 당시부터 만족한다는 비율이 높아지기 시작하여 2010년 기금경쟁정책이 발표되었을 때는 만족한다는 비율이 가장 높았다. 하지만 이후 그 비율이 하락하여 2013년에는 역대 최저치인 67%로 떨어졌고 '불만족'이라고 답한 학부모 비율도 가장 높은 30%였다.

구체적으로 지난 10년간 시행된 공립학교 연방교육기금 관련법인 아동낙오방지법에 대한 여론을 살펴보자. 이미 언급한 바와 같이 2001년 조지 W. 부시 대통령이 제안하고 공화당 하원의원 존 보너(John Boehner), 민주당 상원의원 에드워드 케네디(Edward Kennedy) 등 유명한 의원들이 공동 발의한 이 법안은 의회에서 광범위한 초당적 지지를 받아 통과되었다. 하지만 지난 10년간 정치적 진보와 보수 진영 모두 이 정책을 맹렬히 비판해 왔다. 갤럽이 2011년 1월 이 법을 폐지할 것인지 수정을 통해 유지할 것인지에 대한 여론조사를 실시했을 때에 응답자의 21%만이 이 법을 원안대로 유지해야 한다고 답했다.

〈그림 1-4〉를 보면 2012년 8월 20일 갤럽이 발표한 조사 자료에서도 부정적 의견이 더 많았다. 아동낙오방지법이 공교육의 질을 저하시켰다고 응답한 비율은 2009년 29%에서 2012년 33%로 4%포인트 증가한 반면, 공교육의 질을 향상시켰다는 응답자 비율은 21%에서 19%로 2%포인트 하락했다. 이와 같이 10년간의 정치적 논쟁과

---

7 How satisfied are you with the quality of education your oldest child is receiving? Would you say you are completely satisfied, somewhat satisfied, somewhat dissatisfied, or completely dissatisfied?

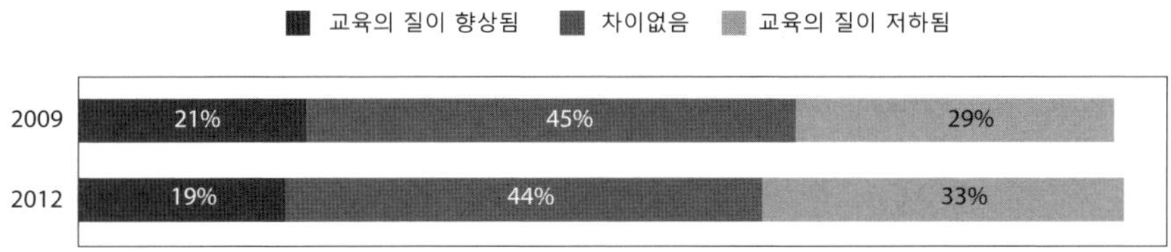

〈그림 1-4〉 아동낙오방지법이 공교육에 미친 영향에 대한 여론

출처: Gallup Poll, 2012(Annual Work and Education Poll).

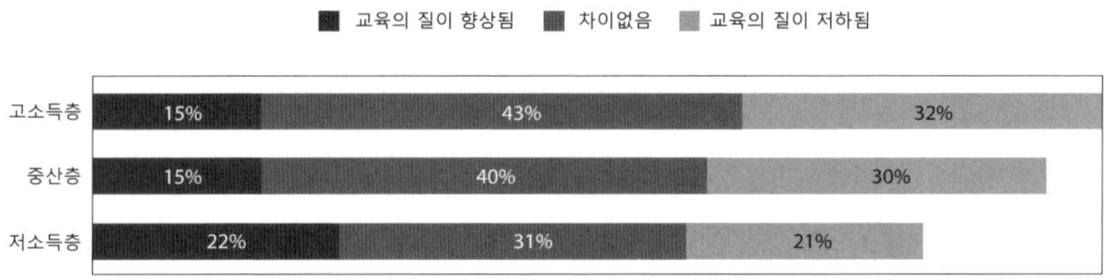

〈그림 1-5〉 아동낙오방지법에 대한 소득계층 간 의견 차이

출처: Gallup Poll, 2012(Annual Work and Education Poll).

회의적 여론으로 인해 2012년 당시 공화당과 민주당 의원들은 더 이상 이 법을 유지하는 것이 불가능함을 알았다. 따라서 연방교육부는 2014년까지 모든 학생에게 독해와 수학 과목에서 성적을 향상시키도록 강제했던 대부분의 주에 대해 법 적용을 해제하였다(Saad 2012).

2012년 조사에서는 제정 당시 아동낙오방지법이 의회에서 초당적 지지를 받았기 때문인지 응답자 간 당파적 차이는 찾아볼 수 없었다. 대신 〈그림 1-5〉를 보면 소득수준에 따라 차이가 나타나는 것을 알 수 있는데, 2012년 조사에서 연 소득 3만 달러 이하인 저소득층 응답자 중 22%가 이 법으로 인해 교육의 질이 향상되었다고 답한 반면 다른 계층 응답자들의 15%만 그렇다고 응답했다. 저소득층 응답자 중 교육의 질이 저하되었다는 비율은 21%로 향상되었다는 비율과 비슷하다. 하지만 중산층과 고소득층 응답자 비율을 보면 부정적 비율(30%, 32%)이 긍정적 비율(15%)보다 2배 정도 높다.

이와 같이 아동낙오방지법이 마지막으로 적용된 2012년에는 이 법의 효과에 대한 미국인의 평가는 긍정적 의견보다 부정적 의견이 조금 많았다. 하지만 전체적으로 보면 다수 여론은 이 법이 교육의 질적 수준에 별 영향을 미치지 않았다는 쪽이었고 부정적 여론의 비중은 그리 큰 편이 아니었다. 또한 이 법의 가장 큰 수혜자인 저소득층 응답자에서는 다른 계층에 비해 부정적 평가가 다소 낮은 편이었다. 그리고 전반적으로 대선 기간 동안 조사된 여론은 오바마 대통령이 재선 당선 후 이 법을 전면 폐기하기보다는 수정하는 방향으로 교육개혁을 추진하는 데 호의적인 정치적 분위기를 형성하였다.

교육개혁은 지난 2012년 대선에서도 가장 중요한 공공정책 이슈로 주목받았고, 오바마 대통령에겐 대선 경쟁이 자신이 추진해 온 정책에 대한 여론을 제대로 파악할 수 있는 기회였다. 오바마 대통령에게 지지를 보내는 집단 중 하나인 히스패닉은 63%가 그를 지지했지만 흑인의 92% 지지에 비하면 약했다. 히스패닉 응답자의 60%는 교육 이슈에 대해 꽤 관심이 있다고 답했는데, 흑인과 백인 응답자 중 관심이 있다고 한 비율은 40% 미만이었다. 따라서 히스패닉 유권자의 마음을 사로잡기 위해서 오바마 대통령은 교육 이슈에 대한 이들의 생각을 알아야 했다. 히스패닉은 87%가 교사의 정년과 퇴직금을 주 단위로 시행하는 학력평가 점수에 따라 차등 적용하는 것에 찬성했다. 이는 흑인의 80%, 백인의 75%보다 높은 찬성 비율이었다.

또한 선거에서 이기기 위해 무당파 유권자들의 지지를 얻는 것이 필수적인 상황에서 오바마 대통령과 롬니 후보의 선거 경쟁이 시작된 2012년 4월과 5월에 조사된 Education Next-PEPG 자료에 따르면, 설문조사 대상자 중 41%가 무당파라고 답했고 이 가운데 52%는 민주당 성향, 40%는 공화당 성향이라고 했다. 하지만 교육 이슈에 관해서는 무당파 유권자들의 의견이 공화당 지지자들과 비슷한 쪽으로 기울었다. 오바마 대통령의 지난 임기 동안 교육정책에 대해 무당파의 3분의 1만이 잘했다고 답했다.

핵심 이슈인 교원노조의 역할과 교육지출에 대해서도 정당에 따라 의견이 나뉘었는데 무당파는 공화당 쪽으로 기울었다. 교원노조가 학교에 부정적인 영향을 미칠 것이라는 점에 대해 공화당 지지자의 71%와 무당파의 59%가 동의한 반면, 민주당 지지자 중에는 29%만 그렇다고 답했다. 공립학교 예산에 대한 질문에서도 민주당 지지자들의 79%가 예산을 늘려야 한다고 답한 반면, 무당파의 57%와 공화당 지지자의 50%가 그렇다고 답했다. 게다가 롬니 후보가 공교육 개혁정책의 일환으로 제안한 소외계층 학생의 사립학교 선택권에 대해서는 무당파가 양당 지지자들보다 더 많은 지지를 보냈다. 롬니 후보는 저소득층과 특수교육이 필요한 학생들이 사립학교에 등록할 수 있도록 연방기금을 쓰는 바우처 프로그램을 제안했다. 재미있게도 이 공약에 대해 가장 많이 지지를 보낸 층은 무당파로 54%가 찬성했고 다음으로 민주당 지지자의 52%, 공화당 지지자의 42% 순이었다 (Howell 2013).

한편 2012년 대선에서 핫 이슈로 떠오른 교사의 책임성 강조에 대한 여론을 보면, 학생들의 표준학력평가 성적에 따라 교사의 정년과 월급을 차등 적용하는 오바마 대통령의 제안에 대해서는 유권자의 대부분이 찬성하는 분위기였다. 이미 20개가 넘는 주에서 학생들의 성적을 정년과 월급 책정에 중요한 변수로 채택하고 있었다. 4개 주에서는 학생들의 성적이 기준선을 넘지 못하면 교사도 가장 높은 평가를 받을 수 없도록 조치하였다. 또 다른 10개 주에서는 학생들의 성적 향상 요인이 교원 개인 평가의 최소 50%를 차지하도록 했다.

시카고대학교 정치학 교수인 하웰(Walter W. Howell) 팀이 유권자와 교사 그룹으로 나눠 인터뷰한 결과를 보면 두 그룹 간에 견해 차이가 크다는 것을 알 수 있다. 교사의 월급과 정년 결정에 학생들의 성적과 교장의 평가 중 어느 것을 얼마나 고려해야 하는지를 물었을 때 일반 유권자 그룹은 교사의 월급과 정년 결정에 학생들의 성적을 62% 정도 고려해야 한다고 응답한 반면, 교사 그룹은 24% 정도만 반영하고 나머지는 교장의 평가로 정해야 한다고 답했다. 더 큰 의견 차이는 교원평가 결과 공개에 대해서 나타났다. 뉴욕 시와 L.A.에서 이미 이를 신문에 공개하여 교사들의 공분을 샀는데, 이에 대해 교사 그룹에서는 30%만 찬성이라고 답한 반면 일반인은 78%가 찬성한다고 답했다.

재선에 성공한 오바마 대통령의 두 번째 임기 첫해인 2013년 공교육개혁정책에 대한 여론을 살펴보면 〈그림 1-6〉과 같다. 매년 PDK(Phi Delta Kappan)와 갤럽이 공동으로 공교육에 대한 여론조사를 실시한 바에 따르면, 오바마 대통령의 전반적인 공교육정책에 대한 미국인들의 평가는 지난 4년간 별로 변하지 않았다. 물론 F를 준 응답자 비율은 과거보다 조금씩 늘어 2013년 조사에서 가장 높은 비율인 18%를 나타냈다. 지지하는 정당에 따라 서로 차이가 컸는데 공화당 지지자의 36%가 F를 준 반면 민주당 지지자의 1%만이 낙제점을 주었다. 그리고 A와 B를 준 응답자도 정당 지지자별로 나눠 보면, 민주당 지지자의 65%, 무당파의 30%, 공화당 지지자의 7%로 편차가 매우 컸다. 이는 아동낙오방지법에 대한 당파적 여론 차이가 없었던 점을 상기해 볼 때 주목해야 할 부분이다.

또한 2013년 조사에서 아동낙오방지법에 대해 알고 있다는 응답자 비율은 97%인 반면, 오바마 대통령의 중요 교육정책인 기금경쟁정책에 대해 알고 있는 응답자는 43%로 낮은 수준이었다. 새로운 보

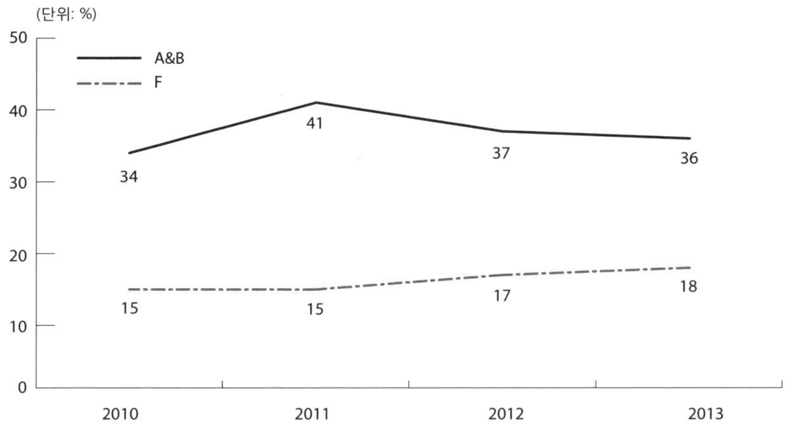

〈그림 1-6〉 오바마 대통령의 공교육개혁에 대한 평가

출처: kappanmagazine.org(The 45th Annual PDK/Gallup Poll of the Public's Attitudes Toward the Public Schools)

편적 기준들에 대해서도 응답자의 3분의 2가 모른다고 답했다. 이 기준은 40개 이상의 주에서 2014년부터 교육과정에 적용되는데 미국인들의 상당수는 이를 알지 못하고 있는 실정이다. 게다가 응답자의 55%가 불법 이민자의 자녀들이 무상으로 공교육을 받는 것에 대해 반대했다. 특히 공화당 지지자의 19%, 무당파의 41%, 민주당 지지자의 66%가 찬성하는 것으로 나타나 이 또한 매우 당파적인 이슈임을 알 수 있다(Bushaw and Lopez 2013, 20).

기금경쟁정책과 밀접한 관련이 있는 학교 선택권 이슈에 대한 여론도 일관적이지 않다. 경쟁을 통해 공립학교의 질 향상을 유도한다는 정책에 대해서는 대체로 찬성하면서도 구체적인 방법에 대해서는 의견이 엇갈렸는데, 차터 스쿨에 대해서는 지지하지만 바우처 프로그램에는 회의적인 성향을 보였다. 먼저 차터 스쿨에 대한 여론을 보면 찬성한다는 응답자 비율은 2009년 64%, 2010년 68%, 2011년

70%, 2012년 66%, 2013년 68%로 비교적 큰 변화 없이 안정적이다. 차터 스쿨에 다니는 학생 수는 매년 늘고 있고 특히 소외계층에서 차터 스쿨에 대한 지지가 확산되고 있다. 2013년 현재 흑인 응답자의 72%와 히스패닉의 76%가 이를 지지하는 것으로 조사되었다.

2010년 이래 많은 학교들이 스쿨 바우처나 세금공제 프로그램을 도입해 왔는데 이에 대한 설문조사 결과를 보면, '당신의 자녀가 공교육비로 사립학교에 다닐 수 있게 된다면 선택하겠는가'에 대해 2011년에는 34%가 찬성이었고 65%가 반대였으나 2012년에는 44% 찬성에 55%가 반대했다. 2013년에는 29%만 찬성하고 70%가 반대한다고 답해 역대 설문 결과 중 가장 높은 반대 비율을 나타냈다. 특히 저소득층 자녀들을 대상으로 정부가 등록금을 내고 사립학교에 다닐 수 있게 해주는 것에 대해 2012년에는 찬성하는 응답자와 반대하는 응답자의 비율이 각각 50%로 같았다. 2013년에는 응답자의 72%가 바우처보다는 기업 장학금을 주거나 세금을 공제해 주는 방법으로 저소득층 자녀를 사립학교에 보내는 것에 찬성했다. 경제학자들은 이 두 가지는 형식만 다를 뿐 내용은 같다고 말하지만 일반 대중에게 스쿨 바우처보다는 세금공제가 더 인기가 높았다. 또한 정치지도자들은 학교 선택 프로그램 중 가장 좋은 방안은 차터 스쿨이라고 생각하지만, 일반인들은 세금공제 프로그램을 선호하는 것으로 나타났다.

오바마 대통령의 핵심 교육정책 중 하나인 고등학교 재정비가 미국의 미래를 위해 국가 교육정책 이니셔티브로서 얼마나 중요한가를 묻는 질문에 대해서 2012년에는 응답자의 42%가 매우 중요하다고 답했고 39%가 다소 중요하다고 답했다. 고등학교를 중퇴한 학생들이 직업을 가질 준비가 되었는가를 묻는 질문에는 그렇다는 응답자 비율이 2012년 6%, 2013년 5%로 매우 낮았다. 그런데 재미있는 것은 고등학교 졸업자의 경우에도 이에 대한 응답은 2012년 18%, 2013년 17%로 낮았다는 사실이다. 고등학교 졸업자의 경우, 대학진학 준비가 되었다는 응답은 2012년 33%, 2013년 29%로, 취업보다는 높게 나타났지만 결코 높은 수준은 아니다. 진학 준비가 되지 않았다는 응답자 비율은 2012년 24%, 2013년 27%로 비슷한 수준이다(Bushaw and Lopez 2013, 22).

이런 상황을 바꾸고 공교육의 수준을 높이는 방안으로 최근 교사의 책임성을 강조하는 안이 힘을 얻고 있다. 이에 대한 여론을 살펴보면 공립학교 교사에 대한 신뢰도는 2012년 72%, 2013년 70% 정도로 높은 수준이다. 반면에 교원노조에 대한 긍정적 평가는 하락하고 있다. 2009년과 2011년에는 응답자의 40%가 중립적 의견이었고 긍정과 부정적 평가가 동등했다. 그러나 2012년에는 41%가 여전히 중립적인 반면 긍정적 평가는 29%에서 22%로 하락했다. 교사들의 의견도 변했는데 2011년 58%에서 2012년 43%로 긍정적 평가가 하락한 반면 부정적 평가는 17%에서 32%로 급증했다. 2012년 교사협회(National Education Association) 구성원도 2009년에 비해 15만 명 정도 줄었고 2014년에는 20만 명 정도가 더 줄어들 것으로 예상된다.

반면 공립학교 교사들의 파업에 대한 질문에는 1980년에 허용해야 한다는 답변이 40%였으나 2013년에는 52%로 훨씬 높아졌다. 학생의 표준 점수에 따라 교원평가가 이루어지는 것에 대해서도 2012년에는 찬성 52%에 반대 47%였으나, 2013년에는 41%만 찬성했고 반대하는 비율은 58%로 높아졌다. 학생의 표준 점수와 관련 담당 교사의 교원평가 결과를 신문에 공개하는 것에 대해서도 2011년에는 찬성 51%에 반대 48%였지만 2013년에는 37%만 찬성이고 63%가 반대하여 찬성보다 반대 비율이 더 높아졌다. 이처럼 미국인들은 공립학교와 교사의 책임성을 강조하는 것에는 지지를 보내지만 학생의 성취도에 따라 교원평가가 이루어지고 이 결과가 공개되는 것에 대해서는 반대하는 의견이 많아지고 있음을 알 수 있다.

그러면서도 놀랍게도 최근 2013년 10월 9일자 설문조사 결과를 보면, 몇몇 주에서 학생의 성취도에 따라 교사에게 돈으로 포상하는 제도를 도입했는데 설문조사 대상자의 61%가 이에 대해 찬성한다고 답했다. 또한 현재 성취도가 낮은 교사를 해고하는 것이 불가능하다는 것을 알고 있다는 응답자 비율은 54%로 모른다는 응답자 37%보다 많았는데, 해고가 가능하다면 이에 찬성한다는 응답자 비율이 86%로 매우 높게 나타났다. 그리고 지역 학교에 보다 많은 기금을 주는 것에는 찬성하지만 성취도가 낮은 학교에 대해서 계속 보조하는 것에는 반대한다는 의견도 매우 높게 나타났다(Simon 2013).

지역 공립학교의 가장 큰 문제점에 대한 PDK 설문을 보면, 2003년에 '정부 재정 보조금의 결여'라는 답변이 25%로 가장 높았는데 10년이 흐른 2013년에도 이 답변이 35%로 가장 높았다. 따라서 지역 공립학교 재정비를 위한 재정 확대에 대해서는 2013년 응답자의 63%가 지역 공립학교 재정 확대에 찬성했는데 이는 2007년 51%에 비해 매우 높아진 비율이다. 하지만 학생 1인당 연간 교육재정이 2009년에는 1만 달러, 2012년에는 1만 2,500달러가 소요되었으며 향후 교육 재정 확대를 위해 세금 인상이 필수적이라는 정보를 주었을 때 응답자들의 답변은 달라졌다. 2009년에는 정확한 정보를 주기 전 46%에서 38%로 재정 확대에 찬성하는 비율이 8%포인트 하락했고 2013년에는 63%에서 43%로 20%포인트나 하락했다. 세금인상에 찬성하는 비율도 현 공교육 지출 현황에 대한 정보를 준 후 35%에서 24%로 하락했다. 이상에서 살펴본 바와 같이 학교선택권의 구체적 실행 방안, 교사의 책임성 제고, 공립학교 재정에 대한 여론이 매우 가변적이고 모호함을 알 수 있다.

3) 교육개혁정책과 교육수준 향상

마지막으로 오바마 대통령의 교육개혁이 향후 어떤 방향으로 전개되어야 할지 이정표를 정함에 있어서 가장 중요한 논쟁점은 이런 개혁을 통해 교육의 질이 향상되었는가 하는 것이다. 물론 교육의 질이 향상되었는지를 측정하기란 쉽지 않다. 예를 들면, 공립학교 학생의 성적이 다른 나라나 사립학교에 다니는 학생들, 또는 과거에 비해 향상되었다 하더라도 이를 교육의 질 향상으로 볼 수 있을지 의문이다. 또한 공교육을 받는 학생과 학부모의 만족도가 높아졌다면 이를 교육의 질 향상으로 보아야 하는지도 의문이다.

이런 애매한 기준에도 불구하고 2013년은 지난 10여 년 동안 시행되어 온 연방 교육법에 따라 모든 학생들이 독해와 수학에서 100% 정해진 기준에 맞는 능력을 갖추게 될 것을 약속한 해이다. 따라서 성과에 대한 관심도 높았는데 아동낙오방지법이 통과되었을 때 소외계층, 저소득층, 장애 학생들에게 교육개혁에 청신호가 켜졌다고 생각되었지만 10년 동안의 성과는 그리 크지 않았다. 일부 학생들이 엄격한 성취기준에 미치지 못하면 전체 학교가 전년 대비 성장 기준에 도달할 수 없게 되며, 매 학년도 모든 기준은 100% 달성되어야 한다. 단, 어떤 학교가 이 기준에 도달하지 못했더라도 최하위 그룹의 학생들이 성장세를 보였거나 이 기준에 도달하지 못한 학생 그룹의 규모가 매우 작으면 예외로 인정된다.

이런 기준을 토대로 결과를 보면, 42개 주와 워싱턴 D.C., 캘리포니아 주의 8개 학군에서 이 목표가 달성되었다. 하지만 8개 주는 아직도 이 기준에 도달하지 못했으며 계속해서 학생들에게 나머지 공부를 시키거나, 다른 학교로의 전학 또는 다른 조치를 취해야 한다. 교육부 자료에 따르면, 캘리포니아, 일리노이, 아이오와, 몬태나, 네브라스카, 노스다코타, 버몬트, 와이오밍 주에서 성취기준에 도달하지 못한 비율은 17%에서 74%로 범위가 넓다. 지난 10년간 전국 학교들이 이룬 전년 대비 성과는 2004-2005학년도 74%에서 2011-2012학년도에 54%로 떨어졌다. 캘리포니아 주의 예를 보면 2003-2004학년도 성장률이 62%에서 2011-2012학년도 26%, 2012-2013학년도는 14%로 떨어졌다. 이런 장기간의 하락세는 캘리포니아 주의 학교 구조조정으로 이어질 수도 있다. 노스다코타 주 교육관계자는 10년 이상을 법으로 강제하였지만 주 예산의 한계, 농촌지역 교사 확충의 어려움 등으로 효과를 보기 어려웠다고 말했다(*Politico*, 2013. 10. 8).

그렇다면 기준에 도달하지 못한 주의 학교들에 대한 실패는 누가 책임질까? 앞서 언급한 바와 같이 현재 교육개혁 이니셔티브에 대한 당파적 지지도는 큰 차이가 있고 보수 성향의 사람들은 교육부의 존재 자체와 보편적 핵심 기준 같은 연방 교육정책에 불만이 많다. 하지만 대부분의 미국인들은 백악관이 교육정책을 이끌고 있지만 결국이 교육개혁에 대해 주와 지방정부의 책임이 크며 주의회가 이 개혁에 동조해야 실효성이 있음을 알고 있다. 즉 교육정책을 둘러싼 실질적인 싸움은 주의회 차원에서 일어나고 있으며 주의원들이 주민들의 여론에 귀를 기울여야 변화가 있을 것으로 보인다.

2013년 PDK 설문조사에 따르면, 응답자의 41%가 '진정한 교육개혁을 원한다면 학부모들이 주의원을 만나야 한다'고 답해 대다수의 미국인이 주 정책의 중요성에 대해 인지하고 있음을 알 수 있다. 또한 많은 주정부와 정치인들이 지역민들에게 교육정책의 책임이 연방정부에 있다고 비난했지만 단지 24%의 응답자만이 주의원들이 교육 이슈를 잘 다루고 있다고 답했다. 주의원들의 교육 이슈에 대한 성적은 거의 F 수준이었다. 특히 자녀들이 다니는 학교가 별로라고 답한 학부모의 대부분은 주의원들에 대해 부정적인 평가를 했다

(Bushaw and Lopez 2013).

게다가 학교 간 경쟁을 유도하기 위해 차터 스쿨이나 스쿨 바우처 프로그램 등 학부모에게 지나친 선택권을 주는 것이 공교육을 망친다는 주장도 제기되었다. 왜냐하면 차터 스쿨이나 스쿨 바우처가 더 효율적인 교육 시스템인지에 대한 근거는 없고 공립학교에 지원되어야 할 기금만 줄어드는 결과만 낳고 있기 때문이다. 또한 차터 스쿨이나 스쿨 바우처를 통해 교육의 질이 개선되었다고 하더라도 이를 공립학교의 질이 개선된 것으로 볼 수 있을지에 대한 의문도 제기되고 있다(Kraft and Furlong 2013, 386). 전 교육부 부장관인 래비치(Diane Ravitch)는 "선택, 경쟁, 책임성을 강조한 교육개혁은 명백하게 실효성이 없다"고 말했다.

한편 불행하게도 2012년 말 공개된 국가별 표준 학력평가 결과에서도 미국 학생들(15세)의 평균 성적은 34개 선진국 중 25위로 매우 저조했다고 교육부 장관 던캔(Arne Duncan)이 유감을 표명했다(Howell *et al.* 2013). 이에 대해 정책결정자들이 교육정책에 국가 간 표준 학력평가 점수를 반영하는 것에 대해 좀 더 신중해야 한다는 주장도 있다. 경제정책협회(Economic Policy Institute)의 2013년 보고서를 통해 스탠포드대학교 교육학과 카노이(Martin Carnoy) 교수와 로스스테인(Richard Rothstein) 연구원은 일반 여론과 달리 국가별 학력평가에서 미국 저소득층 학생들의 성적은 꾸준히 상승하고 있다고 주장했다. 학업성취도는 사회계층에 따라 다르며 국가 표준 성적은 단지 평균을 의미하는 것이기 때문에 미국 학교의 성취도를 제대로 보여 주지 못하고 있는데, 이에 대해 정책결정자들이 너무 민감하게 반응하고 이슈화한다고 비판했다.

로스스테인은 캐나다, 핀란드, 한국 등 최상위 3개국과 영국, 프랑스, 독일 등 평균 점수를 받은 3개국을 대상으로 분석한 결과 시험성적과 학생들의 사회·경제적 배경 간에 밀접한 상관관계가 발견되었다고 했다. 그는 미국의 소득 간 불평등 차이는 다른 나라보다 작지만 사회 불평등은 심각하며 이런 불평등이 시험 성적에 반영된 것이라고 밝혔다. 각 나라 학생들을 계층별로 나눠 비교해 보면, 미국 고등학생들의 독해 능력은 평균 이상, 수학은 평균이며, 최하위 소득층 학생들의 성적은 독해와 수학에서 모두 평균 이상이라고 분석했다. 특히 소외계층 학생들의 성적은 상승하는 추세이기 때문에 이런 성적을 토대로 교육정책을 만드는 것은 위험하며 오히려 가난이 학생들의 수학능력 향상에 미치는 영향에 대해 더 관심을 가져야 한다고 주장했다(Resmovits 2013).[8] 이런 주장에도 불구하고 결과만 놓고 본다면 당초 교육개혁의 단초가 되었던 국가별 표준 학력평가 성적도 10여 년 전과 별반 차이가 나지 않았다.

4. 결론

이 글에서는 미국 공립학교 교육개혁이 1990년대 이후 연방정부의 개입과 영향력이 확대되는 방향으로 전개되어 온 역사를 정리하고 그 원인을 지방재정의 악화, 공교육의 책임성과 교육의 질적 수준 저하에서 찾아보았다. 건국 초기부터 미국에서 민주적 과정에 참여할 수 있는 능력을 기르는 교육은 매우 중요한 과제였으며 여러 공공정책 중 교육정책은 늘 가장 중요한 정치·사회적 이슈였다. 공공정책 지출의 15%, 전체 공무원의 36% 이상이 교육에 종사할 정도로 교육

8 이런 주장에 대해 PISA 주관자(Andreas Schleicher)는 분석 자체가 오류투성이라고 항의했다.

은 중요한 공공정책이다. 그럼에도 불구하고 공교육은 연방정부보다는 주와 지방정부에 의해 다양하고 자율적으로 이루어지는 것이 미국 교육정책의 특징이었다.

하지만 1960년대부터 미국 공교육에 대한 불만이 제기되었고 이후 다른 나라와 비교해 볼 때 공교육의 질이 떨어져 국가적으로도 위험한 상태라는 분위기가 형성되면서 교육정책은 더 이상 주와 지방 수준에서 해결할 수 있는 문제가 아니라는 공감대가 조성되었다. 본격적으로 1990년대 이후 공교육은 매우 중요한 선거 이슈로 떠올랐고 당파에 관계없이 대통령 후보자들은 연방정부 수준에서 이에 대한 해결책을 공약으로 제시했다. 시간이 흐르면서 이런 공약은 아동낙오방지법과 레이스 투 더 탑 등 연방기금 확보를 위한 주 간의 경쟁을 유도하는 정책으로 구체화되었고, 연방정부는 공교육개혁의 가장 중요한 행위자로 등장하게 되었다.

공립학교들이 현실적으로 연방정부 방침을 따를 수밖에 없게 된 결정적인 이유는 경제적 어려움으로 인해 지방세로 충당하던 교육재정이 줄어들면서 연방보조금이 중요해졌기 때문이다. 현재 연방정부는 보조금을 통한 직접적 통제뿐 아니라 표준 기준 설정, 차터 스쿨, 스쿨 바우처 등 다양한 제도를 통해서도 간접적으로 공교육에 관여하고 있다. 때문에 연방 교육정책은 주와 지방정부 수준에서 이행될 수밖에 없는 형편이다. 결과적으로 현재 연방정부는 모든 공교육정책에서 가장 직접적이고 중요한 영향력을 행사하는 주체가 되었다. 이처럼 시간이 흐르면서 점차 공교육개혁은 자율성과 다양성보다는 경쟁, 책임, 보편성을 강조하는 방향으로 변화되고 성과를 위해 돈에 의존하는 물질적인 정책으로 변해 왔다.

교육개혁정책이 이런 방향으로 전개된 지 어느덧 10년이 지난 현 시점에서 이에 대한 여러 가지 논란이 일고 있다. 먼저 교육정책에 있어 이런 연방정부의 영향력 확대는 연방과 주 그리고 지방정부 간 전통적 관계와 미국 민주주의의 헌법적 가치를 훼손하기 때문에 심각한 문제라는 비판이 제기되어 왔다. 그럼에도 연방정부의 개입 없이 공교육 문제를 해결할 수 있는 현실적 대안이 없는 상태에서 이런 비판은 힘을 얻지 못하고 있다. 다음으로 일반 대중의 여론도 모호한데 경쟁과 책임을 강조하는 공교육개혁 방향에 대해서는 전반적으로 지지하는 한편 구체적인 실행 방안에 대해서는 당파성, 계층, 학부모 여부 등에 따라 의견이 나뉜다. 마지막으로 지난 10년간의 개혁성과에 대해서는 기대에 미치지 못한다는 것이 일반론이다. 하지만 이 문제에 대해서도 성과에 대한 판단 기준이 매우 불분명하기 때문에 한마디로 성과를 평가하기는 어렵다.

이상에서 살펴본 바와 같이 복잡하고 애매한 정책 결과와 이에 대한 대중적 선호는 향후 공교육개혁이 어떤 방향으로 전개되어야 할지에 대한 이정표를 제시하기보다는 더욱 신중한 정책적 판단을 요구한다. 지난 100년간 유지되었던 미국의 공립학교 시스템은 이제 빠르게 변화하고 있다. 그리고 최근 선거에서 가장 중요한 국내 이슈가 된 교육은 유권자 대다수가 직접적인 정책 수혜자이고 이미 입장을 갖고 있다. 때문에 이 정책 방향을 설정함에 있어 사법적 견해보다 대중의 여론이 더 중요할 수도 있다.

게다가 미국사회에서 아이가 없는 사람이 늘어나면서 학부모가 아닌 사람들의 의견도 교육개혁에 매우 중요해졌다. 질병통제예방본부의 보고에 따르면, 2013년 9월 현재 미국의 출산율은 역대 최저인 1,000명당 63명 수준까지 떨어졌다. 이는 1960년 118명에서 2007년 69명으로 떨어진 이래 최저치이다. 학부모 비율이 줄어들면서 비학부모는 교육정책에 또 다른 중요한 영향력을 갖게 되었다. 왜냐하면 최근 교육정책은 경제성장이나 세금인상 이슈 등과 밀접하게 관련되기 때문이다.

따라서 향후 교육개혁 논쟁은 단순히 연방정부와 주정부 간의 관계 변화에 대한 고려뿐 아니라 여론과 정책 간 상호작용이라는 측면에서 전개되어야 할 것이다. 이는 또한 한국의 공교육정책 논쟁에도 시사하는 바가 크다. 최근 한국 선거에서도 공교육 이슈는 다양성, 자율성, 수월성, 선택권, 평등권 이슈와 맞물려 매우 중요해졌으며 한편 무상급식, 무상보육 등 복지와 세금 이슈와도 밀접한 관계를 맺으면서 정치화되고 있기 때문이다.

참고문헌

서현진. 2012.「민주주의 심화와 민주시민교육」.『의정연구』18(3): 106-137.

Bushaw, William J., and Shane J. Lopez. 2013. "Which Way Do We Go?" *The 45th Annual PDK/Gallup Poll of the Public's Attitudes Toward the Public Schools* 95(1): 9-25.

Clemmitt, Marcia. 2012. "School Reform." *Issues for Debate in American Public Policy: Selections from CQ Researchers*. L.A.: CQ Press.

Cochran, Clarke E., Lawrence C. Mayer, T. R. Carr, and N. Joseph Cayer. 2009. *American Public Policy*. New York: Wardsworth.

Cross, Christopher T. 2004. *Political Education: National Policy Comes of Age*. New York and London: Teacher's College Press.

Dee, Thomas S., and Brian Jacob. 2011. "The Impact of No Child Left Behind on Student Achievement." *Journal of Policy Analysis and Management* 30(3): 418-446.

Gardner, John. 2013. "The Public Understanding of Error in Educational Assessment." *Oxford Review of Education* 39(1): 72-92.

Howell, William, Martin West, and Paul E. Peterson. 2013. "Reform Agenda Gains Strength." *Education Next* 13(1) (http://educationnext.org).

Jacobsen, Rebecca, and Tamara V. Young. 2013. "The New Politics of Accountability: Research in Retrospect and Prospect." *Education Policy* 27(2): 155-169.

Jost, Kenneth. 2011. "Revising No Child Left Behind." *Issues for Debate in American Public Policy: Selections from CQ Researchers*. L.A.: CQ Press.

Kraft, Michael E., and Scott R. Furlong. 2013. *Public Policy: Politics, Analysis and Alternatives*. L.A.: CQ Press.

McDonnell, Lorraine M. 2012. "Educational Accountability and Policy Feedback," *Education Policy* 27(2): 170-189.

National Council for the Social Studies. 2010. *National Curriculum Standards for Social Studies: A Framework for Teaching, Learning, and Assessment*. Washington, D.C.: NCSS.

Peters, B. Guy. 2013. *American Public Policy: Promise and Performance*. L.A.: CQ Press.

Ramirez, Al. 2013. *Financing Schools and Educational Programs: Policy, Politics and Practice*. New York: Rowman and Little Field Education.

Ravitch, Diane. 2010. *The Death and Life of the Great American School System: How Testing and Choice are Undermining Education*. New York: Basic Books.

Resmovits, Joy. 2013. "International Test Scores Often Misinterpreted To Detriment Of U.S. Students, Argues New EPI Study." (http://www.politico.com/story/2013/02).

Saad, Lydia. 2012. "No Child Left Behind Rated More Negatively Than Positively." (http://www.gallup.com/poll/156800).

Shelly, Bryan. 2011. *Money, Mandates and Local Control in American Public Education*. Ann Arbor: University of Michigan Press.

Shelly, Bryan. 2012. "Flexible Response: Executive Federalism and the No Child Left Behind Act of 2001." *Education Policy* 26(1): 117-135.

Simon, Stephanie. 2013a. "Polls Suggest Americans Know Little about Common Core Standards Rolling out This Fall." (http://www.politico.com/story/2013/08/common-core-education-reforms).

Simon, Stephanie. 2013b. "America's Attitudes Towards Education Reform: Executive Summary." (http://www.politico.com/story/2013/10/education-no-child-left-behind-eight-states-lament-98294.html#ixzz2jSm1Zpc4).

Wong, Kenneth K. 2013. "Politics and Governance: Evolving Systems of School Accountability." *Education Policy* 27(2): 410-421.

2장

의료보험개혁의 전개와 이슈

이소영

1. 서론

최근 미국은 역사상 18번째 정부폐쇄(shutdown)와 사상 초유의 국가부도(default) 위기를 맞이하였다. 1995년 클린턴(Bill Clinton) 정부 이후 17년 만에 벌어진 정부폐쇄는 하원의 다수당인 공화당이 민주당 오바마(Barack Obama) 정부의 예산안을 반대하면서, 그리고 국가부도 위기 역시 공화당이 국가부채 한도의 증액에 반대하면서 일어났다. 2013년 10월 1일부터 16일 동안의 정부폐쇄 끝에 2014년 예산과 부채한도 증액에 관해 여야가 한시적으로 합의하고, 이어 부채한도 상한 적용을 1년간 유예하는 법안을 통과시킴으로써 국가부도 위기를 일시적으로 피할 수 있게 되었지만, 갈등과 위기의 불씨는 여전히 살아 있다. 여야 간에 갈등을 증폭시키고 결국 미국을 정부폐쇄와 국가부도의 위기로 내몬 핵심 이슈는 2010년 미국 의회를 통과한 후 2014년 회계연도부터 실시되는 의료보험개혁 비용이다. 민주당과 공화당은 의료보험개혁을 두고 잠정예산안 수정을 번복한 끝에 결국 합의에 이르는 데 실패했고 이어서 정부 일부 부처가 업무정지에 들어가게 되었던 것이다.

오바마 행정부의 의료보험개혁은 미국민에게 보조금을 제공하여 전 국민이 의료보험 혜택을 받을 수 있도록 하기 위해 시도된 개혁으로서, 오바마 대통령이 가장 강한 의지를 보이며 추진해 온 정책이다. 동시에 개혁법안의 궁극적 폐기를 목표로 한 공화당이 정부 및 민주당과 가장 심각한 갈등을 노출시키고 있는 정책 이슈이기도 하다. 미국에서 이렇게 의료보험개혁에 대해 여야가 첨예한 갈등 양상을 보이는 것은 최근의 일만은 아니다. 의료보험 이슈는 지난 100여 년 동안 미국의 정치과정에서 중요한 논쟁거리를 제공해 왔다. 미국은 OECD 국가 중 유일하게 전 국민이 의료보험 혜택을 받는 보편적 의료보험체계를 갖추지 못한 국가로서, 그간 보편적 의료복지를 위한 개혁 논의를 계속해 왔지만 실패를 거듭하였다. 1912년 대선에서 의료보험 확충을 공약으로 내걸었던 시어도어 루스벨트(Theodore Roosevelt) 이래 1930년대 사회보장법을 제정했던 프랭클린 루스벨트(Franklin Roosevelt) 대통령, 1960-70년대 민권운동시기의 케네디(John F. Kennedy), 존슨(Lyndon Johnson), 닉슨(Richard Nixon), 카터(Jimmy Carter) 대통령, 그리고 최근의 클린턴 대통령과 현재의 오바마 대통령에 이르기까지 의료보험 혜택의 확대 또는 보편적 의료보험제도의 확립을 위한 시도가 계속되었지만, 보편적 의료보험체제의 형태로 개혁이 이루어진 것은 2010년 오바마 행정부에 이르러서이다. 그러나 이 또한 보편적 의료보험 반대자들과 여론의 강한 반대로 애초에 계획했던 국가주도의 국민의료보험체제는 무산된 채 이루어진 타협적인 개혁이었다.

의료보험개혁 이슈가 이렇게 오랫동안 미국 정치과정의 주요 논쟁적 이슈로 자리매김해 온 사실은 이 이슈와 관련한 주된 논쟁거리가 실행예산이나 재정적인 문제에 국한된 것은 아니라는 것을 의미한다. 의료보험개혁 논쟁에는 미국 건국 이후 현재까지 미국사회의 정치적 갈등과 논쟁의 본질을 형성해 온 정치철학적 견해 차이가 내재되어 있다. 의료보험개혁 이슈와 관련하여 미국에서는 두 개의 다른 시각이 팽팽히 맞서고 있다. 하나는 의료보험을 구매할 능력이 없는 사람들에게 국가가 보조금을 지급함으로써 의료서비스의 평등한 소비에 국가가 적극적으로 개입해야 한다는 생각이다. 다른 하나의 시각에서는 사적 영역에 국가가 개입하는 것을 바람직하지 않다고 생각하면서 공공부문이 복지를 위한 재화와 서비스를 제공하는 데 반대한다. 국가의 역할을 둘러싼 이 논쟁은 비단 의료보험 문제에 국한된 것이 아니라 국가의 개입 확대가 필요한 모든 공공정책 영역에서 주요 이슈가 되어 왔다.

2014년 회계연도를 맞아 본격적으로 개혁이 시행되기 시작하고 있지만, 미국사회는 여전히 의료보험개혁 이슈를 둘러싸고 양분된 채 정치적 논쟁을 계속하고 있다. 특히 최근의 논쟁은 경제침체와 재정적자 위기라는 미국사회의 긴급 이슈와 결합하여 정치적 양극화를 강화하는 중요한 요인으로 작용하고 있다. 공화당 의회뿐 아니라 보수적 주지사가 집권하고 있는 많은 주에서는 연방정부의 의료보험 정책에 강한 반발을 표시하면서 오바마 행정부에 큰 도전을 제공하고 있다.

이 장에서는 미국 의료보험정책의 문제점을 살펴보고 의료보험개혁 논쟁의 핵심 이슈가 무엇인지 그리고 그러한 논쟁이 어떻게 전개되어 왔는지를 통해 미국사회의 균열과 복합성을 고찰한다. 더불어 이러한 논쟁이 100년이나 지속되어 오면서도 미국사회에 보편적 의료제도가 뿌리 내리지 못하고 있는 근본적 이유를 살펴봄으로써 미국사회에 대한 이해를 높이고자 한다.

2. 의료보험정책의 현황과 문제점

1) 의료보험정책 현황

미국의 의료체계는 전반적으로 민간의료체계가 주도하고 있으며, 메디케어(Medicare), 메디케이드(Medicaid), 주어린이의료보험프로그램(State Children's Health Insurance Program: SCHIP), 군인의료보험(TRICARE), 연방공무원의료혜택(Federal Employee Health Benefits Program: FEHBP), 인디언보험(Indian Health Service) 등 정부가 주도하는 의료보험제도가 보완적 역할을 하고 있다. 65세 미만의 미국민들은 자신이나 가족의 직장의료보험을 이용하거나 민간의료보험을 개인적으로 구매해야 하는데, 구매 능력이 안 되어 보험이 없는 사람들도 많다. 통계에 따르면 2012년 의료보험 미가입자 수가 약 18%인 4,730만 명에 이르는 것으로 나타났다(A Primer 2012).

미국에는 1800년대 중반에 이미 상해보험이 도입되었지만 의료보험체계가 본격적으로 도입된 것은 개인종합병원들이 1920년대 말에 도입한 선불 시스템이 1930년대에 블루크로스(Blue Cross)와 블루쉴드(Blue Shield) 체계로 이어지면서였다. 민간보험회사가 의료보험에 본격적으로 뛰어든 1950년대 이후 정부의 임금억제책에 대응해 기업이 근로자 확보를 위해 서비스가 좋은 민간보험을 도입하고 더불어 정부가 의료보험을 도입한 기업에 대해 면세 혜택을 부여하면서 민간의료보험 시장이 더욱 확대되었다(정영호 2008). 1958년에는 미국인의 75%가 어떤 형태로든 의료보험 혜택을 받게 된 것으로 알려져 있다.

(1) 공공의료보험체계

미국의 가장 대표적인 공공의료보험제도는 메디케어이다. 메디케어는 65세 이상의 노령연금(Social Security) 수혜 자격이 있는 모든 노인과 장애인, 말기 신장 질환자, 루게릭병 환자 등에 제공되는 의료보장 프로그램이다. 수혜자의 재정수준에 관계없이 제공되는 의료보험으로서, 미래의 수혜자들이 미리 투자하는 메디케어 기금으로 운영된다. 메디케어 중 65세 이상의 모든 공적연금 대상자에게 적용되는 병원보험 유형인 메디케어 A형(Medicare Part A)을 위한 기금은 임금노동자와 기업가, 자영업자 수입의 2.9%를 세금으로 부과함으로써 마련되고 있으며, 2013년부터는 고소득자에 한해 부담 비율이 3.8%까지 늘어났다(이소영·이옥연 2013). 메디케어 B, C, D형은 선택사항으로서 A형의 보장 범위 밖에 있는 의료비 지출에 대한 보장을 내용으로 하고 있다. 2010년 현재 메디케어 수혜자의 약 90%가 직장의료보험이나 은퇴자 보험, 메디케이드 또는 민간 메디케어 보조 플랜인 메디갭(Medigap) 플랜 등 보조적 보험 플랜에 가입되어 있는 것으로 조사되었다(Kaiser Family Foundation 2010).

또 하나의 대표적인 공공의료보험인 메디케이드는 메디케어와 달리 빈곤층에게 주어지는 포괄적 의료보험 혜택으로서, 수혜자격 심사 통과자에게만 혜택이 주어지는 공적부조이다. 메디케이드 혜택을 받기 위해서는 소득이 일정 수준보다 낮아야 하고, 시민권이 있거나 법적으로 인정된 외국인이어야 하는 등 일정 기준에 부합해야 한다. 이 때문에 불법 이민자가 다수를 차지하고 있는 저소득층의 약 40%는 메디케이드 혜택을 받지 못하는 것으로 알려져 있다.

메디케이드는 1965년에 제도화된 이래 연방정부가 가장 많은 비용을 지출하고 있는 공적부조 프로그램이다. 주정부가 운영을 전담하지만 메디케이드를 위한 기금은 연방정부와 주정부가 공동으로 조성하고 있다. 각 주들은 메디케이드를 반드시 제공해야 할 의무는 없지만 현재 모든 주에서 메디케이드를 제공하고 있다. 연방정부가 메디케이드 보장범위와 자격기준을 제시하고 있으나 각 주가 재정 형편에 따라 자체적으로 기준과 수혜 수준을 정하여 운영하는 추세여서 수혜자 범위가 주에 따라 상당히 다르게 나타나고 있다(이소영·이옥연 2013).

다음으로 흔히 CHIP으로 불리는 주어린이의료보험프로그램(SCHIP)은 메디케이드 혜택을 받기 위한 기준보다 소득이 많지만 비싼 민간의료보험을 구매할 여력이 안 되는 가족의 자녀들을 위한 공적부조형 의료보험 프로그램이다. 메디케이드와 마찬가지로 연방정부가 제시하는 자격기준을 바탕으로 주정부가 운영하며, 이를 위한 기금은 연방정부가 주정부에 매칭기금을 제공함으로써 연방정부와 주정부의 공동기금으로 조성된다. 각 주별로 기금의 규모가 다르기 때문에 SCHIP의 혜택을 받기 위한 자격기준에 차이가 있지만 현재 대부분의 주에서 빈곤수준 200%에서 300%[1] 이하를 자격기준으로 채택하고 있다. 노스다코타 주와 아이다호 주가 각각 빈곤수준 160% 이하와 185% 이하를 기준으로 하고 있으며, 뉴욕 주와 뉴저지 주는 각각 빈곤수준 400% 이하와 350% 이하를 SCHIP의 혜택을 받을 수 있는 자격기준으로 삼고 있다. 1997년에 10년짜리 프로그램으로 탄생했다가 2007년에 갱신되는 과정에서 SCHIP은 부시 대통령의 연이은 법안 거부로 큰 이슈가 된 바 있다.

이 밖에 공공의료보험으로 군인 및 그 가족, 그리고 퇴역군인을 위한 군인의료보험, 연방공무원을 위한 연방공무원의료혜택, 미국 인디언들을 위한 인디언보험 등이 있다.

---

1 2013년 4인 가족 기준 빈곤수준 200%는 연수입 47,100달러이며, 300%는 연수입 70,650달러이다(2013 Federal Poverty Guidelines).

(2) 민간의료보험체계

미국의 민간의료보험체계에는 민간보험회사보험, 블루크로스 블루쉴드(Blue Cross Blue Shield) 체계, HMO(Health Maintenance Organization), 기타 관리의료(managed care)체계 등이 있다. 민간보험회사 보험을 구매한 가입자들은 일반적으로 병원에 가서 일단 의료비를 지불한 후 보험회사로부터 환불받는 형식을 취한다. 반면 블루크로스 블루쉴드나 HMO 플랜 등은 보험회사가 보장하는 비율을 제외한 나머지 금액만 지불하면 되는 선불 시스템이다.

블루크로스 블루쉴드는 지역별로 조직되어 있는 블루크로스 플랜과 블루쉴드 플랜이 1982년 통합하면서 붙여진 이름으로 미국인이 직장을 통해 가장 많이 가입하고 있는 보험체계이다. 현재 37개의 보험회사와 보험조직이 가입되어 있는 비영리 의료보험연합체이며 각 주법이 정하는 바에 따라 주보험국의 감독 및 규제를 받는다. 약 1억 명의 미국인이 가입하고 있으며, 미국 전역 종합병원의 약 96%와 개인의사의 약 91%가 블루크로스 블루쉴드 협회에 가입되어 있는 보험회사들과 계약을 맺고 있는 것으로 집계되고 있다. 블루크로스 블루쉴드는 많은 주에서 공공의료보험인 메디케어를 담당하고 있으며, 연방정부와 주정부의 고용보험을 담당하고 있기도 하다.

HMO는 1973년 건강유지기구법(Health Maintenance Organization Act of 1973)에 의해 의료비 절감을 목적으로 도입된 의료체계이다. 건강유지기구법은 25명 이상의 고용인을 둔 고용주는 고용인들에게 연방정부가 보증하는 HMO 플랜을 제공하도록 규정하고 있다(Dorsey 1975). HMO 플랜은 병원이나 의사와 계약을 맺어 네트워크를 형성하고 HMO 가입자에게 이 네트워크에 속해 있는 병원이나 의사 중에서 주치의를 정해 주어 환자 상태에 적합한 의료서비스를 제공받도록 하는 것이다.

HMO는 의료비 지출을 줄이고 의료서비스의 질을 제고하기 위한 일종의 관리의료라고 할 수 있는데, HMO에서 시작된 관리의료는 현재는 민간보험회사 프로그램과 블루크로스 블루쉴드 프로그램에서도 많이 시행하고 있다. HMO 플랜은 주치의와 의료기관을 자유롭게 선택할 수 있는 고가의 보험상품인 POS(Point of Service) 플랜을 내놓았고, 블루크로스 블루쉴드와 민간보험회사들도 보험료를 높이면서 보험가입자의 선택권을 크게 넓힌 PPO(Preferred Provider Organization) 플랜을 내놓았다. 1988년에는 정규직의 29%만이 관리의료체계에 가입해 있었으나 2008년에는 약 90%의 가입자가 관리의료 플랜을 선택하고 있는 것으로 집계되었으며, 그중 약 58%가 PPO 플랜에, 20%가 HMO 플랜에, 그리고 약 12%가 POS 플랜에 가입하고 있는 것으로 나타났다.[2]

2000년대에 들어서는 공제액이 큰 절약형 고액공제건강보험(High-Deductible Health Plan: HDHP)이나 의료보험을 위한 비과세 은행계좌인 세금공제형 건강저축계좌(Health Savings Accounts: HSAs) 등 여러 가지 새로운 의료보험 플랜이 시행되고 있다. 최근의 조사에 따르면 2003년부터 2010년 사이에 민간의료보험 플랜이 2배 정도 증가한 것으로 나타나고 있다(Schoen *et al.* 2011).

2) 의료보험제도의 문제점

(1) 민간의료비용의 증가

주로 민간의료보험체계에 의존하고 있는 미국 의료보험제도의 가장 큰 문제는 의료서비스에 대한 지출이 너무 크다는 점이다. 세계보건기구(WHO)에 따르면, 2011년 미국의 1인당 국민의료비는 8,608달

2 Wikipedia, "Health Insurance in the United States".

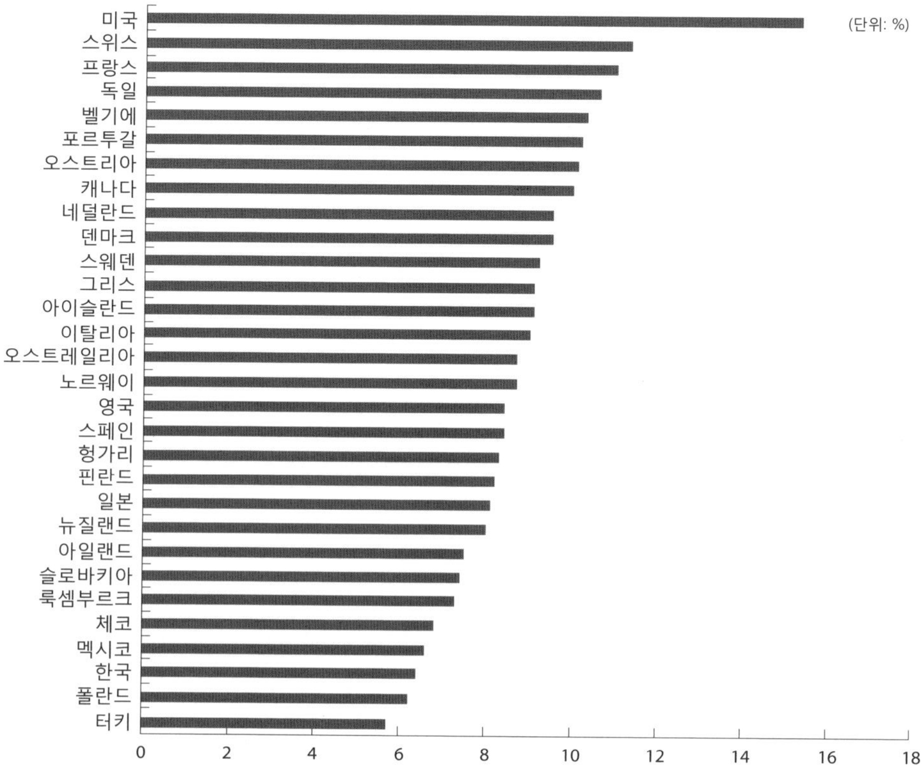

〈그림 2-1〉 GDP 대비 의료비 지출(2008)

출처: OECD Health Data 2008, Wikipedia("Healthcare in the United States")에서 재인용.

러로 GDP의 17.9%이며, 이는 1970년 GDP의 7%(1,300달러)에 비해 크게 증가한 수치이다(WHO 2011). 〈그림 2-1〉에서 나타나듯이 미국은 OECD 국가 중에서도 의료비 지출 비중이 압도적으로 높다. 미국 보건국(Health and Human Services Department)은 2017년이 되면 의료비 지출이 GDP의 19.5%까지 치솟을 것으로 예상했다(Centers for Medicare and Medicaid Services 2008).

미국사회의 의료비 지출이 늘어난 것은 의료보험료의 상승과 깊

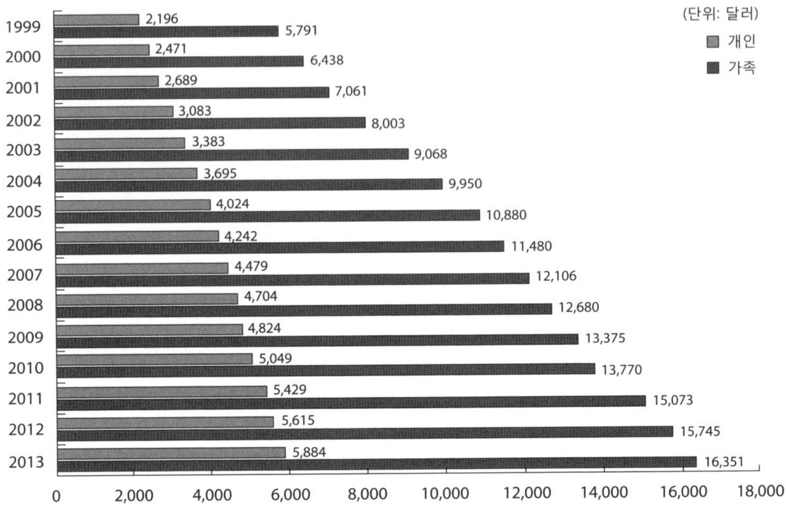

〈그림 2-2〉 미국의 개인 및 가족의 평균 연간 보험료 지출

출처: Kaiser Family Foundation(2013c).

은 관련이 있다. 〈그림 2-2〉는 미국인의 보험료 지출이 지난 14년 동안 개인과 가족 단위 모두 3배 가까이 상승했음을 보여 준다.

고가의 관리의료보험은 의료보험료 상승을 유도하는 중요한 요인이다. 미국정부는 보다 많은 시민들에게 의료서비스 접근성을 보장하고 비용을 절감하기 위해 관리의료체계를 시행하였다. 관리의료는 재원조달자, 보험자, 공급자와 지불자의 기능을 통합하여 효율성을 제고하기 위한 방안으로서 1990년대 의료비 통제에 큰 역할을 하였다(정영호 2008). 그러나 PPO나 POS와 같은 관리의료체계에 바탕한 다양한 고가의 보험상품이 등장하고 구매 비율이 높아짐에 따라 보험료는 크게 증가하게 되었다. 그뿐만 아니라 관리의료에 대한 정부의 조정과 규제가 미흡하여 관리의료로 인한 비용 절감 효과가 소비자에게 돌아가지 않는 결과를 낳게 되었다(정영호 2008).

의료보험료 상승은 최근 미국 가정의 실수입 하락으로 그 체감의 정도가 더 크다고 하겠다. 2011년 미국 인구조사국 보고에 따르면, 1999년 40,696달러였던 미국 가정의 수입 중간값이 2011년에는 50,054달러로 상승했지만, 인플레이션 등을 고려하여 2011년 달러 가치로 계산했을 때는 1999년의 54,932달러에서 2011년에 50,054달러로 오히려 하락한 것으로 조사되었으며, 특히 2007년부터는 지속적으로 하락세에 있는 것으로 나타났다(Census Bureau 2011). 경제위기의 결과이기도 한 이러한 국민소득의 하락세에 따라 직장보험을 제공하는 기업의 비율도 낮아지고 있다. 2000년에 69%였던 기업의 직장보험 제공 비율은 2007년 60%로 낮아졌으며, 특히 직원 200명 미만인 중소기업의 직장보험 제공률은 2000년 68%에서 2007년 59%로 하락하였다(Kaiser Family Foundation 2007).

(2) 공공의료보험 지출의 증가

공공의료보험을 위한 재정 지출의 증가 또한 연방정부와 주정부가 대면한 중요한 문제이다. 〈그림 2-3〉에서 알 수 있듯이, 2010년 연방정부의 전체 예산(3조 6천억 달러)에서 메디케어와 메디케이드가 차지하는 비율이 22%에 이른다. 특히 노령인구의 증가에 따른 메디케어 비용 증대는 미국의 재정 문제와 관련하여 핵심적인 이슈로 제기되어 왔다. 메디케어의 네 가지 유형 중 B형과 D형은 메디케어 가입자가 지불하는 보험료

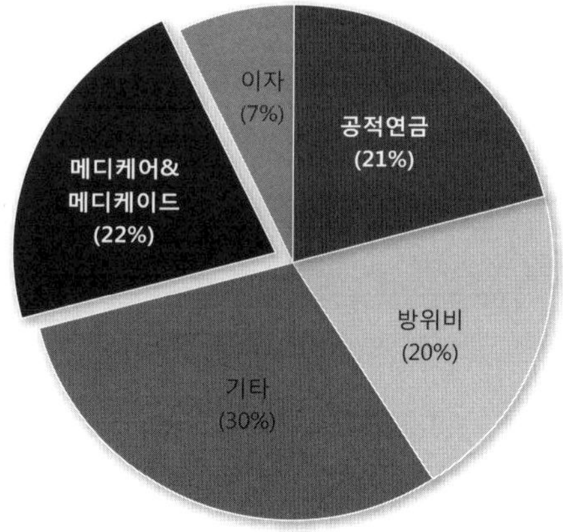

〈그림 2-3〉 2010년 연방 예산 항목별 비율

출처: A Primer(2011).

와 일반 기금 수익을 합쳐서 재원을 마련하고 있는 반면, A형의 경우는 임금노동자와 고용주(각각 1.45%) 및 자영업자 수입의 일부를 세금을 통해 거둬들임으로써 기금을 마련하고 있다. C형은 다른 메디케어 유형들의 대체수단으로서, 재원을 따로 마련하지는 않는다.

메디케어 수혜자가 약 4,700만 명으로 집계된 2012년에 메디케어 지출은 연방정부 예산의 15%에 달하는 5,550억 달러였으며, 2020년에는 연방정부 예산의 17.4%인 9,490억 달러에 이를 것으로 전망되고 있다(A Primer 2011). 메디케어 지출의 증가는 연방정부의 핵심적인 고민거리이다. 특히 베이비 붐 세대가 은퇴기를 맞이하는 2030년이 되면 메디케어 가입자가 8천만 명으로 증가하여 가입자 1인당 노동인구(납세자) 수가 현재의 3.7명에서 2.4명으로 줄어들 전망이다(A Primer 2011). 더구나 의료서비스 비용의 전반적인 상승은 메디케어 프로그램이 직면한 예산 문제를 더욱 심각하게 만드는 요소이다.

메디케어 C형은 이러한 메디케어 비용의 증가를 막기 위한 정책적 시도로 탄생하였다. 메디케어 어드밴티지(Medicare Advantage) 또는 메디케어+초이스(Medicare+Choice)라고도 불리는 메디케어 C형은 민간보험회사의 의료보험 플랜을 통해서도 메디케어 혜택을 받을 수 있도록 하여 메디케어 가입자의 보험선택권을 확대하는 동시에 비용을 절감하기 위해 1997년에 시작되었다. 그러나 예상과는 달리 메디케어 C형은 2009년에 이미 전통적인 메디케어보다 비용 면에서 13% 이상 높게 나타났다(Biles *et al.* 2009). 이와 같은 메디케어 지출의 증대는 2006년 메디케어 현대화법(Medicare Modernization Act)이 통과된 후 메디케어 D형의 출현으로 더욱 가속화되었다. 메디케어 D형은 처방약에 대해서도 메디케어를 통해 비용을 보장하는 것으로서, 이 때문에 메디케어 지출의 급격한 증가가 예상되어 큰 정치적 논쟁을 초래하였다.

한편, 연방정부와 주정부가 공동으로 기금을 조성하는 메디케이드는 각 주에서 예산과 관련하여 주요 이슈가 되고 있다. 특히 경제위기 이후 저소득층의 증가로 메디케이드 가입자 수가 급증했지만 연방정부의 메디케이드 예산은 제한되어 있어 주의 메디케이드 예산이 크게 증가하게 되었다. 전체 메디케이드 예산 증가율이 전년 대비 2%에 그쳤던 2012년에 주정부의 메디케이드 예산은 2011년 대비 28.7%가 증가했으며 주의 전체 예산에서 메디케이드가 차지하는 비율이 평균 29%나 되었다. 이와 같은 증가율은 메디케이드 사상 가장 높은 수치로서, 지난 10여 년 동안 주정부 메디케이드 예산 증가율이 매년 5% 정도였다는 것을 고려할 때 주정부의 부담이 급증했음을 알 수 있다(Galewitz 2011). 주정부 예산의 큰 부분을 차지하고 있을 뿐 아니라, 〈그림 2-3〉에서 보았듯이 연방정부의 메디케이드 예산 또한 메디케어 예산과 함께 전체 예산에서 상당한 비율을 차지하고 있어 논란의 대상이 되고 있다. 〈그림 2-4〉는 GDP 대비 연방정부의 공공의료보험 지출 비중을 나타내고 있다. 의회예산국(Congressional Budget

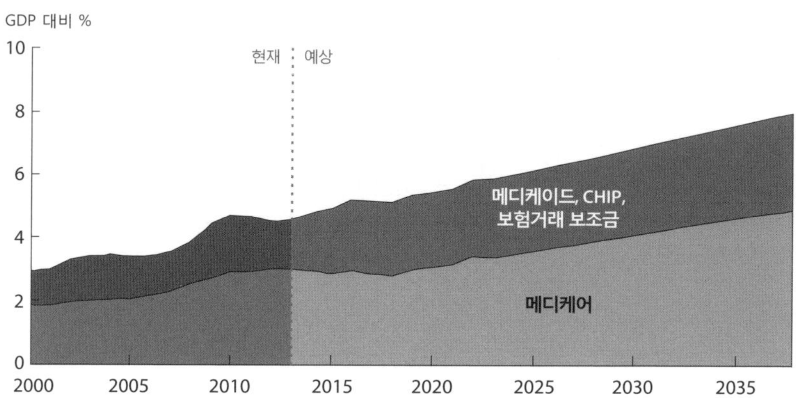

〈그림 2-4〉 연방정부의 공공의료보험 지출 현황과 전망

출처: Congressional Budget Office (www.cbo.gov/publication/44521).

Office: CBO)의 전망에 따르면, 2013년에 GDP의 4.6%를 차지하는 연방정부의 공공의료보험 지출이 2038년에는 8%까지 높아질 것으로 예상된다.

(3) 높은 의료보험 미가입률과 낮은 의료접근성

높은 민간의료보험료와 공공의료보험의 엄격한 기준은 많은 미국인을 의료보험 미가입자로 남게 만드는 원인이 되고 있다. 2012년 현재 65세 미만 미국 성인의 약 18%인 4,730만 명이 의료보험 미가입자로 조사되었는데(A Primer 2012),[3] 이 가운데 61%가 보험을 구매할 여유가 없거나 직장을 잃으면서 의료보험을 상실한 것으로 나타났다. 의료보험이 필요 없기 때문에 의료보험을 구매하지 않은 사람은 1.5%에 불과한 것으로 조사되었다(KCMU 2013). 메디케어는 65세 이상이 되어야 혜택을 받을 수 있으며, 메디케이드 수혜는 저소득층 아동, 부모, 임산부, 장애자 또는 노인으로 제한되어 있기 때문에 비싼 민간의료보험을 구매할 여력이 없는 많은 미국인들은 의료보험 미가입자로 남을 수밖에 없다. 2011년 기준으로 빈곤수준 100%(4인 가족 연수입 23,050달러) 이하인 경우 32%가 의료보험 미가입자이며, 빈곤수준 100-250%(4인 가족 연수입 57,625달러)인 사람들 중에는 약 57%가 의료보험이 없는 것으로 조사되었다(Kaiser Family Foundation 2013). 앞서 언급했듯이, 경제위기와 더불어 200명 이하의 고용인을 둔 중소기업 중 직장의료보험을 제공하는 기업의 비율이 현저하게 낮아진 것도 의료보험 미가입자 비율에 영향을 미치는 요인이 되었다.

---

3 이는 2010년의 5,000만 명, 2011년의 4,860만 명에 비해 낮아진 수치이다. 이렇게 의료보험 미가입자 수가 줄어들고 있는 것은 2010년에 의회를 통과하여 2014년부터 전면적으로 실시되는 의료보험개혁의 결과로 해석된다(Collins *et al.* 2012).

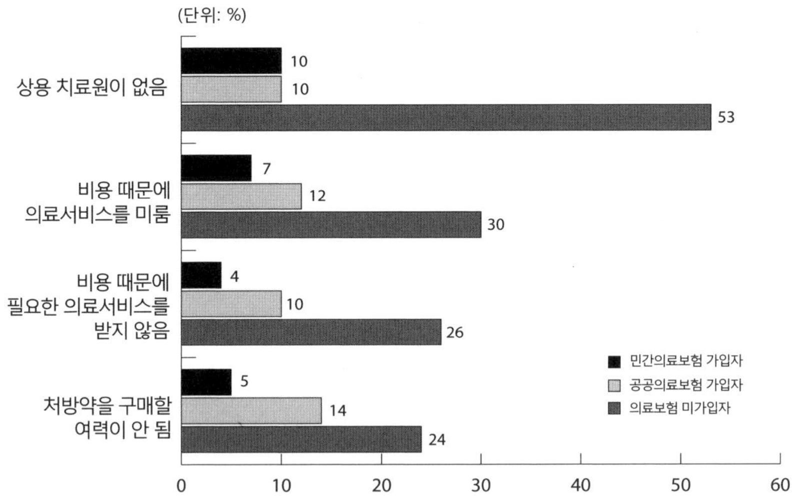

〈그림 2-5〉 의료서비스를 받지 않는 이유(2011)

출처: KCMU(2013).

높은 의료보험 미가입률은 의료서비스에 대한 접근을 막는 중요한 요인이다. KCMU의 조사에 따르면, 일상적으로 의료서비스를 받는 병원을 정해놓고 있지 않는 경우, 비용 때문에 의료서비스를 미루거나 필요한 의료서비스를 받지 않는 경우, 그리고 처방약을 구입하지 못하는 경우에서 의료보험 미가입자의 비율이 민간의료보험 및 공공의료보험 가입자에 비해 훨씬 높은 것으로 나타났다(〈그림 2-5〉).

한편, 의료보험 및 의료서비스에의 접근을 제한하는 또 하나의 주요한 요인은 보험회사들이 기존 병력이 있는 사람들의 의료보험 가입을 제한해 왔다는 점에서 찾을 수 있다. 미국은 1945년 매캐런-퍼거슨법(McCarran-Ferguson Act of 1945)에 의해 개별 주들이 의료보험을 관리하도록 정한 이래 대부분의 주에서 기존 병력자의 보험 가입에 대해 일정한 제한을 가하고 있다. 기존 병력자의 의료보험 가입

제한 기간은 주에 따라 다른데, 짧게는 6개월에서 길게는 10년까지 가입을 제한하고 있다.

3) 오바마케어(ObamaCare)의 주요 내용

개인 및 정부의 의료비 지출 증가와 의료서비스에의 낮은 접근성 때문에 미국은 1930년대 이래 의료보험개혁에 대한 논의를 계속해 왔다. 그럼에도 불구하고 복잡한 이해관계와 이념적 해석이 개입하면서 의료비 지출을 낮추고 의료접근성을 높일 수 있는 전면적인 의료보험개혁은 실시되지 못했다. 클린턴 대통령이 의료보험개혁을 강력하게 추진했지만 의회와 국민의 동의를 얻는 데는 실패하였다. 이러한 상황에서 2008년 대선 캠페인 당시부터 의료보험개혁에 대해 강한 의지를 보였던 오바마 대통령은 임기 내 가장 핵심적인 과업으로 의료보험개혁을 추진했고, 2010년 3월 마침내 의료보험개혁법인 PPACA(Patient Protection and Affordable Care Act)가 의회를 통과하였다. 그러나 이 개혁법은 의회 통과 과정에서 큰 진통을 겪으면서 오바마 행정부가 처음에 의도했던 개혁의 규모에는 미치지 못하였다. 흔히 '오바마케어'라고 불리는 의료보험개혁의 실시 시기는 항목별로 차이가 있지만 대부분의 주요 개혁은 2014년 회계연도부터 시행되고 있다. 의료보험개혁안은 향후 10년간 9,400억 달러를 투입하여 기존에 의료보험 혜택을 받지 못하던 사람들 가운데 3,200만 명에게 의료보험 혜택을 제공함으로써 의료보험 수혜율을 95%까지 높이는 것을 목표로 하고 있다. 이 의료보험개혁의 주요 내용은 다음과 같다.

- 직장의료보험, 메디케어, 메디케이드 및 기타 공공의료보험에 가입하지 않은 모든 개인은 원하는 민간보험에 가입해야 한다. 보험 미가입자가 재정적으로 힘들거나 면세가 인정되는 종교 종사

자를 제외하고는 보험 미가입으로 인한 과징금이 부과된다.

- 50인 이상의 전일제 고용인을 두고 있으며 이들의 평균 연봉이 25만 달러 이상인 기업의 고용주는 전일제 고용인들에게 직장보험을 제공해야 한다. 이를 어길 경우 과징금이 부과된다. 전일제 고용인이 50인 이상인 기업의 경우 전일제 고용인 30인까지는 보험수수료가 면제된다.
- 25인 이하의 전일제 고용인을 두고 있으며 이들의 평균 연봉이 5만 달러 이하인 기업의 고용주는 직장의료보험을 제공함으로써 세금공제를 받을 수 있다.
- 개인과 전일제 고용인 50인 이하의 고용주는 각 주에 있는 일종의 의료보험거래소를 통해 보험 가격과 정책을 비교한 후 보험을 선택할 수 있다. 의료보험거래소는 온라인상으로 접근 가능하다. 2016년에는 전일제 고용인 100인 이하의 고용주도 의료보험거래소를 이용할 수 있게 된다.
- 연방 빈곤수준 100-400%의 개인과 가족은 교역시장을 통해 의료보험을 구매할 경우 연방정부로부터 보조금을 받을 수 있다.
- 보험회사는 가입자의 기존 병력 때문에 보험 가입을 거부할 수 없으며, 기존 병력 여부나 성별에 따라 보험 혜택 및 가격에 차이를 둘 수 없다.
- 부양 자녀는 26세까지 부모가 가입한 보험의 혜택을 받을 수 있다.
- 메디케이드 가입 자격이 연방 빈곤수준 133%까지 확대되고 SCHIP 가입 절차도 간소화된다.[4]

---

4 이 조항은 이후 각 주의 반발로 법정소송의 대상이 되었으며, 2012년 대법원은 각 주가 의무적으로 메디케이드 자격을 확대할 필요는 없으며 선택적으로 할 수 있다고 판결하

• 무분별한 진료 및 검진 횟수가 반복되고 있는 메디케어의 질을 높이고 비용을 절감하기 위해 메디케어 결제 시스템을 진료별 지불방식에서 묶음식 지불방식으로 전환하고 질 높은 의료서비스에 대해 인센티브를 제공한다. 또한 약값 지출 규모에 따라 보험 적용률에 큰 차이를 보이면서 일정 금액에 해당하는 지출에 대해서는 보험이 적용되지 않는 메디케어 D형의 문제점[5]을 개선하고 2020년까지는 이 문제를 완전히 제거한다.

3. 의료보험개혁의 역사와 핵심 이슈

1) 의료보험개혁의 역사[6]

오랜 세월 동안 시도와 실패를 거듭해 온 미국 의료보험개혁의 초점은 국민에 대한 의료서비스와 관련하여 정부의 역할을 증대하는 데 있었다. 정부의 개입 영역을 확대하고자 하는 시도를 처음으로 언급한 정치인은 1912년 대선 캠페인 당시 진보당(Progressive Party)의 대선 후보로 출마하여 국민의료보험 시스템을 주창한 시어도어 루스벨트(Theodore Roosevelt) 전 대통령이었다. 그러나 본격적으로 국민적 의

였다(*National Federation of Independent Business v. Sebelius*).

5 메디케어 유형 D의 규정에 의해 처음 일정 금액의 약값 지출까지는 보험이 적용되며 그 금액을 초과하면 재난으로 인정되는 약값 지출 범위에 도달할 때까지 약값 지출에 대해서는 보험혜택을 받지 못하는데, 보험혜택을 받지 못하는 약값 지출의 범위를 도넛구멍(donut hole)이라고 부른다. 2009년의 경우 2,700-6,154달러의 약값 지출에 대해서 보험적용이 되지 않았다.

6 이 절의 내용은 이소영·이옥연(2013), Bodenheimer(2003), Employment Benefit Research Institute(2001), Kahn III and Pollack(2001), Patel and Rushefsky(2006) 등을 주로 참고하여 작성되었다.

료보험 프로그램이 논의된 것은 대공황 이후인 1930년대에 이르러서이다. 대공황 이후 뉴딜(New Deal) 정책을 중심으로 사회안전망을 구축하고자 한 프랭클린 루스벨트(Franklin Roosevelt) 행정부는 노령연금(Social Security)과 실업보험(Unemployment Insurance) 등을 포함하는 사회보장법을 마련하였다. 이 과정에서 대공황으로 의료서비스를 받을 재정적 여유가 없는 국민을 위한 국민의료보험 프로그램에 대한 논의도 본격화되었다. 그러나 대공황 이후 계속되는 정부의 재정적 위기와 미국의사협회(American Medical Association)의 반발, 의료복지에 대한 국민들의 낮은 이해 등으로 인해 국민의료보험 프로그램은 사회보장법에서 제외되었다. 보편적 의료보험에 대한 반대가 지속되는 동안 개별 병원들과 의사들이 자신들만의 보험 프로그램을 내놓았는데, 이러한 프로그램은 후에 블루크로스(Blue Cross)와 블루쉴드(Blue Shield) 체계로 발전하였다.

제2차 세계대전 이후 트루먼(Henry S. Trueman) 대통령은 자신의 페어딜(Fair Deal) 정책의 일환으로 가입을 의무화하는 국민의료보험 법안을 제안했으나 강한 반대에 부딪혔다. 하지만 1951년에 미국 국세청(Internal Revenue Service: IRS)이 고용주가 지불하는 단체보험료에 대해 세금을 공제해 주기로 결정하면서 1940년대에 정부의 지원으로 성장한 많은 보험회사들이 의료서비스 주공급자로서의 지위를 굳건히 하는 계기가 마련되었다.

민권운동이 활발했던 1960년대와 1970년대는 사회적 약자에 대한 의료보험 혜택을 비롯한 복지 혜택에 대한 관심이 상당히 높아진 시기였다. 1962년 노령연금 수혜자에게 의료 혜택을 주고자 했던 케네디(John F. Kennedy) 행정부의 시도는 의회에 의해 좌절되었지만, 뒤를 이은 존슨(Lyndon Johnson) 대통령이 1965년 메디케어 및 메디케이드 프로그램 시행 법안에 서명함으로써 케네디 정부에서 본격적으로 논의되었던 노인 및 빈곤가정, 장애인을 위한 의료복지를 실현할 수 있게 되었다. 그러나 미국의사협회를 중심으로 많은 이들이 국가가 주도하는 '사회의료(socialized medicine)'와 치솟는 의료복지 예산에 대해 비난의 목소리를 높이면서 정치적·사회적 논쟁의 중심 이슈가 되었다.

1970년대에는 미국사회에서 의료보험과 의료복지에 대한 논의가 본격적으로 시작되었다. 일생 동안 의료보험개혁에 앞장섰던 케네디(Ted Kennedy) 상원의원이 1971년 상원노동공공복지위원회의 건강소위원회 위원장이 되면서 보편적 국민의료보험을 위한 초당적 법안인 케네디-그리피스(Kennedy-Griffiths) 의료보장법을 제안하였다. 이런 움직임을 계기로 미국사회는 국가 주도의 의료보험에 대해 찬성하는 세력과 미국의사협회를 비롯한 민간보험회사들이 주를 이룬 개혁 반대 세력이 강하게 충돌하는 양상을 보였다. 이러한 움직임이 계속되는 가운데 개혁 반대 입장에 있던 닉슨(Richard Nixon) 대통령은 재선 출마를 앞두고 대안으로서 민간의료보험회사를 통한 직장의료보험의 의무화를 명시하는 법안을 제안했지만 의회 통과에는 실패하였다. 재선 이후 닉슨은 공적연금법을 수정하여 메디케어 혜택을 확대하고 1974년에는 다시 민간보험회사를 통한 직장의료보험 및 메디케이드를 주가 주관하는 의료보험 플랜으로 대치하는 안 등 보다 포괄적인 개혁안을 제시했지만 성공하지는 못했다. 닉슨 사임 후 포드(Gerald Ford) 대통령 또한 의료보험개혁 의지를 보였지만 심각한 경제침체로 인해 포기해야 했다.

카터(Jimmy Carter) 대통령은 1976년 대선 캠페인 당시부터 케네디 의원이 제안했던 보편적 국민의료보험에 대한 강한 지지자였다. 그러나 이후 케네디 의원이 노동조합과의 합의를 통해 개혁법안을 마련했을 때는 경제상황과 여론을 고려하여 법안을 지지하지 못했다.

1979년 케네디 의원은 고용주와 개인의 보험가입을 의무화하는 새로운 초당적 개혁안을 제안하였다. 이 개혁안은 정부의 규제하에 있는 민간보험회사 중에서 보험을 선택할 수 있도록 규정하고 있으며 수입에 따라 보험료가 책정되는 방식을 제안하고 있다. 이 법안에는 메디케이드를 정부가 민간회사들에게 보험료를 지불하는 방식으로 전환하는 방안과 메디케어 적용을 처방약까지 확대하는 방안이 포함되었다. 이와 함께 카터 대통령도 재난의료보험과 임산부 및 영유아를 위한 의무 직장보험을 제안했고, 상원 재정위원회 위원장인 롱(Russell Long) 의원도 민간의료보험을 통한 재난의료보험의 의무화를 제안했지만 이 또한 경제공황으로 포기해야 했다.

1980년대는 레이건(Ronald W. Reagan) 대통령의 복지축소정책의 영향으로 행정부 차원에서의 의료보험개혁 움직임은 거의 보이지 않았지만, 1986년 흔히 COBRA라고 알려져 있는 예산조정법을 마련하여 고용인 20인 이상 기업의 고용인은 퇴직 이후에도 18개월 동안은 직장보험을 통해 의료보험 혜택을 받을 수 있도록 했다. 이후 1988년에는 메디케어 재난보상법(Medicare Catastrophic Coverage Act)이 의회를 통과하였다. 1979년 카터 행정부가 롱 의원 등과 함께 제안했지만 재정 문제로 포기해야 했던 개혁 방안과 유사한 이 법은 3,300만 명의 메디케어 수혜자에 대해 누진세를 부과하는 방식으로 재난보상을 해 줄 것을 규정하고 있다. 그러나 누진세에 반대하는 수십만의 부유층 노인의 반발에 부딪혀 1989년 의회는 결국 법률을 폐기하기로 결정하였다.

의료보험개혁은 1993년부터 시작된 클린턴(Bill Clinton) 행정부의 가장 핵심적인 이슈였다. 힐러리 클린턴(Hillary Clinton)이 중심이 되어 마련한 의료보험개혁안은 고용 여부에 관계없이 모든 미국인이 국가가 주관하는 의료보험 혜택을 받도록 규정하고 있다. 이 법안에 따르면, 정부의 엄격한 규제 아래 민간보험회사들이 경쟁을 통해 보험을 제공하게 되며, 고용주가 직장의료보험료의 80%를 지급해야 한다. 더불어 이 법안은 의료보험이 병원치료, 입원, 응급치료, 예방케어, 정신건강 관련, 약물남용, 낙태, 호스피스, 가정 의료 도우미, 시력 및 보청, 어린이 예방치과진료, 건강교육을 위한 수업 등 의료서비스 전반에 걸친 모든 항목에 대한 의료보험 혜택을 명시하고 있다. 그러나 이 법안은 보험회사, 이익집단, 공화당 등 보수 세력뿐 아니라 법안 작성 과정에서 소외되었던 민주당 내 반대 세력까지 포함하여 수많은 법안 반대자의 강력한 반대에 부딪혔고 결국 의회 통과에 실패하였다. 표면적으로 법안에 반대하는 가장 큰 이유는 이 개혁안이 500명의 태스크포스를 중심으로 완전히 비밀스러운 작업을 통해 이루어졌고, 따라서 정부의 모든 행위가 국민들에게 공개되어야 한다는 소위 '선샤인법(Sunshine law)'을 위반했다는 사실에 있었다.

의료보험개혁에 실패한 클린턴 행정부는 1997년에 주정부와 연방정부가 매칭을 통해 기금을 조성하는 주어린이의료보험프로그램(SCHIP)을 시행하였다. 이 프로그램은 주정부가 자율적으로 수혜자를 선별할 수 있도록 하고 있다. 2008년 조사에 따르면 어린이 700만 명과 더불어 14개 주에서 성인 60만 명이 혜택을 받고 있는 것으로 나타났으며, 이 가운데 6개 주에서는 어린이보다 성인에게 더 많은 혜택이 주어지고 있는 것으로 조사되었다. 이 때문에 이 프로그램에 지출되는 비용이 크게 증가하여 개혁 논쟁의 주요 이슈가 되었다.

클린턴 행정부 시기 이후 의료보험개혁은 미국정치의 중심적인 이슈로 부상하였다. 특히 메디케어가 2000년 대선에서 중요한 이슈로 등장하면서 부시(George W. Bush) 대통령은 2003년 메디케어를 통해 처방약에 대한 보험료를 보장하는 메디케어 현대화법에 서명하였다. 케네디 의원을 비롯한 법안 반대자들은 메디케어 지출을 증가시킬 이 법이 HMO와 제약회사들에만 이익을 주고 결국 메디케어를 파괴하게 될 것이라고 주장하였다(Rosenbaum 2003).

의료보험개혁에 대한 정치적 논쟁이 계속되는 가운데 2008년 대선 캠페인 과정에서 오바마(Barack Obama) 후보는 4,700만 무보험자도 보험 혜택을 받을 수 있는 보편적 국민의료보험의 시행을 약속하였다. 취임 이후 오바마 대통령은 본격적으로 국가가 주도하는 단일보험자 체제로의 의료보험개혁을 추진했으나 보수주의자, 공화당, 보험회사, 이익단체, 민주당 내 보수적 의원 등 다양한 세력의 반대에 부딪혔다. 그 결과 애초에 계획했던 개혁안은 상당 부분 수정될 수밖에 없었고 수없이 많은 타협의 과정을 거쳐 마침내 2010년 3월 의회를 통과하게 되었다. 그러나 법안 통과 이후에도 반대 세력의 계속되는 법안 폐기 노력과 주정부들의 반대에 부딪히면서 의료보험개혁 이슈는 여전히 정치적 논쟁의 중심에 놓여 있다.

2) 의료보험개혁법안의 의회 통과 과정

대선 캠페인 기간 동안 의료보험을 연방정부가 주도하는 문제에 대해 공화당 매케인(John McCain) 후보와 논쟁을 벌였던 오바마의 대통령 당선이 확정된 후인 2008년 12월 미국의료보험협회(America's Health Insurance Plans: AHIP)는 보편적 의료보험을 위한 개인의료보험의 의무화, 안전하고 질 높은 의료서비스를 위한 기준 확립, 의료비와 의료서비스 질의 연계, 묶음지불 등을 포함한 의료보험개혁안을 내놓았다(AHIP 2008). 2009년 미국은 클린턴 정부 때와는 달리 의료보험의 전면적 개혁에 대해 강한 반대를 표명해 오던 의료보험회사들도 개혁의 필요성에 대한 여론을 인지하고 개혁안을 내놓을 정도로 의료보험개혁에 대한 높은 요구가 일고 있었던 것이다. 오바마 대통령은 이러한 분위기에서 의료보험업계와 기업 대표들을 협상 테이블로 불러낼 수 있었고 이를 통해 개혁의 필요성에 대한 국민 여론을 환기시킬 수 있었다.

하지만 개혁이 추진됨에 따라 오바마 정부의 의료보험개혁안은 강한 반대에 부딪혔다. 개혁 반대 세력은 적극적인 캠페인과 여론 프레이밍을 통해 오바마를 사회주의자로 묘사하면서 의료보험개혁으로 인해 의료비가 상승하고 현재의 보험을 잃게 될 것이며 노인층에 대한 혜택이 축소될 뿐 아니라 국가재정이 파탄날 것이라는 두려움을 확산시키는 데 상당히 성공적이었던 것으로 평가된다(이소영 2010). 공화당 지도부는 오바마의 개혁안에 반대하면서 의료보험 혜택의 증대와 보험수혜자 확대를 골자로 하는 개혁안을 내놓았다. 공화당의 개혁안은 의료보험에 대한 의무는 부과하지 않는 반면, 보험가입 및 제공에 대한 세금 혜택을 부여하는 것을 핵심 내용으로 하였다(Andrews 2012). 이와 같은 개혁안을 바탕으로 공화당은 오바마가 제안한 국가 주도의 보편적 의료보험이 가져올 문제점들을 강조하면서 강하게 비난했다.

오바마의 개혁법안은 상원의 두 개 위원회와 하원의 세 개 위원회에서 다루어졌다. 하원에서는 민주당 지도부가 합의한 개혁안이 세 개 상임위원회에서 공화당 의원들과 민주당 내 보수 성향 의원들의 찬성을 얻지 못한 채 통과되었고 본회의에 상정할 하원 통합법안이 만들어졌다. 본회의 법안 통과 절차를 앞두고 하원에서는 공화당 의원뿐 아니라 '블루독(Blue Dog)'이라는 민주당 내 중도-보수 모임 의원들의 지지도 받지 못한 채 개혁법안의 미래는 불투명한 상황이 되었다.

상원의 건강·교육·노동·연금위원회(Health, Education, Labor and Pensions Committee)는 2009년 7월 공공보험 조항을 포함한 개혁법안을 공화당 의원 전원이 반대하는 가운데 통과시켰고, 공공보험 조항

없이 고가 보험을 판매하는 회사에 대해 소비세를 부과하는 방안과 50인 이상 고용인을 둔 기업이 직장보험을 제공하지 않는 경우 고용인들에 지불된 정부보조금을 변제하는 내용을 담고 있는 재정위원회(Finance Committee) 법안은 좀처럼 합의에 이르지 못하다가 10월에 가서야 위원회를 통과하였다. 재정위원회의 개혁법안이 정부의 의료보험 예산과 채무를 감소시킬 수 있을 것이라는 의회예산국의 발표가 있은 후에 이 법안에 대한 여론의 관심과 지지가 상승하였다. 하지만, 상원 다수당 지도자인 리드(Harry Reid) 의원이 상원의 통합법안을 만드는 과정에서 공공보험 조항을 포함시키겠다고 선언하자 개혁에 찬성표를 던졌던 공화당 의원들도 반대로 돌아서는 상황이 되었다(Andrews 2012).

상원과 하원의 상임위원회를 통과한 법안들의 본회의 통과 과정에서 상당한 반대가 예상되는 가운데 오바마는 의료보험개혁에 다소 부정적인 여론, 개혁을 강하게 반대하는 공화당 의원들, 그리고 개혁 반대 성향을 가진 민주당 내 중도-보수 의원들을 대상으로 설득과 타협을 시도해야 했다. 먼저, 대중적 지지를 확보하기 위해 오바마는 개혁 초기부터 계속해 온 전국 순회를 통한 대국민 설득 작업을 강화하였다. 그러나 무엇보다도 오바마가 개혁법안의 상하원 본회의 통과를 앞두고 초점을 두었던 것은 민주당 내 중도-보수 성향의 의원들에 대한 설득 작업이었다. 상원에서 법안이 통과되기 위해서는 공화당의 필리버스터(filibuster)를 막을 수 있는 60명의 개혁법안 지지 인원을 확보해야 했고 하원에서도 과반수의 지지를 확보하기 위해서는 민주당 내 중도-보수 성향 의원들의 지지가 필수적이었다.

개혁 반대 집단의 로비가 상상을 초월한 가운데 개혁법안의 통과를 위해서는 무소속 의원을 포함하여 단 1명의 이탈자도 있어서는 안 되는 상원과, 중남부 민주당 의원의 상당수가 보수적 성향을 보이고

〈표 2-1〉 의료보험개혁법안의 의회 통과 주요 일지

날짜	행위자	내용	민주당 : 공화당
2009. 7. 14	상원 건강 · 교육 · 노동 · 연금위원회	개혁법안 통과 (공공보험 조항 포함)	13 : 10
2009. 7. 30	하원 에너지 및 상업위원회	개혁법안을 다룬 하원 세 개 상임위 중 마지막으로 법안 통과 (공공보험 조항 포함)	31 : 28
2009. 10 .13	상원 재정위원회	개혁법안 통과 (공공보험 조항 삭제)	14 : 9
2009. 11. 7	하원 본회의	개혁법안 Affordable Health Care for America Act 통과 (공공보험 조항 포함)	220 : 215
2009. 12. 24	상원 본회의	개혁법안 Patient Protection and Affordable Care Act 통과 (공공보험 조항 없음)	60 : 39
2010. 1. 19	매사추세츠 주 상원의원 보궐선거	공화당 브라운의 당선으로 민주당 필리버스터 저지 인원이 부족해짐	
2010. 1. 28	오바마 대통령 연두교서 연설	개혁법안 의회 통과 촉구	
2010. 2. 22	오바마 대통령	상하원 법안을 통합한 중도적, 타협적 개혁법안 제안 (공공보험 조항 없음)	
2010. 2. 25	오바마, 공화당 및 민주당 지도부	7시간 TV 생중계 의료보험개혁 대토론회	
2010. 3. 21	하원 본회의	상원의 의료보험개혁법안 하원 통과(공공보험 조항 없음)	219 : 212
2010. 3. 22	하원 본회의	오바마가 제안한 새 조항들을 포함한 수정법안(Reconciliation Act) 통과	220 : 211
2010. 3. 23	오바마 대통령	의료보험개혁법안에 서명	
2010. 3. 25	상원 본회의	수정법안(Reconciliation Act) 소규모 수정 후 통과	56 : 43
2010. 3. 26	하원 본회의	수정법안(Reconciliation Act) 최종 통과	
2010. 3. 30	오바마 대통령	수정법안(Reconciliation Act) 서명	

있는 하원의 민주당 의원들을 설득하고 이들과 타협하는 과정에서 오바마는 법안의 많은 부분을 수정해야 했고, 결국 개혁 반대 세력이 강하게 반대하는 항목들을 삭제하거나 조정할 수밖에 없었다. 그 결과 상원 개혁안에서 공공보험 조항이 철회되었고 그 밖에 법안의 많은 부분이 수정되었다(이소영 2010).

이러한 설득과 타협의 과정에서 상당 부분이 수정되어 타협적 법안으로 탄생한 개혁법안은 하원에서는 공공보험 조항을 포함한 AHCAA(Affordable Health Care for America Act)로, 그리고 상원에서는 공공보험 조항이 삭제된 PPACA(Patient Protection and Affordable Care Act)로 각각 본회의를 통과하였다. 하원은 2009년 11월 7일 실시된 1차 투표에서 5표(220 대 215)의 근소한 차이로 법안을 통과시켰고, 2009년 12월 23일 60 대 39로 공화당의 필리버스터를 끝내기 위한 클로처(Cloture)에 성공한 상원은 다음날 이어진 투표에서도 60 대 39로 개혁법안을 통과시켰다(*Washington Post*, 2010. 12. 25). 상원과 하원이 각각 상이한 법을 통과시키면서 상원의 개혁법안이 하원으로 넘어왔지만 상원 법안에 대해 하원의원들이 만족하지 못한 채 의결이 미뤄지고 있었다. 특히 공공보험 조항의 철회로 개혁안을 지지하던 민주당의 진보 성향 의원들마저 반발하는 상황이었다. 오바마와 민주당 지도부는 투표를 앞두고 이들을 설득하는 데에도 노력을 경주해야 했다(Andrews 2012).

의료보험개혁을 이끌던 케네디 상원의원의 사망으로 공석이 된 매사추세츠 주 상원의원을 선출하기 위해 2010년 1월 19일 치러진 보궐선거에서 공화당의 브라운(Scott Brown) 후보가 당선됨으로써 공화당의 필리버스터를 막을 인원이 부족해진 민주당으로서는 개혁법의 결정을 더 이상 상원에 미룰 수 없는 상황이었음에도 민주당 하원의원들의 논쟁은 계속되고 있었다. 하원의 결정이 지연되자 오바마 대통령은 연두교서에서 하원에 빠른 의결을 촉구하고, 2월 25일 7시간에 걸친 공화당 및 민주당 수뇌부와의 초당적 토론회(Summit)를 통해 공화당 의원 및 대국민 설득을 시도하였다. 생방송으로 중계된 이 토론회에서 오바마는 공화당의 개혁안과 민주당의 개혁법안이 본질적으로 차이가 없으며 따라서 민주당의 법안이 초당적이고 타협적인 법안임을 강조하였다.

오바마는 하원의 1차 투표에서 반대표를 던진 민주당 의원 37명을 개별적으로 만나 설득하는 한편, 민주당 지도자들에게 하원 법안보다 다소 중도적인 상원 법안을 통과시킬 것을 제안하였다(이소영 2010). 사실상 필리버스터를 막을 인원이 부족한 상황에서 민주당으로서는 상원 법안을 통과시키는 것이 가장 안전한 방안이었다. 그 즈음 의료보험개혁이 향후 10년간 국가 채무를 1,380억 달러 정도 감소시킬 수 있을 것이라는 의회예산국(CBO)의 발표는 민주당 내 보수, 진보 성향 의원 모두를 설득하는 데 도움이 되었다. 결국 하원은 상원의 개혁법안의 일부 내용 및 예산을 수정하기 위한 법안인 의료및교육조정법(Health Care and Education Reconciliation Act)을 별도로 마련하고 개혁법안은 상원의 법안을 그대로 표결에 부쳤다. 3월 21일 실시된 하원의 2차 투표에서 219 대 212로 하원을 통과한 PPACA에 대해 3월 23일 오바마 대통령이 서명함으로써 마침내 미국 최초로 보편적 의료보험제도가 탄생하였다. 최종 법안의 하원 통과 과정에서 공화당 의원 178명은 전원 반대표를 던졌고 민주당 의원은 219명이 찬성하고 34명이 반대한 것으로 집계되었다. 이러한 결과에서 알 수 있듯이, 의료보험개혁 법안 통과 과정은 미국정치의 이념 및 정당 양극화를 뚜렷이 보여 주는 대표적인 사례라고 할 수 있다. 개혁법안 통과 과정에서 보인 극한의 당파적 대립은 법안 통과 이후 현재까지 의료보험개혁을 둘러싼 공화-민주 양당의 격렬한 정치적 공방의 원인이 되고 있다.

3) 의료보험개혁 논쟁의 핵심 이슈: 정부의 역할

미국에서 보편적 의료보험제도로의 개혁이 100여 년이나 걸린 가장 큰 이유는 정부의 역할에 대한 미국인들의 인식 때문이라고 할 수 있다. 전횡적 권력의 억압을 피해 신대륙으로 이주했던 미국인들은 건국 당시부터 개인의 생활 영역에 대한 국가 개입의 최소화를 정치체제의 핵심 가치로 삼아 왔다. 작은 정부와 개인의 자유를 추구하는 미국인들의 가치는 연방정부, 삼권분립 등 중앙정부의 권력을 분산하고자 하는 시도를 통해 제도화되어 왔다. 특히 개인의 자유와 책임을 중시하면서 연방정부가 모든 정책에 최소한으로 개입하기를 원하는 개인주의적 자유주의 전통은 미국 공화당의 정책적 기조가 되고 있다(이소영·이옥연 2013). 개인주의적 자유주의 관점에서는 개인의 자유를 최대한 보장하기 위해 자유시장경제 체제를 선호하며 개인의 자율성과 시장경제의 효율성을 떨어뜨리는 연방정부 주도의 사회정책을 반대한다. 따라서 의료보험과 같은 사회적 서비스 영역에 대한 국가 개입에도 반대의 목소리를 높여 왔다.

반면, 뉴딜 시대를 거치면서 개인의 경제적 안전을 보장받을 수 없는 사회경제적 상황에 대한 두려움과 함께 부상한 미국의 현대 자유주의는 경제·사회 영역에 국가가 적극적으로 개입하여 개인의 자유를 제한하는 요소들을 제거해 줄 것을 요구한다. 이러한 시각에서는 모든 개인이 평등하게 살 수 있도록 국가가 적극적으로 보호해야 하며 이를 위해 필요하다면 국가는 세금정책 등을 통해 개인의 경제적 자유를 어느 정도 제한할 수 있다고 본다(O'Connor and Sabato 2007). 자유방임주의적 정책을 지양하고 국가가 사회적 서비스와 경제 영역에 개입하여 공공복리를 증진시키는 역할을 해야 한다고 믿는 현대적 자유주의 가치는 미국의 자유주의자들과 이들이 주로 지지하는 민주당의 정치적 이념을 형성하고 있다.

이렇게 정부의 역할 논쟁을 중심으로 형성된 정부역할 확대론과 제한론은 미국정치의 이념적 스펙트럼을 형성하는 본질적 이슈로서, 국가의 역할을 확대하여 의료보험 혜택을 확장하는 방향으로 진행되어 온 미국의 의료보험개혁 논쟁의 핵심 주제였다. 그런데 미국 국민들은 이념적으로는 스스로를 자유주의자라고 믿는 사람들보다 보수주의자라고 믿는 사람이 훨씬 많은 것으로 조사되고 있다(이소영 2013; Campbell 2010). 이는 제한정부 및 국가 개입의 최소화를 통한 개인의 자유 보장이라는 고전적 자유주의가 건국 초기부터 미국사회의 정치 이념을 구성해 온 사실과 무관하지 않다. 미국에서 루스벨트 행정부 이래 오랜 기간 동안 의료보험개혁 시도가 성공하지 못했던 것은 국가의 권한 확대를 두려워하는 미국 국민의 전통적 정서에 반해 정부의 역할을 확대하는 방향으로 개혁이 시도되었기 때문이라고 할 수 있다(Saldin 2010). 미국정치에서 가장 오랫동안 꾸준히 의료보험의 전면적 개혁을 추진해 온 케네디 상원의원의 경우도 초기에는 국가가 운용하는 보편적 의료보험을 제안했지만 점차 민간보험시장에서 보험을 선택하는 방식으로 방향을 전환할 수밖에 없었다.

초기 오바마의 의료보험개혁안의 핵심 내용 또한 모든 국민의 의무적 의료보험 가입과 국가가 운용하는 보험체제(공공보험)에 있었다. 그러나 법안 처리 과정에서 결국 공공보험 조항은 삭제되었다. 공공보험은 민간의료보험회사를 비롯한 보수주의자들이 가장 강력히 반대한 조항이었다. 고가의 보험료가 4,700만 명 이상의 미국인들이 의료보험에 가입하지 못하고 있는 직접적인 원인이라는 인식하에 하원의 세 개 위원회와 상원의 건강·교육·노동·연금위원회의 법안은 공공보험 조항을 포함하고 있었다. 하원을 통과한 개혁법안인

AHCAA는 국가가 운용하는 보험과 민간보험이 같이 경쟁하는 온라인 의료보험거래소를 만들어 개인과 소기업 경영주들이 이 거래소를 통해 보험을 구매할 수 있도록 하는 방안을 제안하였다. 그러나 의료보험회사와 이익단체, 그리고 공화당 및 보수 세력의 공공보험 조항에 대한 강력한 반대는 오바마와 민주당으로 하여금 공공보험 조항을 계획대로 추진할 수 없게 만들었다. 개혁 반대 세력은 대규모 시위와 타운홀 미팅, TV 광고 등을 통해 의료보험개혁의 문제점을 부각시켰는데, 비판의 중심에는 국가가 주도하는 의료보험의 불합리성에 대한 공격이 자리잡고 있었다. 특히 〈글렌 벡(Glenn Beck) 쇼〉나 〈러시 림보(Rush Limbaugh) 쇼〉와 같은 보수적 토크쇼에서는 오바마를 국가중심주의자나 사회주의자로, 심지어는 히틀러로 묘사하면서 오바마의 의료보험개혁을 비난하였다(이소영 2010). 개혁 반대 세력의 이러한 비난은 미국사회에 국가가 주도하는 의료보험체제에 대한 반대 여론을 확산시켰다. 〈그림 2-6〉에서 알 수 있듯이 클린턴 행정부에서 본격적으로 의료보험개혁이 논의된 후 부시 행정부 시기에 실시된 여론조사에서는 응답자의 대다수가 의료보험체제에서 연방정부의 책임을 중요시했던 반면, 의료보험개혁이 본격적으로 시작된 오바마 행정부 시기에 들어서는 의료보험 혜택을 국가가 책임져야 한다는 응답 비율이 확연하게 낮아졌다.

공공보험 조항에 대한 반대 여론이 거세지는 가운데, 하원에서의 2차 결정을 앞둔 시점에 실시된 매사추세츠 특별 선거에서 케네디 의원이 지켜 오던 상원의원 의석을 공화당에게 내주게 되었다. 그 결과 필리버스터를 저지하기 위한 인원 확보가 불가능해지자 오바마는 민주당 내 진보 성향 의원들의 반대에도 불구하고 하원에 대해 공공보험 조항이 삭제된 상원개혁법안의 통과를 촉구했고, 결국 공공보험 조항이 삭제된 PPACA가 최종 개혁법안으로서 하원 본회의를 통

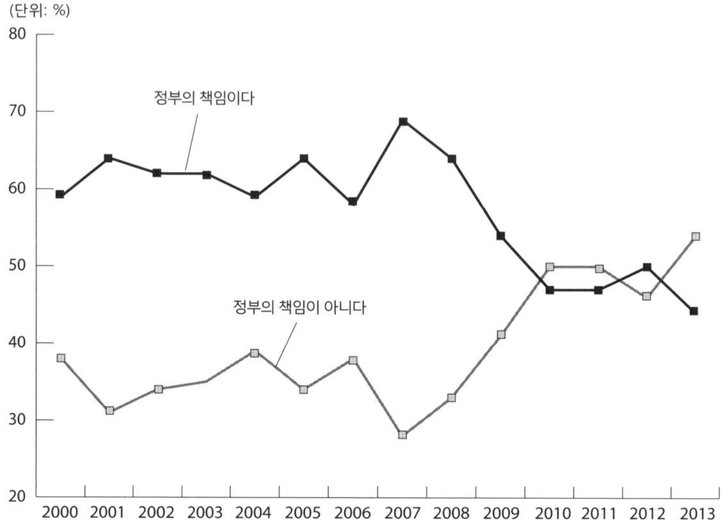

〈그림 2-6〉 의료보험 혜택에 있어 연방정부 책임론에 대한 여론

출처: Gallup.com, "Healthcare System."

과하였다.

개혁법안이 의회를 통과한 후에도 의료보험 영역에의 규제와 국가 개입 문제는 보수주의와 자유주의, 그리고 공화당과 민주당의 정치적 논쟁의 핵심 이슈가 되어 왔다. '국가가 개인에게 의료보험을 강제로 구매하게 할 권한이 있는가'라는 문제와 관련하여 위헌 소송이 이어졌으며, 특히 개혁으로 인해 공공의료보험 혜택 범위가 확대되고 주정부의 부담이 가중될 가능성이 높아지자 많은 주에서 복지정책의 주체와 연방정부의 권한에 관한 위헌 소송을 제기하였다. 또한 2010년 중간선거를 통해 하원 다수당이 된 공화당은 의료보험개혁법 폐기안을 통과시켰다. 물론 개혁법안 폐기안은 민주당이 다수당인 상원을 통과하지는 못했지만 법안 폐기에 대한 공화당의 강한 의지를 보여 주는 사건이었다. 하원에서 개혁법안 폐기안이 통과된 이후 오바마는 더욱 강한 대국민 선전 및 여론 공세를 통해 의료보험개혁을 밀어붙였고 이러한 정치적 환경에서 미국의 정치권은 더욱 심하게 양극화되는 경향을 보이고 있다.

4. 의료보험개혁 논쟁의 현황

1) 의료보험개혁안 통과 이후 의료보험개혁 논쟁의 전개와 여론 동향

2010년 개혁법안 통과 후 정부가 개혁 실행을 위한 규정 및 '과거병력에 의한 보험거부 불가' 조항의 조기 실행을 발표하면서 많은 주들에서 소송을 제기하기 시작했고 의료보험개혁에 대한 찬반 논의는 계속되었다. 이러한 분위기에서 실시된 11월 중간선거에서 민주당이 참패하자 의회 다수당이 된 공화당을 중심으로 개혁 반대 세력의 개혁법 폐기 운동이 활발하게 전개되었다. 의료보험개혁법 폐기 움직임은 의회에서의 법률 폐기 시도와 주정부의 위헌 소송으로 나타났다.

(1) 공화당의 개혁법 폐기 시도

개혁법 폐기는 2010년 가을 중간선거 캠페인 동안 공화당 후보들의 주요 이슈 중 하나였다. 다수당이 된 공화당은 새 의회의 임기가 시작된 직후인 2011년 1월 19일 의료보험개혁법 폐기안을 통과시켰다. 민주당이 다수당인 상원에서나 백악관에서 폐기안을 받아들일 것이라는 기대가 없었음에도 하원에서 법률폐기안을 통과시킴으로써 공화당은 선거공약 이행을 상징적으로 나타냄과 동시에 오바마 정부로 하여금 개혁의 규모와 예산을 축소하도록 압력을 넣을 생각이었다 (Herszenhorn and Pear 2011). 그러나 하원에서 개혁법 폐기안이 통과되자 오바마는 의료보험개혁에 대한 대국민 선전을 강화하고 더욱 공

〈표 2-2〉 의료보험개혁법 폐기에 대한 여론

구분	개혁법 폐기 찬성	개혁법 폐기 반대	모름 / 의견 없음
전체	46%	40%	14%
민주당 지지자	24%	64%	12%
공화당 지지자	78%	15%	7%
무당파	43%	39%	18%

출처: Gallup Poll (2011. 1. 7).

격적으로 개혁을 시행하고자 하였다. 중간선거에서 민주당 내 보수 성향 의원들이 대거 낙마하면서 민주당 의원들이 개혁에 대해 보다 강한 의지를 가진 인물들로 구성됨으로써 원내 민주당 또한 오바마 정부의 이러한 개혁 의지를 강하게 지지했다(Andrews 2012). 오바마 정부는 개혁법안의 폐기가 의료보험이 없는 사람들의 수를 증가시키고 보험료를 상승시켜 결국은 연방정부의 재정적자를 악화시킬 것이라는 점을 강조했다.

오바마 정부의 대국민 선전 강화에도 불구하고 이 시기는 2010년 중간선거 결과와 〈표 2-2〉에서 알 수 있듯이 오바마 정부와 의료보험개혁법에 대한 국민들의 불만은 상당히 고조되어 있는 상황이었다. 또한 개혁법 폐기에 대한 찬반은 정당 선호에 따라 뚜렷이 나누어지면서 정치적 양극화를 강하게 반영하였다. 이러한 분위기에서 공화당은 개혁이 결국 의료보험 예산과 의료비의 상승 및 의료서비스의 질을 저하시키는 요인이 될 것이라고 주장하며 공화당 버전의 개혁안을 제안하기도 했다. 공화당과 반대 세력의 비난에 직면하여 2011년 2월 오바마는 각 주가 의료보험체계와 관련하여 일정한 기준을 만족하는 경우 의료보험 의무화 항목을 비롯한 전반적인 의료보험체계를 주가 자율적으로 선택할 수 있도록 하는 법안을 새로이 제안하기도 했다.

(2) 의료보험개혁법 위헌 소송

의료보험개혁법에 대한 위헌 소송은 주정부를 중심으로 진행되었다. 2010년 개혁법이 의회를 통과한 후 버지니아 주를 시작으로 2011년 초까지 26개 주정부[7]가 의료보험개혁법 위헌 소송에 나섰다. 이 밖에 개인이나 집단의 이름으로 소송이 제기되기도 했다. 2010년 10월 미시간 주 연방법원이 내린 첫 번째 심판은 오바마의 개혁법을 옹호하는 것이었지만, 이후 버지니아 주 연방법원과 플로리다 주 연방법원을 비롯한 몇몇 연방지방법원과 항소법원에서는 개혁법에 대하여 위헌 결정을 내렸다. 2010년 12월 버지니아 연방지방법원의 경우 의료보험 의무조항은 미국시민들로 하여금 주 간의 통상이 규제되는 시장에서 재화를 구매하도록 강요함으로써 헌법의 '상업 조항(Commerce Clause)'을 위반하고 있다는 판결을 내렸고(Helderman and Goldstein 2010), 이듬해 1월 플로리다 연방지방법원은 개혁법 전체에 대해 위헌을 선언했다(Harris 2011). 연방지방법원의 이와 같은 판결들은 항소심에서 대부분 결과가 바뀌었으나 2011년 8월 11번 순회항소심 재판부가 의무의료보험 조항에 대해 위헌을 선언함으로써 최종 판결은 대법원으로 넘어가게 되었다(Cooper 2011).

연방대법원은 2012년 6월 의무의료보험 조항에 대해 합헌 판결을 내렸다. 보수 성향의 로버츠(John Roberts) 대법원장 하에서 내려진 판결을 통해 연방대법원은 "연방정부가 국민들에게 의무적으로 의료보험을 구매하도록 강요할 수는 없지만, 보험에 가입하지 않은 사람들에게 부과하는 재정부담은 벌금이 아니라 세금"이라고 규정함으

7 버지니아, 플로리다, 네브래스카, 미시간, 콜로라도, 펜실베이니아, 워싱턴, 네바다, 인디애나, 위스콘신, 오하이오, 메인, 사우스캐롤라이나, 텍사스, 유타, 루이지애나, 앨라배마, 아이다호, 사우스다코타, 애리조나, 조지아, 알래스카, 미시시피, 오클라호마, 와이오밍, 캔자스 주.

로써 개혁법을 합리화시켰다(Liptak 2012, 이소영 2013에서 재인용). 대법원의 이러한 판결은 오바마의 개혁에 큰 힘을 실어주기도 했지만, 한편으로는 공화당과 개혁반대론자들에게 개혁으로 인한 중산층의 세금증대라는 프레임을 제공했다. 대선을 앞두고 공화당은 의료보험을 또 다른 형태의 세금으로 묘사하면서 오바마의 개혁을 강하게 공격했다(Jeleny 2012).

(3) 2012년 대선 캠페인과 의료보험개혁 여론

경제위기와 재정위기가 핵심적인 캠페인 이슈였던 2012년 대선에서 의료보험개혁 이슈는 연방정부의 재정 및 비용 문제를 통해 경제 이슈와 결합하여 쟁점화되었다. 오바마 행정부의 의료보험개혁에 대한 국민투표(referendum)라고까지 일컬어진 2012년 대선 캠페인에서 공화당의 롬니(Mitt Romney) 후보는 '폐기와 대체' 전략을 바탕으로 오바마 행정부가 추진하는 의료보험개혁의 문제점을 지적하였다. 롬니는 개혁에 반대하는 주들을 개혁으로부터 면제시키는 행정명령을 내리고 각 주에 자율적 개혁의 권한을 부여할 것을 공약으로 내걸었다. 오바마 대통령은 의료보험개혁법을 폐기하려는 어떠한 도전에 대해서도 거부권을 행사할 것을 공언하는 한편, 본격적인 캠페인에 돌입하기 직전인 2011년 12월 '필수적인 보험 혜택(Essential health benefits)'을 주의 사정에 맞게 규정할 수 있는 자율권을 주정부에게 부여하겠다고 발표하였다. 주정부에 자율권을 부여하지 않는 연방정부의 일방적 규제는 오바마의 개혁에 대해 공화당이 가하는 비판의 중심 이슈였기 때문이다.

캠페인이 진행되면서 롬니는 의료보험개혁이 중산층의 세금을 증대시킬 것이라는 점과 자신은 미국민 전체 세금을 20%까지 줄일 것이라는 점을 강조하였다. 특히 의료보험개혁이 주요 이슈로 부상한 첫 번째 TV 토론에서 롬니는 오바마 행정부의 의료보험개혁정책

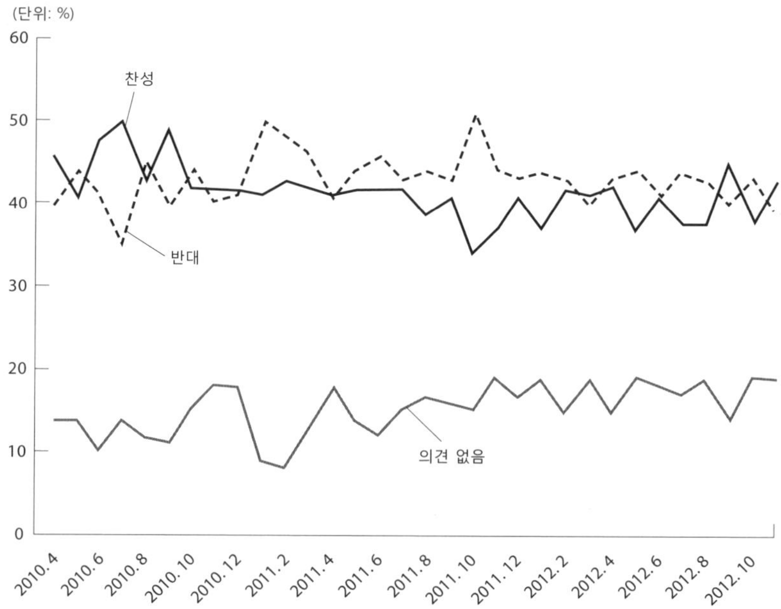

〈그림 2-7〉 의료보험개혁에 대한 찬반 여론 추이

출처: Kaiser Family Foundation Health Tracking Polls (2012. 11).

을 강하게 공격하였다. 1차 토론 이후 언론에서는 방어 위주였던 오바마보다 롬니의 우세를 내다봤고 롬니는 약진의 계기를 맞이하였다 (Blake 2012). 대선 이후의 여론조사 결과는 의료보험개혁 이슈가 롬니 지지자와 오바마 지지자 모두에게 후보자 선택의 중요한 요인으로 작용했음을 보여 주고 있다. 오바마 지지자에게는 의료보험개혁이 메디케어 및 메디케이드의 미래와 관련하여 중요한 선택의 지표가 되었으며, 롬니 지지자들에게는 의료보험개혁이 연방정부의 재정적자 문제와 결합하여 선택 요인으로 작용하였다(이소영 2013). 〈그림 2-7〉에서 알 수 있듯이, 대선 캠페인이 진행되는 동안 의료보험개혁에 대한 찬반 의견이 팽팽히 맞서는 상황이 지속되었다.

2) 오바마 정부 2기의 연방정부 재정위기와 의료보험개혁 논쟁

2012년 대선에서의 승리로 오바마 행정부는 의료보험개혁을 계속 추진할 수 있게 되었다. 그러나 2013년과 2014년 예산안 통과 과정에서 목격했듯이 오바마의 의료보험개혁은 재정적자와 부채한도라는 큰 장벽에 부딪혀 있다. 의료보험개혁 실행을 위한 예산 문제는 개혁법 통과 과정에서 지속적으로 핵심 이슈로 부상했지만, 중립적 기관인 의회예산국(CBO)이 의료보험개혁으로 국가부채가 오히려 감소할 수 있을 것이라고 발표하면서 적어도 법안 통과에 필요한 민주당 의원들을 설득하는 데는 성공하였다. 그러나 2010년 3월 개혁법안 의회 통과 후에 실시된 여론조사에 따르면 미국인의 61%가 의료보험개혁으로 인해 연방정부 적자가 악화될 것이라고 생각하고 55%가 의료비용이 상승할 것이라고 생각하는 것으로 나타났다(USA Today/Gallup Poll, 2010. 3. 26-28). 의료보험개혁 비용에 대한 부정적 여론은 오바마케어가 실시될 경우 향후 10년간 1조 7천억 달러가 지출될 것으로 예상한 의회예산국의 발표와 더불어 의료보험개혁의 고비용에 대해 지속적으로 비판을 가해 온 개혁 반대 세력의 행태와 무관하지 않을 것이다.

이러한 여론을 바탕으로 의료보험개혁 실행 과정에서 공화당과 개혁 반대 세력은 개혁 비용과 재정적자를 연계시킴으로써 의료보험개혁의 재정적 위험성을 강조하여 개혁의 범위를 축소하고자 시도해 왔다. 재정절벽 위기를 앞두고 있었던 2013년도 예산안 협상 과정에서 공화당의 사회복지비용 지출 삭감 주장과 민주당의 증세 주장이 충돌하는 가운데 연방지출 감축 방안에 합의하지 못했던 공화당과 민주당은 마지막까지 합의에 이르지 못했고 결국 2013년 3월 1일 예산자동삭감(sequester) 조치가 이루어졌다.[8] 국가부채가 법정한도액을 넘길 경우 2021년까지 총 1조 2천억 달러, 2013년 회기 동안은 850억 달러의 예산삭감이 예정되었다. 예산자동삭감으로 인해 가장 크게 삭감되는 비국방비 분야의 단일 예산은 메디케어 예산으로서 매년 2%씩 총 1,230억 달러가 삭감될 예정이며, 2013년 한 해 동안은 약 110억 달러의 예산이 삭감되었다(Matthews 2013). 연방정부 예산의 삭감은 일자리의 감소와 소비지출의 축소를 유도하여 국가경제를 위축시킬 뿐 아니라 사회복지 분야 지출 삭감에 대한 사회적 요구를 증대시킨다. 오바마가 2014년 회계연도 예산안에 메디케어를 비롯한 사회복지 예산을 대폭 축소하는 내용을 포함시킨 것은 자동예산삭감에 따른 조치임과 동시에 이러한 사회적 요구에 부합하는 처방이었던 것으로 평가된다.

2014년 회계연도부터 본격적으로 실시되는 의료보험개혁을 앞두고 2013년 9월에 진행된 2014년도 예산안 협상에서 민주당과 공화당은 더 강하게 충돌하였다. 예산안 충돌의 핵심 이슈는 오바마케어 관련 예산이었다. 특히 급증하는 메디케어 예산을 합리적으로 재편성하여 감축함과 동시에 고소득층의 세금을 증대시켜 연방정부의 적자규모를 줄인다는 오바마의 계획은 예산안 협상과정에서 양당 간 갈등의 주요 원인이 되었다. 공화당이 다수당인 하원에서는 세 번의 의결과정에서 의료보험개혁 예산이 전액 삭감되거나 1년 유예시킨 예산안이 의결된 반면, 민주당이 다수당인 상원에서는 의료보험개혁 예산을 포함한 예산을 계속 통과시키는 불협화음이 반복된 끝에 결국 상하원은 합의된 예산안 통과에 실패하였다. 그 결과 17년 만에 정부폐쇄를 맞이하게 된 것이다. 10월 17일에 상환이 예정된 부채의 원리금 상환이 불가능해질 경우 국가 채무불이행(default) 상황이 예

---

8 임시방편으로 국가부채 법정한도를 5월 19일까지 적용하지 않기로 함에 따라 공식적인 시퀘스터는 그 이후에 시작되었다.

〈표 2-3〉 정부폐쇄의 책임 소재에 대한 여론

여론조사기관	민주당	공화당	양당 모두	누구도 책임 없음
Huffington Post	33%	36%	25%	6%
YouGov	39%	50%	-	-
Fox News	32%	42%	20%	5%
CBS News	35%	44%	17%	4%

출처: Huffington Post (2013. 10. 5).

상되는 가운데, 10월 16일 공화당과 민주당은 미봉책으로서 2014년 1월 15일까지의 잠정 예산안과 2월 7일까지의 임시 부채한도 증액에 합의하였다. 이후 2014년 2월 미 의회는 다시 부채한도 상한 적용을 1년간 유예하는 법안을 통과시켰다. 국가부도 사태로 이어질 위험이 커지는 가운데 〈표 2-3〉에 나타나듯이 공화당에 대한 책임론과 비난 여론이 점점 거세지자 결국 11월의 중간선거를 의식한 공화당이 민주당에 양보하면서 합의에 이르게 된 것으로 보인다.

장기적인 정부폐쇄와 국가 채무불이행 상황을 모두 막을 수 있게 된 이번 합의에 대해 다양한 해석이 이루어지고 있지만 다수가 오바마 또는 오바마케어의 승리라는 평가를 내리고 있다. 하지만 부채한도를 무한정 증액할 수 없는 상황에서 이 합의는 사실상의 미봉책에 불과해, 오바마케어를 폐기하려는 공화당과 이를 지켜야 하는 오바마 및 민주당 사이의 일전이 사라졌다고 볼 수는 없다는 평가도 함께 따른다.

더구나 미국사회를 강타하고 있는 재정적자 문제가 의료보험개혁 비용 때문이라는 인식의 확대는 경제침체와 재정위기 상황에서 의료보험개혁에 대한 국민적 지지를 확보하기가 쉽지 않다는 것을 의미한다. 2013년 7월의 여론조사 결과를 나타낸 〈그림 2-8〉에서 알 수 있듯이, 의료보험개혁 비용 문제가 핵심 이슈였던 예산안 협상

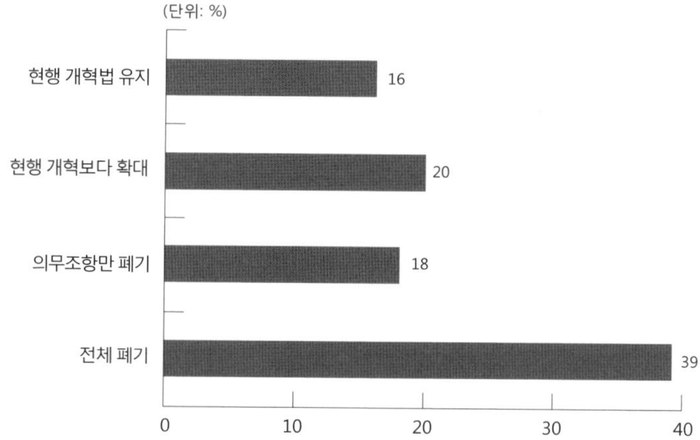

〈그림 2-8〉 의료보험개혁 추진 범위에 대한 여론

출처: CBS News (2013. 7).

이 시작되기도 전에 이미 오바마케어 전체 폐기를 원하는 사람들이 39%나 되었고 의무조항의 폐기를 주장하는 응답도 18%에 달했다.

오바마케어가 연방정부의 재정적자 문제와 연결지어짐으로써 의료보험개혁에 대한 부정적 시각이 확대되고 있다는 점보다 더 큰 문제는 오바마케어에 대한 찬반이 미국의 이념적 양극화를 뚜렷하게 반영하고 있다는 사실이다. 오바마케어는 현재 모든 관련 영역에 있어 정치적 타협을 어렵게 만드는 이슈가 되고 있다. 예산안이나 부채한도 협상과 관련해서도 의료보험개혁을 둘러싼 이념적 갈등은 합리적인 타협을 불가능하게 만드는 요인이기 때문에 의료보험개혁이 협상의 주된 이슈로 작용하는 한 예산 및 재정에 대한 합의가 도출되기 매우 어렵다는 것이다. 공화당 프랭크스(Trent Franks) 하원의원의 말대로 오바마케어가 "미국을 사회주의 경제로 바꾸는 핵심축"(*GlobalPost*, 2013. 9. 29)이라고 믿는 한, 타협보다는 오바마케어 저지를 위한 충돌을 택하지 않을 수 없다. 오바마케어를 둘러싼 논쟁이 이념적 정쟁으로 이어지면서 민주당 스콧(David Scott) 하원의원이 말하듯이 "오바마 대통령에 대한 증오가 나라를 위하는 마음을 앞서고 있는"(*GlobalPost*, 2013. 9. 29) 상황이 된 것이다. 이러한 이념적 충돌과 적대감의 확대는 조만간 재개될 민주당과 공화당의 예산안 및 부채한도 재협상이 또 한 번의 난항을 겪을 수밖에 없을 것이라고 예상되는 이유이다.

5. 결론

미국의 의료보험개혁은 연방정부의 역할 및 개인의 자유 그리고 평등과 관련한 미국사회의 핵심적 가치와 이념의 충돌을 뚜렷이 반영하고 있는 이슈이다. 게다가 최근 미국사회의 가장 중요한 이슈인 재정적자와 예산지출 문제와 강하게 연관되어 있다. 이 때문에 거의 100년 만에 의료보험개혁안이 극적으로 의회를 통과한 뒤에도 그 존폐가 불확실한 상황이다. 의회 통과 과정에서는 찬반이 팽팽하게 나누어진 채 개혁 반대 세력의 강력한 반대에 직면하여 공공의료보험 조항을 포기해야만 했다. 의회를 통과한 이후에도 개혁법안은 민주당의 중간선거 패배와 공화당의 개혁법 폐기 시도, 보수적 주정부의 반발로 인한 수많은 위헌 소송, 대선에서 개혁법 폐기를 공약으로 내건 롬니 후보의 오바마에 대한 강력한 도전, 그리고 예산안 협상과정에서 오바마케어 예산에 대한 대량 삭감 요구 등 다양한 위기에 직면해 왔다.

의료보험개혁이 본격적으로 시행된 2013년 10월 1일 이후에도 오바마케어는 끊임없이 비난의 대상이 되고 있다. 시행 직후부터 작동이 제대로 되지 않는 신청 웹사이트로 인해 공화당과 개혁 반대 세력으로부터 '준비되지 않은 개혁'이라는 비난을 받기도 했다. 시행 첫 날 오바마케어 웹사이트에 작동 문제가 발생한 가장 큰 이유는 신청자가 폭주한 탓이었다. 이렇게 신청자가 폭주한 이유 중 하나는 보수적 성향의 주에서 의료보험거래소를 열지 않아 연방정부가 직접 신청을 받아야 했기 때문이다. 의료보험개혁이 시작되는 시점까지도 상당수의 주들이 개혁법이 정하고 있는 메디케이드의 확대뿐만 아니라 국민의료보험정책에도 반대하고 있는 것으로 나타났다. 특히 개혁법이 규정하고 있으나 대법원에 의해 각 주가 자율적으로 선택할 수 있도록 수정된 메디케이드 자격의 확대는 2013년 9월까지도 워싱턴 D.C.를 포함한 26개 주에서만 시행이 결정된 상태였다(Kaiser Family Foundation 2013b).

연방 재정지출과 적자가 증가하는 가운데, 사회복지 시스템에 대한 정비와 지출 축소를 주장하는 공화당과 연방정부가 주도하는 개혁에 반대하는 주정부의 목소리는 미국민들에게 상당히 설득력을 가지는 것으로 평가된다. 최근 실시된 여론조사에서 미국민의 절반 이상은 여전히 의료보험개혁에 반대하고 있으며(이승선 2013), 〈표 2-4〉에서 알 수 있듯이, 의료보험개혁이 가족 및 미국인의 건강관리에 부정적인 영향을 미칠 것이라고 생각하는 경향 또한 강한 것으로 나타나고 있다.

〈표 2-4〉 의료보험개혁의 영향에 대한 여론

질문 항목	긍정적 영향	별 영향을 미치지 않음	부정적 영향
의료보험개혁이 가족의 건강관리에 어떤 영향을 미칠 것인가?	25%	36%	34%
의료보험개혁이 미국인의 건강관리에 어떤 영향을 미칠 것인가?	36%	14%	44%

출처: Gallup Poll (2013. 10. 30).

이러한 결과에서 알 수 있듯이, 오바마 행정부의 의료보험개혁은 매우 심각한 도전에 직면해 있다. 개혁법의 폐기를 원하는 공화당이 주축이 된 의회, 메디케이드를 비롯한 의료보험개혁 비용에 대한 부담을 꺼리는 주정부, 개혁에 대해 정확한 정보 없이 개혁 반대 세력의 주장을 받아들이는 대중, 그리고 안정적인 재원의 부재 등은 의료보험개혁을 추진하는 과정에서 심각한 장애물이 되고 있다. 그러나 보다 중요한 문제는 이러한 도전 요인들이 정부의 정책적 노력이나 타협을 통해 제거되기가 어렵다는 점이다. 의료보험개혁에 대한 반대를 형성하는 이 요인들이 강한 이념적 가치를 바탕으로 하고 있기 때문이다. 크루그먼(Paul Krugman)은 이렇게 의료보험개혁을 둘러싼 미국정치의 실태를 "클러지오크러시(Kludgeocracy: 엉망정치체제)"[9]라는 용어로 표현한다(Krugman 2013). 자유주의 대 보수 세력, 그리고 정부개입의 확대와 개입의 최소화가 모두 개혁과 반개혁이라는 대립적 정책지향으로 나타나고 있으며, 일단 정책지향점이 정해지고 난 후에는 이념적 정체성이 확고해지면서 결코 타협이 불가능해지는 상황이 반복되고 있다.

부시 행정부 시절 보건후생부(Health and Human Service) 장관이었던 설리번(Louis Sullivan)은 오바마 행정부의 의료보험개혁안이 부시 행정부 시절 작성한 의료보험개혁안과 유사하다고 말하고 있다. 따라서 법안의 폐기보다는 법안을 다듬어 수정할 필요가 있다고 주장한다(McCreless 2013). 실제로 오바마의 개혁안과 베이너(John Boehner) 하원의장을 중심으로 공화당이 제안하는 개혁안은 유사한 점이 상당히 많은 것이 사실이다. 그럼에도 불구하고 공화당과 민주당은 의료

---

9 존스홉킨스대학교의 텔즈(Steven Teles)가 이념적 대결로 점철된 미국정치를 일컬어 사용한 용어.

보험개혁과 관련하여 끊임없는 갈등을 표출하고 타협에 실패하고 있다. 의료보험개혁을 이념적 대결구도를 통해서 접근하고 있기 때문이다. 특히 공화당과 민주당, 그리고 보수주의와 자유주의의 본질적 가치를 형성해 온 정부 역할에 관한 관점의 차이는 '개혁의 추진을 위한 증세냐, 재정적자 극복을 위한 복지비 축소냐'라는 완전히 상반되는 정치적 선택을 유도하여 갈등 증폭의 가장 큰 원인이 되고 있다. 이러한 이념적 접근이 계속되는 한, 의료보험개혁 이슈는 미국사회의 양극화를 부추기며 정치적 갈등을 심화시키는 요인으로 작용할 것이고, 결과적으로 정부폐쇄와 국가 채무불이행 사태는 연례행사로 남을 수밖에 없을 것이다.

현재 오바마 정부는 연방정부 재정적자의 감축 필요성과 개혁 추진을 위한 지출 증가의 필요성에 함께 직면해 있다. 그리고 복지예산 축소를 강하게 주장하는 공화당과 의료 보조금 확대를 주장하는 주정부와도 타협해야 한다. 이 과정에서 재정적자 문제를 해결하기 위해서는 의료보험개혁의 전면적 포기 대신 고소득자에 대한 증세가 필요함을 설득해야 한다. 뿐만 아니라 의료보험개혁과 증세에 대해 상당히 부정적인 시각을 가지고 있는 대중을 설득해야 하는 과제도 안고 있다. 연방재정적자 및 가계지출과 연관되어 평가될 의료보험개혁에 대한 여론은 2014년 유권자의 선택에 매우 중요한 역할을 하게 될 것이다. 이런 점에서 2014년 중간선거를 앞두고 오바마 행정부의 가장 가시적인 업적이라고 할 수 있는 의료보험개혁에 대한 긍정적 여론을 조성하는 것은 오바마와 민주당의 중요한 과업이다. 개혁에 대한 찬반이 정당에 따라 팽팽히 나뉘어 있는 만큼 선거 결과는 오바마케어의 운명과 직결될 것이고 개혁의 성공적 지속 여부는 다시 2016년 대선에서 중요한 변수로 작용할 것이다. 강한 이념적 균열을 나타내고 있는 미국사회에서 의료보험개혁의 성공적 추진은 지속적인 타협과 설득의 정치와 함께 여론의 선점을 필요로 하는 어려운 일이다. 2014년 중간선거는 오바마의 타협의 국정운영과 대국민 설득의 성공 여부를 평가하는 장이며, 동시에 의료보험개혁의 존폐에 영향을 미치는 중요한 시점이 될 전망이다.

참고문헌

이소영. 2010. 「대의민주주의와 소통: 미국 오바마 행정부 하의 의료보험개혁 사례를 중심으로」. 『21세기 정치학회보』 20(3): 101-123.

이소영. 2013. 「의료보험개혁 이슈와 미국사회의 균열」. 미국정치연구회 편, 『어게인 오바마 - 2012 미국 대선과 오바마의 재선』. 서울: 오름.

이소영·이옥연. 2011. 「의료보험개혁, 이민규제, 그리고 2010 미국 중간선거」. 미국정치연구회 편, 『미국의 선거와 또 다른 변화 - 2010년 중간선거』. 서울: 오름.

이소영·이옥연. 2013. 「공공정책」. 미국정치연구회 편, 『미국정부와 정치 2』. 서울: 오름.

이승선. 2013. 「미국, 디모크러시가 아니라 클러지오크러시」. PRESSian (10월 29일).

정영호. 2008. 「미국의 의료개혁과 시사점」. 『국제노동브리프』 5: 20-35.

AHIP. 2008. "Now is the Time for Health Care Reform: A Proposal to Achieve Universal Coverage, Affordability, Quality Improvement and Market Reform." *AHIP Board of Director's Statement* (December 1).

Andrews, Philip. 2012. "Health Care Reform." *New York Times* (November 8).

Biles, Brian, Jonah Pozen, and Stuart Guterman. 2009. "The Continuing Cost of Privatization: Extra Payments to Medicare Advantage Plans Jump to $11.4 Billion in 2009." New York: The Commonwealth Fund.

Blake, Aaron. 2012. "Six Reasons Mitt Romney Won the First Debate." *Washington Post* (October 4).

Blue Cross and Blue Shield Association. http://www.bcbs.com/about-the-association.

Bodenheimer, Thomas. 2003. "The Movement for Universal Health Insurance: Finding Common Ground." *American Journal of Public Health* 93(1): 112 – 115.

Campbell, James E. 2010. "The Midterm Landslide of 2010: A Triple Wave Election." *The Forum* 8(4).

Census Bureau. 2011. "Income, Poverty, and Health Insurance Coverage in the United States: 2011."

Centers for Medicare and Medicaid Services. 2008. "National Health Expenditure Data: NHE Fact Sheet."

Collins, Sara R., Stuart Guterman, Rachel Nuzum, Mark A. Zezza, Tracy Garber, and Jenni Smith. 2012. "Health Care in the 2012 Presidential Election: How the Obama and Romney Plans Steck Up." New York: The Commonwealth Fund.

Cooper, Michael. 2011. "Health Law Is Dealt Blow by a Court on Mandate." *New York Times* (August 12).

Dorsey, Joseph L. 1975. "The Health Maintenance Organization Act of 1973 (P.L. 93-222) and Prepaid Group Practice Plan." *Medical Care* 13(1): 1-9.

Employment Benefit Research Institute. 2002. "History of Insurance Benefits."

Federal Poverty Guidelines. 2013. Families USA. http://www.familiesusa.org/resources/tools-for-advocates/guides/federal-poverty-guidelines.html.

Galewitz, Phil. 2011. "State Medicaid Spending Skyrockets." *Kaiser Health News* (October 27).

Gallup Poll. 2011. "In U.S., 46% Favor, 40% Oppose Repealing Healthcare Law." (January 7).

Gallup Poll. 2013. "Amid Exchange Site Glitches, Views of Health Law Steady." (October 30).

Harris. Andrew M. 2011. "Obama Health-Care Reform Act Ruled Unconstitutional." *Washington Post* (January 31).

Helderman, Rosalind S., and Amy Goldstein. 2010. "Federal Judge in Va. Strikes Down Part of Health-Care Law." *Washington Post* (December 14).

Herszenhorn, David, and Robert Pear. 2011. "House Votes for Repeal of Health Law in Symbolic Act." *New York Times* (January 19).

Jeleny, Jeff. 2012. "G.O.P. Vowing to Take Battle Over Health Care Law Into November." *New York Times* (June 28).

Kahn III, Charles N., and Ronald F. Pollack. 2001. "Building a Consensus for Expanding Health Coverage." *Health Affairs* 20(1): 40-48.

Kaiser Family Foundation. 2007. Employer Health Benefits. 2007 Annual Survey.

Kaiser Family Foundation. 2010. *Medicare Chartbook*.

Kaiser Family Foundation. 2013a. "Uninsured Rates for the Nonelderly by Federal Poverty Level (2010-2011)."

Kaiser Family Foundation. 2013b. "Status of State Action on the Medicaid Expansion

Decision, as of October 22, 2013."

Kaiser Family Foundation. 2013c. Employer Health Benefits. 2013 Annual Survey.

KCMU(Kaiser Commission on Medicaid and the Uninsured). 2013. "Key Facts about the Uninsured Population."

Krugman, Paul. 2013. "The Big Kludge." *New Your Times* (October 27).

Matthews, Dylan. 2013. "The Sequester: Absolutely Everything You Could Possibly Need to Know, in One FAQ." *Washington Post* (March 1).

McCreless, Patrick. 2013. "Former HHS Secretary under Bush Sees Need for Obamacare Health Insurace, Despite Problems." *MedCity News* (November 10).

O'Connor, Karen, and Larry Sabato. 2007. *American Government: Continuity and Change*. 9th ed. New York: Pearson Longman.

Patel, Kant, and Mark E. Rushefsky. 2006. *Health Care Politics and Policy in America*. 3rd ed. Armonk, New York: M.E. Sharpe.

A Primer. 2011. *Medicare Spending and Financing*. http://kaiserfamilyfoundation.files.wordpress.com/2013/01/7731-03.pdf.

A Primer. 2012. *The Uninsured*. http://kaiserfamilyfoundation.files.wordpress.com/2013/01/7451-08.pdf.

Rosenbaum, David E. 2003. "With Large Ceremony, Bush Signs Medicare Bill Into Law." *New York Times* (December 9).

Saldin, Robert P. 2010. "Healthcare Reform: A Prescription for the 2010 Republican Landslide?" *The Forum* 8(4).

Schoen, C., A. K. Fryer, S. R. Collins, and D. C. Radley. 2011. *State Trends in Premiums and Deductibles 2003-2010: The Need for Action to Address Rising Costs*. New York: The Commonwealth Fund.

WHO. 2011. World Health Statistics 2011.

부결되었다. 과반의 지지는 확보했지만 필리버스터를 넘길 수 있는 60표를 확보하지 못한 것이다.

샌디훅 총기참사가 아니더라도 미국에선 최근 몇 년간 굵직한 총기난사 사건이 잇따라 발생하고 있다. 지역구 유세를 하던 하원의원이 총에 맞고, 영화를 보던 관객들이 총에 맞는다. 대학도 안전하지 않을 뿐 아니라 이제는 유치원과 초등학교에까지 위험이 확대되었다. 2011년을 기준으로 미국 전체의 총기 관련 살인사건은 11,101건에 달한다.[3] 총기의 구입과 판매 과정에서 신원조회를 의무화하는 법안이나, 한 번의 장전으로 수십 발을 발사할 수 있는 고성능 총기와 확대탄창의 민간 판매를 금지하는 법안들이 연방의회의 문턱을 통과하지 못하는 모습은 우리의 입장에서는 이해하기 어렵다. 미국의 이러한 총기정치(Gun Politics)의 역학은 헌법과 총기규제 법률의 변천을 비롯한 제도 변화는 물론이고 미국 내 여론의 변화와 함께 전체적 맥락에서 살펴봐야 보다 깊이 이해할 수 있다.

이 글은 총기를 둘러싼 미국 내 여러 논란을 살펴보는 데 있어 맥락(context)을 제공하는 역할을 한다. 먼저 국민 개개인에게 총기 보유와 휴대의 권한을 보장한 연방헌법 수정 제2조의 내용과 논란을 비롯하여, 1968년의 총기규제법(Gun Control Act of 1968) 이래 주요 총기 관련 입법의 변화를 살펴본다. 총기와 관련한 미국 내 여론의 변화 또한 살펴본다. 총기보유에 대한 의견을 비롯하여 현재의 총기규제에 대한 평가, 연방헌법 수정 제2조에 대한 해석, 총기범죄의 원인과 대책 등 다양한 측면에서 미국인의 여론을 점검한다. 나아가, 총기에 대한 정보 획득과 총기규제에 대한 태도의 결정과정을 살펴보기 위해 실증자료를 바탕으로 회귀분석을 시행한다. 마지막은 결론을 위한 장이다.

---

3 "미 총기살인감소 … 총기규제 변수로 떠올라"(연합뉴스, 2013. 5. 8).

2. 총기규제의 연혁: 연방헌법 수정 제2조와 연방법의 변화

1) 연방헌법 수정 제2조

우리가 흔히 알고 있는 '규제'라는 단어의 의미와 다르게, 미국 특히 연방 수준에서의 총기규제는 지극히 제한적인 수준에서 시행되고 있다. 아니 총기규제를 둘러싼 논의조차도 매우 한정되어 있다. 총기규제의 강화를 주장하든, 총기규제의 완화·철폐를 주장하는 쪽이든 기본 전제는 '총기의 보유가 헌법이 보장한 개인의 권리'이고, 총기보유는 미국의 전통이라는 대전제에 공감한다. 미국에서 총기는 식민지 정착과 독립혁명, 서부개척시대를 거치면서 하나의 생활양식과 가치관으로 자리를 잡았고 문화가 되었다(손영호 2012). 오늘날 미국의 총기규제 논쟁은 '총기의 보유·소지' 그 자체에 있는 것이 아니라, (범죄자 및 전과자, 군 불명예 제대자, 정신질환자 등) 특수한 상황에 있는 민간인의 경우에 총기보유를 제한할 수 있는가의 여부, 자동소총 및 군용화기, 확장형 탄창 등 공격용 무기의 보유를 민간에게 허용할 것인가의 선에서 이루어졌다.

연방헌법에서 개별 국민의 총기보유를 하나의 (침해할 수 없는) 권리로 보장하는 근거는 연방헌법 수정 제2조에 있다. 수정 제2조는 "질서 정연한 규율을 갖춘 민병(a well-regulated militia)은 자유로운 주정부의 안보에 필요하므로, 무기를 소유하고 휴대할 수 있는 국민의 권리(the right of the people)가 침해되어서는 안 된다"라고 규정한다. 1791년 연방헌법 수정 제2조가 다른 9개의 권리장전(Bill of Rights)과 함께 비준된 배경은 기본적으로 연방정부와 상비군에 대한 두려움과 견제에 있다. 독립전쟁 과정에서 영국은 식민지에 대한 통제와 압박의 수단으로서 '총'을 위시한 무기·화약류의 수입을 통제하거나 총기보유를 제한하려 하였고, 이러한 영국의 의도에 식민지인들은 '총'을 들고 맞섰다. 1787년 헌법회의의 결과로 연방정부가 민병대를 조직하고 무장시키는 권한을 갖게 되었을 때도, 각 주의 헌법 비준 과정에서 가장 문제시되었던 것은 '막강한 연방정부에 대해 각 주는 어떻게 저항할 수단을 확보할 것인가'였다. 특히 연방정부가 갖게 될 상비군에 대해 각 주는 두려움을 갖고 있었다. 매사추세츠, 뉴햄프셔, 버지니아, 뉴욕, 노스캐롤라이나 등의 주는 '무기를 소유하고 휴대할 수 있는 권리'를 헌법에 명시할 것을 요구하였다(손영호 2012). 이에 1791년 미합중국 헌법의 비준과 함께 권리장전 10개 조항도 헌법에 포함되었다.

손영호(2012, 2013)는 연방헌법 수정 제2조에 대한 상이한 해석을 바탕으로 총기보유의 권리 주체가 '각 주'인지, 아니면 '국민 개개인'인지에 대한 학계의 논쟁을 정리한다. 연방헌법 수정 제2조 문장의 난해함과 불분명함은 해석상의 논란은 물론이고 권리 주체에 대한 논란을 가져왔으며, 이후 총기규제법은 물론 연방대법원의 판결에도 영향을 주었다. 먼저, "질서 정연한 규율을 갖춘 민병은 자유로운 주정부의 안보에 필요하므로"라는 문장의 주어(혹은 주체)는 주정부임이 명백하다. 하지만, 이어 나오는 "무기를 소유하고 휴대할 수 있는 국민의 권리가 침해되어서는 안 된다"의 주체가 누구인지가 논쟁의 핵심이다. 앞 절의 내용을 받는 것으로 보아 해당 내용의 주체가 '주정부'가 되는지, 아니면 앞 절과 독립되어 '국민 개개인'이 주체가 되는지에 대해 의견이 대립한다. 물론, 해당 조항의 목적이 연방정부의 권한을 제한하고 주정부의 자율성과 개인의 기본권을 보장하고자 하는데 있다는 시각은 공통적이다. 하지만, 총기보유의 권리가 주정부에 있다고 해석할 경우, 각 주는 해당 주 거주민의 총기 보유 및 구입·유통·판매에 대해서 자유로이 규제할 수 있다는 해석이 가능하다.[4]

다수의 학설은 수정 제2조의 총기 보유·휴대의 권리를 시민적 권리로 간주한다. 첫째, 법 제정의 역사적 맥락을 볼 때 존 애덤스(John Adams), 알렉산더 해밀턴(Alexander Hamilton), 조지 메이슨(George Mason) 등 이른바 건국의 아버지들(the Founding Fathers)이 개인의 무장 권리를 옹호하는 입장을 취했다는 점을 제시한다. 특히 조지 메이슨은 수정 제2조의 민병이 '몇몇 공무원을 제외한 모든 국민'을 의미한다고 주장한다(손영호 2012). 둘째, 미국인에 있어 개인의 총기보유는 보편적으로 받아들여져 왔다. 셋째, 수정 제2조를 포함한 권리장전 인접 조항의 권리가 국민을 주체로 한 권리를 규정하고 있다. 제1조의 종교·언론·출판의 자유와 집회 및 청원권, 제4조의 영장 없는 수색 및 인신구속의 금지, 제5조 형사사건에서의 권리, 제6조 공정한 재판을 받을 권리 등이 모두 '주정부'가 아닌 '개인'을 권리의 주체로 보고 있다.

2) 연방 총기규제법의 연혁

1960년대 후반 이전에는 연방과 주를 막론하고 총기규제법이 없는 것이나 마찬가지였다(Bennett 2013). 물론 1934년 연방총기법(National Firearms Act)이 기관총과 자동소총 등 소위 '전자동 무기(automatic weapons)'의 민간 구입 및 소유를 금지하긴 했으나, 이는 당시 여론은 물론 전미총기협회(National Rifle Association: NRA)의 지지까지 얻어낼 만큼 지극히 상식적인 내용을 입법한 것이다. 1968년에 입법된 총기규제법(Gun Control Act of 1968)이 사실상 총기규제를 명확히 한 최초

---

4 실제로 1998년의 *District of Columbia v. Heller* 판결의 피고인 워싱턴 시는 이러한 해석을 바탕으로 워싱턴 D.C.내 거주민에 대하여 가정에서의 총기 보유를 금하는 법을 30년 넘게 유지했다.

의 법안이라 할 수 있다. 이 법은 로버트 케네디(Robert Kennedy)와 마틴 루터 킹(Martin Luther King, Jr.) 같은 정치·사회적 유력인사의 잇단 암살을 계기로 만들어졌으며 다음의 두 가지 내용을 담고 있다. 첫째, 총기를 구매하고 보유할 수 있는 대상에서 일부 특정 대상을 배제한 것이다. 총기규제법은 전과자, 불법 이민자, 군 불명예 제대자, 정신병력자 등의 총기 구입 및 보유를 금지하였다. 정신병력자의 경우는 매우 엄격히 정의되어, 법원에서 '정신병력'에 대한 판정을 받았거나, 강제로 정신병원에 수용된 경험자로 한정하였다.[5] 둘째, 연방정부가 총기판매업자에 대한 면허(Federal Firearms License: FFL)를 발급하고, 총기판매에 대한 규정을 제정하여 이들 업자에 적용하였다. 연방정부로부터 면허를 받은 총기판매업자는 21세 이하의 청소년에게 권총(handgun)을 판매할 수 없도록 하는 등 규제를 강화하였다(Bennett 2013).

하지만, 총기규제법의 가장 큰 맹점은 강제 조항의 부재에 있다. 법 집행과 준수는 법 대상의 자발성에 기대고 있었고, 위반 시에도 처벌할 수 있는 근거가 마련되어 있지 않았다. 연방정부의 입장에선 총을 구입하려는 대상이나 총을 판매하는 업자가 이 법을 '지켜주길 바라지만, 위반한다고 해도 어쩔 수 없는' 허울 좋은 법을 만들어 놓은 것이다. 법이 담고 있는 규제의 내용과 강도에 비해서 여론의 반발이 그다지 크지 않은 것은 어쩌면 당연한 일이었다. 이후 1981년 레이건(Ronald W. Reagan) 대통령의 암살 미수 등의 굵직한 총기범죄가 일어났음에도 총기규제를 강화하려는 입법 활동은 큰 성과를 거두지 못했다.

1994년의 '브래디 권총범죄 방지법(Brady Handgun Violence

5 추후에 상습가정폭력범도 총기구입 및 보유 금지대상에 포함되었다.

Prevention Act)'은 총기를 구입하려는 사람의 사전 신원조회와 숙려기간을 의무화한 법안이었다. 1981년 레이건 대통령 암살미수사건의 피해자로 사고 후 영구장애를 입은 제임스 브래디(James Brady) 전(前) 백악관공보비서관은 이후 총기규제운동의 핵심 주창자가 되었고, 1994년 브래디법이 법제화되는 데 중요한 역할을 담당하였다.

브래디법의 핵심은 총기구입 신청자의 신원조회를 수행함은 물론, 총기를 전달하기에 앞서 (신원조회를 위해) 5일의 숙려기간을 두는 데 있다. 이전의 총기규제법 아래서는 범죄자나 정신병력자, 불법 이민자의 총기구입에 실제로 아무런 제약이 없었다. 법은 명문상으로 이들에게 총을 팔지 못하게 되어 있었으나, 이를 확인하기 위한 신분증의 제시나 신원조회 등은 의무화하지 않았다. 총기판매상(연방정부로부터 면허를 받은 총기판매상이라도)은 구입자의 신원을 조회하지 않았고, 만약에 묻는다 해도 구매자가 거짓정보를 주면 그만이었다. 하지만, 브래디법은 구매자의 신원확인을 개인의 자율에 맡긴 것이 아니라 연방정부 산하 연방수사국(Federal Bureau of Investigation)이 담당하도록 하고, 이에 소요되는 5일을 총기구입 숙려기간으로 정하였다. 1998년 이후에는 연방수사국이 온라인으로 즉시 신원조회가 가능한 시스템(National Instant Check System: NICS)을 도입함으로써 숙려기간은 사라졌다.

하지만, 문제는 총기구입 신청자의 신원조회가 연방면허를 소지한 총기판매상으로부터 구입할 때에만 한정된다는 점이다. 만약 잠재적 총기구매자가 총기장터(gun show)나 사적 거래, 혹은 인터넷을 통해 거래할 경우에는 여전히 신원조회 없이 총기 거래가 가능하다. 또한, 정신병력의 경우 지나치게 엄격한 기준을 적용한 까닭에 사실상 해당 대상자의 총기구매를 막는 데는 큰 효과가 없다는 점도 지적된다. 신원조회 1만 건당 5명만이 정신병력을 이유로 총기구입이 거절된 점이나, 오클라호마 주의 신원조회 데이터베이스에 정신병력으로 등록된 사람이 단 3명밖에 되지 않는 점 등은 신원조회 시스템의 허점을 단적으로 보여 주는 예이다(Bennett 2013).

1994년에 제정된 '공격용무기금지법'도 눈여겨볼 필요가 있다. 공격용무기금지법은 1934년 연방총기법이 금지한 전자동총기(automatic weapons)는 물론이고 상당히 대중화된 반자동총기(semi-automatic weapons)와 확장형 탄창(extended magazine)의 민간유통금지를 주 내용으로 한다.[6] 이 법의 제정 배경은 반자동총기로 무장한 범죄자와 갱 등으로 인해 경찰 및 민간의 피해가 커지자, 관련 총기의 유통을 제한하여 경찰병력의 손실을 줄이고자 하는 데 있었다. 법의 의회 통과 당시 총기옹호론자와 총기규제론자의 격렬한 대립이 있었으며, 이 법은 세 가지 조건을 달고 제정되기에 이른다. 먼저, 법의 효력을 10년으로 한시적으로 정한 것이다. 둘째, 법 제정 이전에 생산된 반자동총기에 대해서는 적용하지 않게 되었다. 셋째, 해당 법의 적용을 받는 총기를 특정한 총기 18종에 한정하였다. 그리고 법의 효력이 다한 2004년 이 법은 갱신되지 못하고 폐기되었다.

6 전자동총기는 기관총과 같이 방아쇠를 한 번 당기면 장전부터 연속 격발까지 자동으로 진행되는 총기를 말한다. 반자동총기는 총알이 자동으로 장전되지만 연속 격발을 위해선 그 횟수에 맞게 방아쇠를 당겨야 하는 총기류를 말하며 AR-47 등의 '다소 대중화된' 총기가 포함된다.

3. 총기규제에 대한 여론 변화: 거시적 추이

총기규제에 대한 미국인의 여론은 어떠할까? 얼마나 많은 이들이 총기규제에 찬성 또는 반대할까? 민간의 총기보유를 아예 금지하자는 의견에는 얼마나 많은 이들이 찬성하는가? 현재의 총기규제가 충분하다고 생각하는가? (충분하지 않다면) 현재보다 총기규제가 강화되어야 한다고 생각하는가, 아니면 완화되어야 한다고 생각하는가? 국내외의 언론과 전문가가 총기규제를 강화하기 어려운 원흉 1호로 지적하는 전미총기협회에 대한 호감도는 어떠할까? 그리고 무엇보다 총기보유와 총기규제에 대한 미국인의 여론은 시간의 흐름에 따라 어떻게 변해 왔을까?

이 절에서는 미국인의 총기보유와 규제에 대한 여론의 변화를 통시적(通時的) 관점에서 고찰한다. 그리고 위에 제기되었던 질문들과 관련한 집합적 여론 자료의 추이를 분석하고 총기규제에 대한 여론의 특징을 파악한다. 여기에서는 여론조사 자료로 미국 갤럽의 총기규제 관련 시계열 여론조사 자료(Gallup Historical Trends)를 주로 활용한다.

먼저, 총기소유의 자유를 명시하고 있지만 그 주체가 국민 개인인지 각 주인지 학문적 논의가 분분한 연방헌법 수정 제2조에 대한 여론을 살펴보았다. 갤럽의 2013년 5월 조사는 "연방헌법 수정 제2조가 미국인 개인에 총을 보유할 권한을 보장했다고 생각하는지, 아니면 주방위군(National Guards) 등 각 주의 민병(state militia)에 총기보유 권한을 보장한 것으로 생각하는가?"를 묻고 있다. 〈표 3-1〉은 총기보유자와 총기 미보유자로 구분하여 정리한 것이다.

개인의 총기소지는 헌법이 보장한 것이라는 응답은 73%, 각 주의 민병에 국한된 것이라는 응답은 20%로 나타났다. 특히 총기 보유자

〈표 3-1〉 연방헌법 수정 제2조의 해석에 대한 여론

구분	미국인 개인에 총기 보유 권한 보장 (%)	각 주의 민병에 총기 보유 권한 보장 (%)	의견 없음 (%)
전체	73	20	7
총기 보유자	91	6	3
총기 미보유자	63	28	9

자료: Gallup Poll(2013. 5. 4-5).

의 경우 해당 응답의 비중은 91%와 6%로 격차가 더욱 벌어졌다. 총기를 보유하지 않은 응답자 군에서도 헌법이 개인의 총기보유를 보장한다는 비중이 63%, 민병대에 한정된 것이라는 응답이 28%로 약 2배가 넘는 차이를 보인다. 적어도 해당 조사에서 나타난 미국인의 여론은 '개인의 총기보유는 헌법이 보장한 권리'란 믿음이 보편적인 것으로 보인다. 미국에서의 총기규제가 포괄적인 것이 아니라 왜 '반자동 무기(semi-automatic weapons)'의 유통·판매 여부, 총기구입 시 숙려기한 부여 여부, 총기보유 금지대상에서 정신병력자의 정의 문제 등 부분적으로만 논의되는지에 대한 이해도 여기에서 찾을 수 있을 것으로 보인다.

민간의 총기소지 자체를 금지하는 법의 제정에 찬성하는 여론의 추이를 살펴보면 다음과 같다. 갤럽 여론조사의 "(경찰과 관련 권한을 위임받은 사람이 아닌 한) 개인의 권총 소지를 금지하는 법안이 있어야만 한다고 생각하십니까?"라는 문항에 대한 응답을 금지법 제정 찬성, 금지법 제정 반대, 의견 없음으로 분류하고 1959년부터 2012년까지의 추이를 〈그림 3-1〉로 정리하였다. '총기' 전체가 아니라 '권총(handguns)'이 문항에 포함된 것은 권총이 구입 및 보유의 절차가 가장 용이하고, 미국 가정의 가장 일반적인 총기로 간주되기 때문이다.

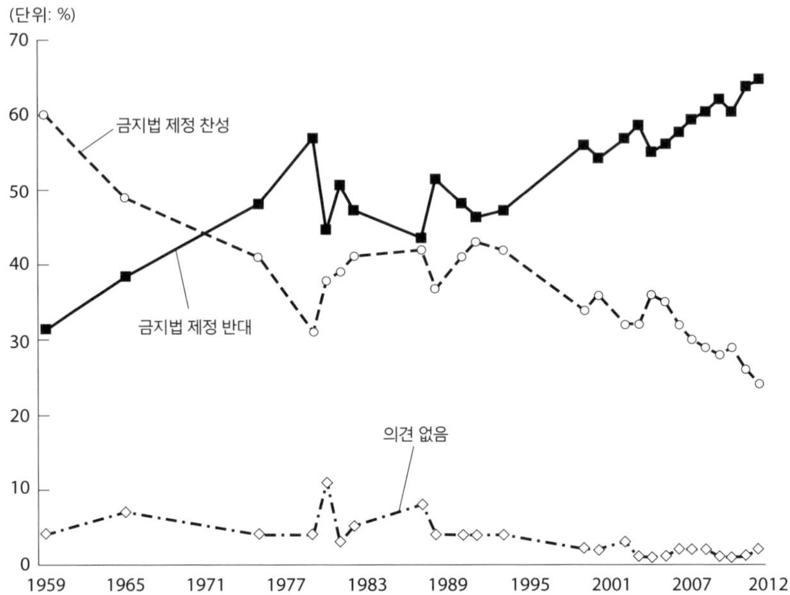

〈그림 3-1〉 민간의 총기보유금지법 제정에 대한 여론 변화

출처: Gallup Historical Trends-Gun Controls.
주: 2012년 자료는 코네티컷 주의 샌디훅 참사가 발생한 이후인 12월 여론조사에 근거함.

〈그림 3-1〉의 추이는 크게 세 가지로 정리된다. 먼저, 민간의 총기보유를 금지하는 법안 제정의 필요성에 대해서는 '의견 없음/무응답' 비중은 10% 미만이고, 이마저도 최근 10여 년 동안에는 4% 이하에 그쳤다. 즉, 해당 문항에 10명 중 9명 이상이 찬성과 반대를 분명하게 밝히고 있다는 점에 주목할 필요가 있다. 이는 일반 정치나 정책 이슈에 대한 설문문항과 비교할 때 매우 낮은 비율이다. 그만큼 총기 관련 문제에 대해서 응답자들이 잘 알고 있고(혹은 친숙하고), 또 분명한 의사를 갖고 있다고 해석할 수 있다.

특정 시점의 총기규제에 대한 여론도 곰곰이 되새겨볼 필요가 있다. 미국에서 일반적으로 총기 관련 대형 사건·사고가 발생한 후에

규제 찬성 여론이 빠르게 조성된다. 그리고 전후 가장 중요한 총기규제인 1968년 총기규제법(Gun Control Act of 1968)은 로버트 케네디와 마틴 루터 킹 목사 같은 유명인사의 암살이 계기가 된 것은 사실이다. 하지만 위의 여론조사를 보면 그 이전인 1960년대 초에도 총기규제에 대한 찬성 여론이 매우 높게 나타난다. 총기보유금지법 제정 필요에 대해 왜 1960년대에는 반대가 30% 정도에 불과했는가? 2012년 같은 여론조사에서는 총기보유금지법 제정에 대해 74%나 여전히 반대하고 있는가? 특히 당시는 코네티컷의 샌디훅 총기난사 사건으로 26명이 목숨을 잃은 끔찍한 총기참극이 발생한 지 한 달도 채 못 돼서인데 말이다. 이를 바탕으로 총기규제에 대한 목소리가 근래에 들어 커진 것이 아니라 오히려 그 반대일 수도 있다는 해석이 가능하다.

마지막으로, '총기의 민간보유를 금지해야 한다'라고 응답한 비중은 1959년부터 2012년 12월까지 매우 빠르게 하락한 반면, '(민간의) 총기보유를 금지해서는 안 된다'는 의견은 빠르게 상승하고 있다. 약 반세기가 넘는 시간을 두고 한 정책에 대해서 찬성과 반대의 비중이 서로 상쇄하면서 급격하게 변화한 것이다. 특히 1959년 조사에서는 민간인의 총기소유 금지법안에 대한 찬성이 60%였으나 2012년 12월에는 24%로 거의 3분의 1 수준으로 하락하였다. 반면 같은 기간에 법안에 반대하는 여론은 36%에서 74%까지 2배 넘게 상승하였다. 특히 금지법 반대 여론은 1975년 조사에서 55%의 지지를 얻은 이래 계속해서 여론의 다수 목소리를 형성하였다. 총기소유 관련 여론이 반세기 만에 뒤집힌 요인은 무엇일까? 생각해 볼 가설은 (1960년대와 달리) '총기문화'가 미국사회에 단단하게 뿌리내렸다는 주장이다. 또한, 미국 내에 총기가 매우 광범위하게 보급된 데다 현재 대부분의 범죄가 '총'이 수단이 되어 일어나기 때문에 총기보유금지법의 실효성과 의미가 크게 퇴색되었다는 뜻도 된다.

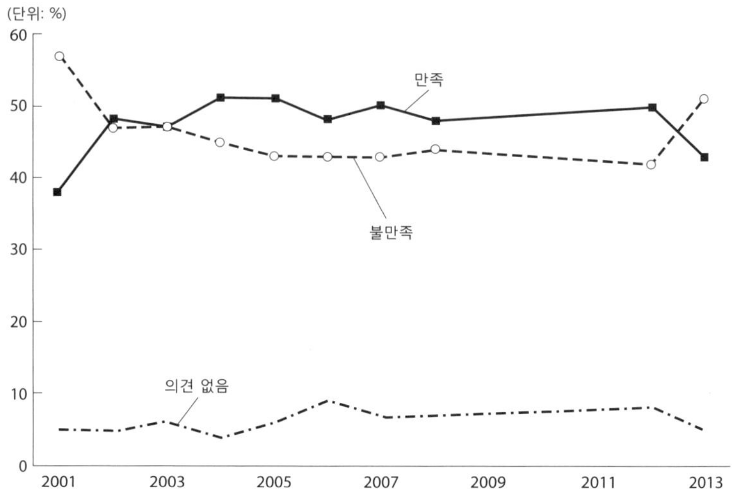

〈그림 3-2〉 총기 관련 법제와 정책에 대한 여론 변화

출처: Gallup Historical Trends- Gun Controls.

현재의 총기규제 법규와 정책에 대해서 미국인들은 어떻게 평가하고 있을까? 갤럽의 관련 조사 자료의 "총기에 대한 현재의 법규·정책에 얼마나 만족하십니까?"라는 문항에 대한 응답을 〈그림 3-2〉로 정리하였다. 우선, 2013년 1월을 기준으로 현재의 총기 법규와 정책에 만족하는 응답자는 전체의 41% 정도로 나타났다. 이 가운데 '매우 만족'이 12%, '다소 만족'이 31%인 반면에 '불만족'은 51%를 차지했다. 하지만 이 응답 결과를 해독하는 데에는 주의가 필요하다. 숫자 그대로만 읽을 경우 '현재 미국인의 다수는 현 총기 관련 정책에 만족하지 않는다' → '이는 정책의 변화를 요구한다' → '분명 총기규제를 강화하는 방향으로 여론이 움직이고 있다'라는 식의 오독으로 이어질 수 있다.

현재의 여론은 (갤럽의 관련 조사 항목이 처음 포함된) 10년 전의 여론에 비하여 어떻게 달라졌는가? 그리고 현재의 정책에 대한 '불만족'

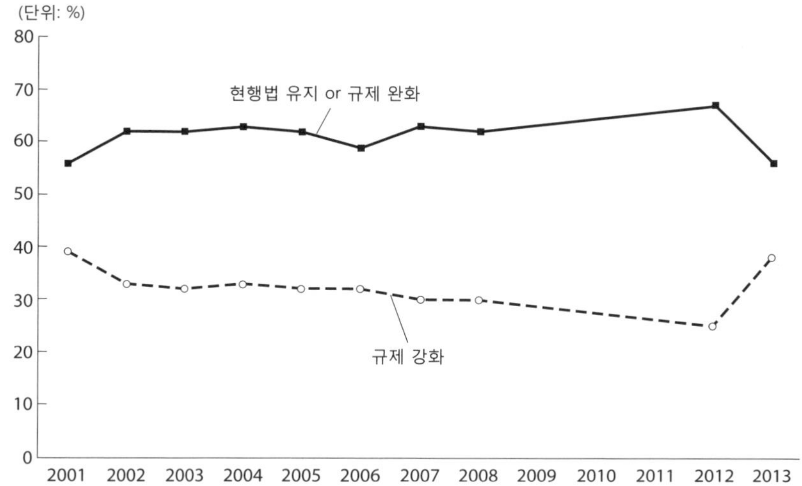

〈그림 3-3〉 현행 총기규제에 대한 '불만족' 대답의 함정: 만족하지 않지만 현행법을 그대로 유지해야 + (너무 강한 규제를) 완화해야 vs. 현행 총기규제를 강화해야

출처: Gallup Historical Trends- Gun Controls.

이 '총기규제의 강화'를 의미하는 것인가? 이 두 질문을 토대로 〈그림 3-2〉의 결과를 해석한다. 우선, 10년 전인 2001년 1월의 조사에서 '총기 법제와 정책에 대해 만족한다'는 응답자는 전체의 38%에 불과했다. 이는 2013년의 41%보다 약간 낮지만 여론 조사의 일반적 오차를 감안하면 별 다른 차이가 없다고 볼 수 있다. 만약 여론이 정책 변화를 이끄는 추동력이라고 전제한다면, 현 정책에 대한 변화의 동력은 10년 전이나 지금이나 그다지 다르다고 말할 수 없는 상황이다.

현재의 총기 법제에 대한 불만족이 총기규제 강화 여론을 의미하는 것만은 아님을 〈그림 3-3〉이 보여 주고 있다. 〈그림 3-3〉은 현재의 총기 법제에 대해 불만족을 표시한 응답자만을 대상으로 "미국의 총기법이 보다 강화되기를, 보다 완화되기를, 혹은 현재 상태 그대로 유지되기를 원하십니까?"라고 추가 문항을 구성하고 이에 대한 답변을 토대로 총기규제 강화 주장과 총기규제 완화 및 현행유지 집단으로 묶어 2001년부터 2013년까지의 추이를 정리한 것이다. 이때 총기규제 완화 및 현행유지 집단으로는 현행 총기규제에 불만족하지만 어쨌거나 현재 법규를 유지해야 한다고 답한 응답자, 현행 총기규제가 완화되어야 한다고 답한 응답자를 포함하였다.

2013년 1월의 조사 결과를 기준으로 총기법제를 보다 강화해야 한다는 응답자는 전체의 38% 정도에 불과하다. 전체 응답자 100명당 13명 정도가 현재의 총기법규에 불만을 표시하면서 총기규제를 더 완화하거나(전체의 5%), 현재 법규 그대로 유지해야 한다(전체의 8%)고 응답하였다. 전체 응답자의 56%는 현재의 총기 법규가 불만족스러워도 현재 법규를 유지하길 택하거나, 지금보다 더 완화되어야 한다고 생각한다는 의미다. 이는 2013년 한 해의 경향을 넘어선 지난 10년 여론의 전반적 흐름임을 〈그림 3-3〉의 추이 변화를 통해 발견할 수 있다.

미국 최대의 이익단체이자 총기규제 사안에 있어 상당한 영향력을 발휘해 온 전미총기협회에 대한 미국인의 시선은 어떠할까? 그리고 지난 20여 년 동안 전미총기협회에 대한 미국인의 호감은 어떠한 변화를 겪어 왔을까? 우리의 시각에서야 단체 자체의 성격이 총기를 옹호하는 데다, 각종 총기사건·사고에도 총기소유를 마치 '천부인권'의 하나인 양 여기는 양태가 공감을 얻어내기 어렵긴 하다. 하지만, 중요한 건 '막강한 정치적 영향력을 가졌다'는 전미총기협회를 바라보는 미국인의 시각이다.

미국인의 다수는 전미총기협회를 '호의적으로' 바라보고 있는 것으로 나타났다. 1995년 호감이 42%를 기록한 단 한 차례를 제외하고는 지난 20년 동안 50%를 계속 상회하였다. 반면, 전미총기협회에 대한 부정적 인식 역시 1994년 한 차례 외에는 40% 이하를 유지하였

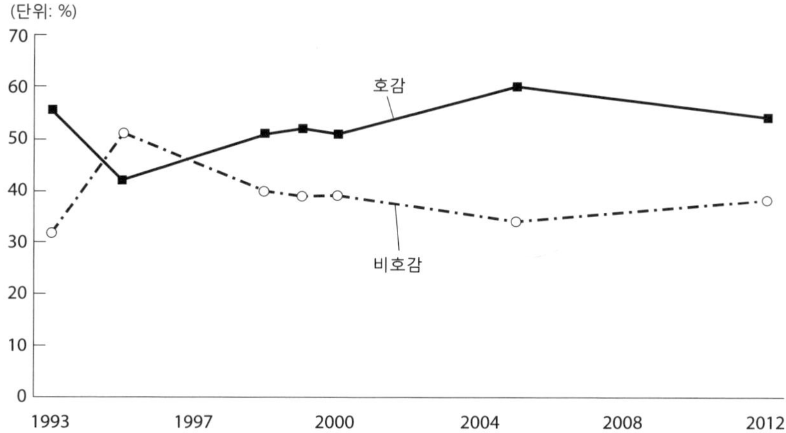

〈그림 3-4〉 전미총기협회에 대한 여론 변화

출처: Gallup Historical Trends- Gun Controls.

다. 전미총기협회에 대한 응답자의 높은 호감도는 워싱턴 정치에 대한 반감이나 워싱턴 이익단체에 대한 불신과 경계가 높은 점을 비추어 볼 때 상당히 이례적인 것이다. 〈그림 3-4〉는 1993년부터 2012년까지의 전미총기협회에 대한 호감도 변화를 정리한 것이다.

최근 몇 년의 충격적인 총기난사 사건을 고려하면, 특히 하원의 원부터 유치원생까지 총기난사의 희생양이 되고, 유세장과 영화관 같은 공공장소는 물론이고 대학과 유치원까지 총을 든 광인(狂人)으로부터 안전하지 않은 현실에서는 '총기범죄의 감소'가 시급한 정책 사안임은 분명하다. 하지만, 미국인 대다수의 생각은 어떠할까? 총기범죄의 감소가 다른 정책과 비교해 얼마나 중요하고 시급한 해결이 필요한 사안이라 여기고 있을까? 갤럽의 관련 조사는 2013년 대통령과 의회가 해결해야 할 11개의 정책을 보기로 제시하고, 이 가운데 최우선 과제와 우선 과제를 하나씩 택하도록 하였다. 〈표 3-2〉는 각 정책 항목별로 최우선 혹은 우선 과제로 꼽은 응답자의 비율을 정리

〈표 3-2〉 대통령과 의회의 최우선·우선 정책에 대한 여론

정책과제	최우선 혹은 우선 정책과제로 꼽은 응답자 (%)
일자리 창출	86
경제성장 지원	86
정부효율화	81
교육의 질 향상	81
사회보장·노인의료보험의 재정 문제 해소	77
건강보험 비용 감소	69
연방재정적자 축소	68
빈곤·불평등 개선	65
세제개혁	59
총기범죄의 감소	55
이민개혁	50

출처: Gallup Poll(2013. 5. 4–5)

한 것이다.

대통령과 의회가 해결해야 할 최우선 혹은 우선 사안으로 가장 많이 꼽힌 것은 일자리 창출과 경제성장 지원이었다. 정부효율화, 교육의 질 향상, 사회보장·노인보험의 재정 문제 해소 등이 뒤를 이었다. 우선과제 이상으로 총기범죄의 감소를 꼽은 응답자는 55% 정도로, 전체 11개의 정책 중 열 번째에 그쳤다. 해당 조사가 진행된 2013년 5월은 샌디훅 참사의 여파가 미처 가시기 전이고, 오바마 대통령이 역점을 두어 추진한 포괄적 총기규제안이 민주당이 다수인 상원의 문턱도 넘기지 못하고 좌절된 지 얼마 되지 않은 시점이다. 이를 고려할 때 총기범죄를 줄이는 정책 마련에 대한 여론의 비교적 낮은 호응은 주목할 필요가 있다.

총기로 인한 범죄를 막기 위해서는 어떠한 조치가 필요하며, 이

〈표 3-3〉 총기범죄 방지를 위해 필요한 정책에 대한 여론

정책	응답(%)	정책	응답(%)
총기규제법의 강화	24	종교·도덕의 강화	4
정신건강 진단 및 지원 확대	15	형사처벌의 강화	3
총기사용 및 폭력에 대한 어린이 교육	9	현행 총기법규의 철저한 집행	3
총기구매자에 대한 신원조회 범위 확대	8	총기난사 사건에 대한 미디어의 신중한 접근	2
공공집회에 대한 안전법규의 강화	6	자동소총의 판매 제한	2
권총·탄약 금지	5	정당 간의 협력·소통 강화	1
발생 가능한 위협에 대한 인식 및 고지	4	경제성장·일자리	1
부모의 책임 강화	4	불법 이민 단속	1
총기휴대의 허용	4	기타	4
특별히 할 일이 없다	11	의견 없음	12

출처: Gallup Poll(2013. 5. 4–5)

에 대한 미국인의 여론은 어떠할까? 총이란 수단에 의해 발생되는 폭력사건을 예방·방지하기 위해서는 '총 자체에 대한 보유·유통·판매'에 일정한 제약을 가하거나, 일상 또는 개인적 자경의 목적이 아닌 '살상' 목적의 총기류에 대한 접근을 제한하는 등의 조치가 일반적일 것이다. 〈표 3-3〉은 총기범죄에 대한 대책으로 응답자가 답한 내용을 정리한 것이다. 복수의 응답을 허용한 해당 조사 문항에 대하여 4명 중 1명만이 총기규제법의 강화(24%)를 꼽았고, 총기구매자에 대한 신원조회 확대(8%), 공격용 무기(자동소총) 판매 제한(2%) 등은 더욱 낮게 나타났다. 정신건강에 대한 진단 및 지원 확대(15%), 어린이에 대한 총기사용 및 안전교육 강화(9%), 공공집회에서의 안전규정 강화(6%) 등의 의견도 높은 순위를 차지하였다. 이는 총기난사 같은 범죄의 원인에 대해 '총기에 쉽게 접근할 수 있고 이에 대한 법적 제약이 없는' 환경보다 정신건강·교육·안전규정 미비 같은 개인의 일

탈과 그에 대한 대책의 문제로 보는 응답자도 상당히 많다는 의미로 해석될 수 있다.

4. 총기규제 여론의 결정요인에 대한 미시적 분석: 개인의 총기 관련 법제의 인식과 태도에 영향을 주는 요인은?

미국의 총기 관련 법제 및 정책의 형성(특히 총기규제와 관련한)에 가장 큰 영향을 주는 요인은 사회적 파장을 불러일으킨 총기사건의 발생과 이에 따른 여론의 흐름이다. 총기법제(총기규제)에 관한 여론의 형성은 개인이 '현재의 총기법제에 대해 얼마나 알고 있는지'와 '(현재의) 총기규제에 대한 개개인의 태도', 즉 법규에 대한 인식과 이에 바탕을 둔 태도가 반영된 것이다. 미국인 개인의 현 총기 관련 법제·정책에 대한 인식과 (현 정책에 대한) 태도는 어떠한 요인의 영향을 받는가? 총기법제에 대해 정보 수준이 높은 개인은 어떠한 인구-사회경제적 특성을 가질까? 총기규제 강화에 찬성하는 사람은 누구이고, 왜 그러한 태도를 취하는가? 이 절에서는 위의 질문을 전제로 미시적 분석을 수행한다.

실증분석을 위해 우선 다섯 개의 가설을 전제하고 두 개의 검증모형을 제시한다. 총기법제에 대한 인식의 정도에 영향을 주는 변수로 총기에 대한 관심과 경험 여부 그리고 특정한 인구-사회통계학적 특성을 제시한다. 우리는 먼저 총기의 보유 및 사용 경험과 가족이 많은 사람, 그리고 총기 관련 뉴스에 대한 관심이 많은 사람일수록 현재의 총기 관련 법제에 대해 잘 알고 있을 것이란 가설을 제시한다.

〈가설 1: 총기법규에 대한 인식〉

총기를 많이 보유한 사람일수록, 총기를 자주 사용하는 사람일수록, 총기 관련 사고의 방지 및 지켜야 할 가족이 많은 사람일수록, 총기 관련 뉴스에 대한 관심이 많은 사람일수록, 현재의 총기 관련 법제와 정책에 대해 더 잘 알고 있을 것이다(주 내 공격용 무기 판매 법규가 있는지에 대해 더 잘 알고 있을 것이다).

또한 (여성보다) 남성이, 연령과 교육수준이 높을수록, 전·현직 군인일 경우 총기 관련 법제에 대한 지식이 다른 집단에 비해서 높을 것이란 가설도 제시한다.

〈가설 2: 총기법규에 대한 인식〉

응답자가 남성인 경우, 연령이 높을수록, 교육수준이 높을수록, 전 · 현직 군인이라면 현재의 총기 관련 법제와 정책에 대해 더 잘 알고 있을 것이다.

울퍼트(Robin Wolpert)와 짐펠(James G. Gimpel)은 총기규제정책에 대한 개인의 태도가 그 자신의 사적 이해(self-interest)에 직접적인 영향을 받는다는 점에 주목한다(Wolpert and Gimple 1998). 그간의 많은 연구는 이민, 경제, 교육, 인종 등 다양한 정책 분야에 대한 개인의 선호 형성에 있어 사적 이해가 그다지 영향을 주지 않는 것으로 간주하였다. 하지만, 총기규제에 대한 태도에서는 응답자의 사적 이해가 매우 민감하게 반영되는 것으로 나타났다. 응답자의 총기 보유 여부와 (총기규제가 법제화되면) 자신의 총기 사용에 어떤 영향을 미칠지에 대한 고려가 중요하게 작용하는 것을 밝혀냈다. 울퍼트와 짐펠은 그 이유로 '사적 이익을 정책 영역에서 주장해도 되는 정당성'의 측면과 전미총기협회의 영향력을 지적한다. 연방헌법 수정 제2조는 총기소유자가 자신의 총기보유를 헌법이 보장한 권리로 공공의 장에서 '당당하게' 주장할 수 있게 하는 든든한 버팀목이 된다. 전미총기협회의 방대한 조직과 자금력, 네트워크는 이러한 주장이 대중적으로 쉽게 힘을 받고 정치적 목소리를 높이는 데 중요하게 작용한다. 〈가설 3〉은 울퍼트와 짐펠의 주장을 새로운 데이터를 통해 다시금 검증한다.

〈가설 3: 총기보유와 총기규제에 대한 태도〉

총기를 많이 보유한 사람일수록, 총기를 자주 사용하는 사람일수록, 총기 관련 뉴스에 관심이 많은 사람일수록, 총기규제 강화에 반대하는 경향이 높을 것이다(공격용 무기가 민간에 판매되는 데 찬성하는 경향이 높을 것이다).

또한 그간의 많은 여론조사를 통해 알려진 총기규제 반대자의 특성은 도시 교외에 거주하는 가정이 있는 연령대가 낮은 백인 남성으로 정리될 수 있다. 하지만, 일반 설문조사는 단순 응답을 집단별로 분류하여 각 집단의 비중을 비교했을 뿐, 체계적인 통계 방법을 적용하여 구체적인 가설을 검증한 예가 많지 않다. 우리는 '총기규제에 대한 태도' 모형에서 기존의 전형(stereotype)에 기초한 가설을 세우고 이를 검증한다.

〈가설 4: 총기규제에 대한 태도〉

응답자가 백인이라면, 남성이라면, 나이가 적을수록, 보수적 이념성향일수록, 전·현직 군인이라면 총기규제 강화에 반대하는 경향이 높을 것이다(공격용 무기가 민간에 판매되는 데 찬성하는 경향이 높을 것이다).

〈가설 5: 총기규제에 대한 태도〉

다른 조건이 동일할 때 응답자의 거주지가 교외 지역이라면, 결혼이나 동거 등으로 가족(파트너)이 있는 경우, 응답자의 가구 내 구성원 수가 많을수록, 특히 아이가 많을수록, 타인에 대한 신뢰가 적을수록 총기규제 강화에 찬성하는 경향이 높을 것이다(공격용 무기가 민간에 판매되는 것에 반대하는 경향이 높을 것이다).

자료는 2007년 전국총기설문조사(National Rifle Survey)의 문항을 활용하며, 종속변수인 총기규제에 대한 인식과 태도가 0과 1의 값을 취하는 이산 변수(discrete variables)인 점을 고려하여 로짓 분석(logit regression)을 수행한다. 〈표 3-4〉는 회귀분석에 활용된 변수에 대한 설명과 코딩(coding) 방법을 기술한 것이고, 〈표 3-5〉는 회귀분석을 수행한 결과를 정리한 것이다.

〈표 3-5〉의 회귀분석 결과 응답자가 '현행 총기법제에 대해 얼마나 알고 있는지'에 영향을 주는 요인으로는 가구 내 보유 총기 수, 최근의 총기사용 경험, 가구 내 아이의 수, 총기 관련 뉴스에 대한 관심 정도, 타인에 대한 신뢰로 나타났다. 총을 평소에 자주 사용하거나, 가구 내 보유한 총기가 많을수록, 가구 내 (총기로 인해 우발적 사고를 일으킬 수 있는, 혹은 범죄 등의 행위로 인해 지켜야 할) 아이가 많을수록 현재의 총기규제에 대해 잘 알고 있다는 의미가 된다. 그리고 응답자가 남성인 경우, 연령이 많을수록, 교육수준이 높을수록 총기법제에 대해 더 잘 알고 있었다. 흥미로운 것은 결혼·동거상태나 전·현직 군인 출신, 거주지(도심·교외) 등의 변수에서 통계적으로 유의미한 결과가 나타나지 않은 것이다. 또한 백인이라거나 소득수준이 높다고 해서 현행 총기규제를 더 잘 알고 있지는 않았다.

총기규제에 대한 응답자의 태도를 분석한 모형 2는 가구 내 보유

〈표 3–4〉 회귀분석에 활용된 변수와 측정방법

변수	변수 설명과 측정 방법
종속변수	
주 내 공격용 무기 판매금지 법규에 대한 인지 여부	– 알고 있음: 1, 모름: 0
공격용 무기의 민간 판매에 대한 응답자의 찬성 여부	– 찬성: 1, 반대: 0
주요 변수	
가구 내 구성원 수	– 응답자의 가구 내 가족 등 구성원 수
가구 내 보유 총기 수	– 응답자의 가구 내 보유 총기 개수
최근의 총기 사용 경험	– 최근 12개월 안에 총기를 사용한 경험 유무 – 사용: 1, 사용 안 함: 0
가구 내 아이 수	– 응답자의 가구 내 아이 수
총기 관련 뉴스에 대한 관심 정도	– 매우 관심: 2, 다소 관심: 1, 그다지 관심 없음: 0
타인에 대한 신뢰	– '대부분의 사람은 신뢰할 만하다고 생각하십니까?'에 대한 응답 – 신뢰할 수 있음: 1, 신뢰할 수 없음: 0
응답자의 사회경제적 배경	
성별	– 남성: 1, 여성: 0
거주지	– 부도심(suburban)과 시골(rural) 지역: 1, 도시 및 기타 지역: 0
나이	– 자연수 그대로 입력
결혼·동거상태	– 결혼 또는 파트너와 동거 중: 1, 독신이나 그 외의 경우: 0
교육수준	– 고등학교 재학 혹은 미만: 0, 고등학교 졸업: 1, 대학 재학 혹은 미만: 2, 대학 졸업: 3, 대학원 이상: 4
이념	– 진보: –1, 중도: 0, 보수: 1
전·현직 군인	– 현직 군인이거나 과거에 군인으로 복무한 경우: 1, 그 외: 0
인종	– 백인: 1, 그 외: 0
소득수준(가구소득)	– 2만 달러 이하: 0, 2만 달러 – 4만 달러 미만: 1, 4만 달러 – 8만 달러 미만: 2, 8만 달러 이상: 3

〈표 3-5〉 총기 보유 및 사용 경험이 총기법규 인식과 총기규제 태도에 미치는 영향: 로짓 분석

변수	기대 방향	모형 1 (규제 법규 인지)	기대 방향	모형 2 (총기규제 완화)
주요 변수				
가구 내 구성원 수	+/−	−0.125 (0.122)	−	−0.008 (0.128)
가구 내 보유 총기 수	+	0.099** (0.04)	+/−	0.043*** (0.014)
최근의 총기 사용 경험	+	1.256*** (0.296)	+	0.821*** (0.265)
가구 내 아이 수	+	0.369** (0.171)	−	0.06 (0.156)
총기 관련 뉴스에 대한 관심 정도	+	0.516*** (0.154)		−0.033 (0.161)
타인에 대한 신뢰		0.73*** (0.268)	+/−	−0.112 (0.301)
응답자의 사회경제적 배경				
성별(남성)	+	1.131*** (0.269)	+	1.361*** (0.333)
거주지	+/−	-0.174 (0.311)	−	−0.605** (0.291)
나이	+	0.017*** (0.008)	−	−0.011 (0.009)
결혼·동거상태	+	0.210 (0.290)	−	-0.255 (0.297)
교육수준	+	0.418*** (0.123)	−	−0.029 (0.111)
이념		−0.070 (0.155)	+	0.707*** (0.176)
전·현직 군인	+	−0.343 (0.365)	+	0.592** (0.273)
인종(백인)		0.463 (0.358)		0.363 (0.399)
소득수준(가구소득)	+	−0.016 (0.133)		−0.187 (0.136)
상수		−2.946*** (0.856)		−1.773* (0.929)
사례 수(N)		706		584
가능도비(LR)		153.21 (p<0.0001)		121.31 (p<0.0001)
유사 결정계수(Pseudo R^2)		0.2335		0.1921

* P < 0.1, ** P < 0.05, *** P < 0.01 양측검정

한 총기 수, 최근의 총기사용 경험이 양(+)의 방향으로 통계적으로 유의미한 결과를 나타냈다. 즉 총기를 자주 사용하거나 총기를 많이 가지고 있는 응답자일수록 공격용 무기를 민간에 판매하는 것에 찬성하는 경향을 보였다. 남성이 여성보다, 전·현직 군인 출신인 경우에도 공격용 총기의 민간 판매에 찬성하는 태도를 보였다. 반면에 거주지가 부도심이거나 시골인 응답자의 경우 공격용 총기의 민간 판매에 반대하는 경향을 보였다. 응답자의 정치적인 이념도 중요하게 작용하는 것으로 나타났다. 보수적인 이념을 가진 응답자일수록 공격용 무기의 민간 판매에 찬성하는 경향이 높은 것으로 나타났다. 결국 총기규제에 반대(혹은 완화)를 주장하는 응답자의 특성은 남성, 전·현직 군인 출신, 총기의 보유 및 최근 사용 경험, 보수적 이념 등으로 추론된다.

5. 결론

최근 미국에서 일어난 일련의 총기참사를 보면 수많은 의문부호가 따라붙게 된다. 미국의 연방정부는 총기규제에 대해 왜 이렇게 무기력한가? 대통령과 하원의원이 총에 맞고, 이제는 유치원생도 안전하지 못한 상황에서 총기는 왜 통제되지 못하나? 총기구입 시 신원조회를 확대한다는 내용의 법안이 왜 상원의 문턱조차 넘지 못하는가? 흔히 전미총기협회의 로비의 영향이니, 전미총기협회의 표와 자금에 매수당한 연방의원들의 결탁이니 하는 원인이 제기된다. 이러한 요인들의 영향을 간과할 수는 없으나, 더 깊은 이해를 위해서는 총기규제를 둘러싼 정치역학을 다각적으로 들여다볼 필요가 있다.

이 글은 총기규제를 둘러싼 미국 내의 '맥락'을 제공하는 역할을 한다. 미국은 태초부터 중앙권력, 특히 중앙정부의 상비군에 대한 저항권의 의미에서 개인의 총기보유의 자유를 헌법적 권리로 법제화하였다. 연방헌법 수정 제2조에 대한 여러 해석의 상이성은 있으나 역사적 맥락에서, 다른 수정 9개 조항과의 맥락을 통해서, 그리고 연방대법원의 해석을 통해서 '총기보유의 자유는 미국 국민 개개인의 권리'라는 등식이 자리를 잡은 것으로 보인다. 그리고 1968년 총기규제법 이후 총기규제를 둘러싼 논쟁은 총기 자체에 대한 것이 아닌 '반자동무기'의 민간 유통·판매 여부, 총기구입 시 숙려기한의 부여 여부, 총기보유 금지 대상에서 정신병력자의 정의 문제, 총기 구입 시 신원조회의 의무화 문제 등 다소 지엽적인 수준에서만 논의되었다.

미국의 다수는 개인의 총기보유가 헌법이 보장한 권리란 믿음을 갖고 있고, 총기규제 자체에 대한 미국인의 지지는 그다지 크지 않았다. 지난 30년 동안 여론조사에서 총기규제를 강화해야 한다는 주장은 (적어도 우리가 살펴본 조사에서는) 과반의 지지를 얻은 경우가 드물었다. 총기규제를 강화하는 데 원흉으로 지목되던 전미총기협회에 대해서도 절반이 넘는 여론이 호감을 표시했다. 그리고 이러한 여론은 당파를 초월하여 나타났다. 나아가 누가 총기규제에 대해 찬성하고 반대하는지를 살펴본 미시적 분석에서는 총기옹호자의 그간의 전형과 대체로 일치하는 결과가 나타났고, 특히 개인의 이념이 중요하게 작용하였다.

미국의 총기규제 역사는 사실상 대형 총기참사의 역사라고 보아도 큰 무리가 없을 것이다. 사실상 최초의 총기규제법이라 할 수 있는 1968년 총기규제법을 비롯하여 이후의 규제도 사고에 대한 수습의 측면에서 이루어졌다. 최근 10년은 오히려 총기규제가 과거보다 약화되는 추이를 보인다. 2004년 공격용무기금지법도 갱신되지 못했고, 잇단 대형 참사에도 총기규제는 의회의 문턱을 넘지 못하고 있다.

아주 특별한 계기나 전환점이 없이는 향후 미국의 총기규제가 강화되기 어려울 것임을 짐작할 수 있는 부분이다. 미국인의 '총 가질 권리'를 보장하는 것은 연방헌법 수정 제2조이지만, 총기 관련 법제에 있어 연방의 역할은 그다지 크지 않다. 누가 어떤 총을 가지고, 어떤 총을 사고팔 수 있는가에 더 큰 영향은 주정부의 관련 법제와 정책으로부터 온다. 향후 이와 관련한 연구가 뒤따라야 하는 이유다.

참고문헌

손영호. 2012.「미국 연방헌법 수정 제2조 — 무기소지권의 역사적 기원과 의미를 중심으로」.『역사와 담론』 59: 217-252.

손영호. 2013.「미국 연방헌법 수정조항 제2조 — 무기소지권에 대한 논쟁과 자기방어의 기본권」.『미국학논집』 45(2): 129-158.

Bennett, Matt. 2013. "The Promise: The Families of Sandy Hook and the Long Road to Gun Safety." *The Brooking Essay*. Washington, D.C.: Brookings Institute.

Cornell, Saul, and Nathan DeDino. 2004. "A Well Regulated Right: The Early American Origins of Gun Control." *Fordham Law Review* 73: 487-528.

Gallup Poll. 2013. "Historical Trends toward Gun Control." Washington, D.C.: Gallup.

Lepore, Jill. "Battleground America; One Nation, Under the Gun." *The New Yorker* (April 23).

Levinson, Sanford. 1998. "The Embarrassing Second Amendment." *The Yale Law Journal* 99: 637-659.

Newport, Frank. 2012. "NRA has 54% Favorable Image in U.S." Gallup Report.

Newport, Frank. 2013. "Americans Give Guns, Immigration Reform Low Priority." Gallup Report.

Omero, Margie, Michael Bocian, Bob Carpenter, Linda DiVall, Diane T. Feldman, Celinda Lake, Douglas E. Schoen, Al Quinlan, Joshua Ulibarri, and Arkadi Gerney. 2013. "What the Public Really Thinks About Guns." Center for American Progress Report. Washington, D.C.: Center for American Progress.

Wolpert, Robin M., and James G. Gimpel. 1998. "Self-Interest, Symbolic Politics, and Public Attitudes toward Gun Control." *Political Behavior* 20(3): 241-262.

"What's in Obama's Gun Control Proposal." *New York Times* (January 16).

2부
소수자 집단의 정치적 권리

POLITICAL ISSUES

4장 소수집단 우대정책

박원호

케네디(John F. Kennedy) 대통령이 1961년 행정명령 10925호에 서명한 이래, 소수집단 우대정책(Affirmative Action)은 미국사회를 양분하는 논의의 한 중심에 위치해 왔고 그 논쟁은 지금도 이어지고 있다. 공동체가 '소수자'를 어떻게 정의하고 어떤 방식으로 보호해야 할 것인가 하는 문제는 모든 근대적 정치공동체가 동일하게 당면한 사회통합의 과제와 직결될 수밖에 없다. 미국의 정치·사회가 이런 문제들을 정의하고 해결하는 과정은 그 정책적 함의에서도 매우 중요하며 정치학적으로도 흥미로운 많은 주제를 포괄하고 있다. 그 논의의 지속성에 있어서나 근본적 깊이에 있어서나, 또한 실질적 사회 변화를 불러온 힘에 있어서나, 미국이 소수집단 우대정책에 대해 어떻게 고민하고 정책적 합의점들을 찾아 나갔는지는 미국을 이해하는 매우 중요한 실마리가 된다.

이 글의 목적은 다음의 세 가지이다. 우선 미국의 소수집단 우대정책의 역사적 배경과 정책적 구현 과정을 판례와 논쟁의 내용을 중심으로 좀 더 자세하게 살피고 그 전개 과정을 소개하는 데 그 첫 번째 목적이 있다. 둘째, 소수집단 우대정책과 관련된 정책적 논쟁이 제기하고 있는 차별, 민주주의, 사회적 총효용 등과 관련된 매우 근본적인 차원의 문제들을 정리하고 비평할 것이다. 이러한 논쟁은 현대 미국이라는 시공간적 배경을 벗어나 공동체의 존속과 번영이라는 매우 철학적인 논쟁일 수밖에 없고, 여성고용이나 지역할당, 다문화정책 등의 과제에 직면한 한국정치의 맥락에도 시사하는 바가 클 것이다. 셋째, 이러한 소수집단 우대정책과 관련된 미국 대중 여론(public opinion)의 흐름을 살펴보고 이것이 제도적 구현과의 상호작용을 통해 어떻게 전개되어 나갔는지를 기술할 것이다. 소수집단 우대정책은 단순히 사법적 고려와 정책적 구현, 혹은 사변적이고 철학적인 논쟁의 영역을 벗어나 대중이 이것을 어떻게 이해하고 수용하는가 하는 문제도 빼놓을 수 없는 주요한 요소이기 때문이다.

일반적으로 말해 소수집단 우대정책은 고용, 교육, 비즈니스 분야에서 과소대표된 소수자(underrepresented group/minority group)들이 인종, 종교, 성별, 국적 등을 이유로 차별 대우를 받는 것을 막고, 동등한 혜택을 주기 위한 정부 정책을 가리킨다(Executive Order 11246). 즉, 소수집단 우대정책은 소수집단이 모든 프로그램에 포함되고 동등한 기회를 가질 수 있도록 정부 차원에서 보장하기 위해 도입된 제도이다. 소수집단 우대정책은 ① 과거 지배 계층에 의한 차별과 박해, 착취를 보상하기 위함이고, ② 현존하는 차별을 바로잡기 위함이며, ③ 대학과 병원 같은 공공기관이 국민을 더욱 잘 대표할 수 있도록 보장하기 위해 시작된 것이다(Sowell 2004).

미국을 벗어나 국제적으로 본다면 소수집단 우대정책은 ① 고용과 급료에 대한 불균등을 메꾸는 역할, ② 교육의 기회를 늘리는 역할, ③ 노예제도나 노예법 같은 과거의 잘못이 남기고 간 사회적 불균형을 다루고 보상하는 역할 등의 목표를 추구하는 일련의 노력이며 여러 나라에서 다양한 형태로 나타난다. 모든 형태의 인종차별철폐에 관한 국제협약(Convention on the Elimination of All Forms of Racial Discrimination)은 1965년 유엔총회에서 채택되었고 1969년에 발효된 유엔협약인데, 한국은 1978년 이 조약에 가입하였다. 소수집단 우대정책은 국가마다 그 내용이 매우 상이한데, 인도에서는 카스트 제도를 기초로 한 각 계층의 할당량(quotas)이 있는 반면, 현재 미국에서는 각 인종이나 성별에 대해서 할당량을 사용하는 것은 합헌적이지 않은 것으로 결론이 나 있는 등 그 범위와 수준에서 다양한 양상을 나타낸다.

소수집단 우대정책과 관련된 논쟁은 업적과 성취에 의해 평가받는 현대 사회의 자유경쟁 원리와 근본적으로 상충될 수밖에 없다. 따라서 미국적 자본주의의 토양에서 진행되어 온 소수집단 우대정책에 대한 논쟁이 매우 철학적이고 근본적인 정치와 공동체의 문제들을 그 근저에서 건드리고 있는 것은 우연이 아니다. 매우 흥미롭고 시사적인 사실은 이러한 논쟁이 법정에서 그리고 대중 여론이라는 또 다른 법정(the court of public opinion)에서 진행되었다는 사실이다. 우선 다음 절에서는 소수집단 우대정책을 구체적인 정책으로 구현하는 과정과 이를 둘러싼 법정을 중심으로 한 논쟁을 살펴본다. 두 번째 절에서는 소수집단 우대정책에 대한 보다 심도 깊은 철학적 논쟁을 살펴보며, 세 번째 절에서는 이와 관련된 미국의 대중 여론의 흐름을 살펴봄으로써 소수집단 우대정책의 과거, 현재와 미래를 종합적으로 짚어 볼 것이다.

1. 역사적 배경: 정책과 판례들

이 절에서는 미국에서의 소수집단 우대정책이 어떤 구체적 정책이나 법, 판례 등을 통해 형성되고 변화되었는지를 살펴보려고 한다. 특정한 몇몇의 획기적인 법정 사례들이 눈에 띄는데, 어떤 사례에서는 소수집단 우대정책에 찬성하는 쪽으로 결론이 난 반면, 다른 사례에서는 소수집단 우대정책에 반하는 법원 결정이 났다는 사실은 매우 흥미롭다. 이것은 그만큼 역사적으로 미국의 여론만큼이나 사법부가 소수집단 우대정책에 대해서 매우 분열된 의견을 가지고 있었음을 보여 주며, 동시에 시대적 환경과 여론에 따라 법원의 입장이 변화해 왔음을 보여 준다.

루스벨트(Franklin Roosevelt) 대통령은 1941년 최초로 인종, 피부색깔, 종교, 국적에 따른 차별을 금하는 법적 조치를 취했는데, 이것은 제2차 세계대전을 준비할 목적이었기 때문에 연방정부와 방위산업에만 해당되는 내용이었다(Executive Order 8802). 한편, 케네디(John F. Kennedy) 대통령은 정부 조달 민간업체들의 직장에서의 차별을 철폐하기 위해 행정명령 10925호(Executive Order 10925)를 공포하여 인종, 국적, 피부색깔, 종교 등에 기인한 고용기회의 차별을 금지하고 피고용인들이 동등하게 대우받는 것을 보장했다.

현대적 의미에서의 소수집단 우대정책은 존슨(Lyndon Johnson) 대통령이 1965년 시행한 행정명령이다. 이 행정명령 11246호(Executive Order 11246)는 정부 조달 민간업체들과 그 하도급 업체들에 의한 인종차별을 금지하고, 성별까지 차별의 요소로 포함하여, 현재의 소수집단 우대정책의 기틀을 마련했다고 할 수 있다.

그런 의미에서 1978년 미국 대법원에서 심의한 사건인 바키 케이스(*Regents of the University of California v. Bakke*)는 가장 주요한 판례 중의 하나이다. 백인 남성인 앨런 바키(Allen Bakke)는 캘리포니아대학교(University of California, Davis) 의대에 두 번 원서를 냈으나 두 번 다 입학에 실패했다. 재판을 통해 그는 자신보다 성적이 낮은 소수 인종 학생들이 입학한 것을 입증하는 데 성공하고 결국 대법원에서 승소하여 입학 허가를 받게 된다. 대법원이 원고 측 손을 들어준 이유는 학교가 인종 할당을 엄격하고 융통성 없게 적용하여 헌법의 평등보호 조항(Equal Protection Clause of 14th Amendment)을 위반했다고 보았기 때문이다. 그러나 대법원은 동시에 다양성을 지닌 학원(學園)을 구성하는 것이 공익에 부합한다는 점을 인정함으로써 대학 입학 사정 과정에서의 인종적 고려를 부분적으로 인정하였다.

따라서 1978년 대법원 판례는 비록 대학 측의 패소로 귀결되었지만, 명시된 형태의 인종 할당만 사용하지 않는다면 소수집단 우대정책을 적극적으로 채택할 수 있는 길을 열어 준 판결이라고 볼 수 있다. 1980년대와 1990년대 초에도 소수집단 우대정책을 둘러싼 법적 분쟁이 끊이지 않았는데, 대법원이나 지방법원의 입장은 소수집단 우대정책을 보다 제한하는 방향으로 진행되어 왔다고 할 수 있다. 특히 소수인종 출신의 사업자들을 우대하는 정부 수주 사업을 제한한 1995년의 대법원 판결(*Adarand Constructors v. Pena*)이나 인종은 결코 주립 대학의 입학·장학 선정에 고려 요인이 되어서는 안 된다는 이듬해의 제5지구 연방법원 판결(*Hopwood v. State of Texas*)은 1978년의 판결에서 결정적으로 후퇴한 판결이었다. 바키 판례 이후 입학 허가의 고려사항으로 인종을 적극적으로 고려하던 대학들(적어도 5지구에 소속된 주립 학교들)의 입장이 매우 난처하게 된 것이다.

그런 의미에서 2003년의 미시간대학교 입학허가와 관련된 두 개의 판결(*Gratz v. Bollinger*와 *Grutter v. Bollinger*)은 소수집단 우대정책의 한계에 대한 매우 명확한 선을 긋게 된 역사적인 판례이다. 첫 번째

그라츠 소송에서 대학교 측이 학부생 입학 사정에서 흑인, 남미 출신, 미국 원주민 등에게 자동적인 가산점(150점 만점에 20점)을 주었다는 것이 밝혀졌고 대법원은 6 대 3으로 원고 측의 손을 들어주었다. 자동적인 가산점은 바키 판례의 기계적인 인종 할당과 다르지 않다는 것이다.

같은 해에 심의된 그러터(Grutter) 판례는 원고가 미시간대학교의 로스쿨에 불합격한 사건인데, 대법원은 5 대 4로 대학 측 손을 들어주었다. 대법원에 따르면 가장 주요하게는 인종 할당을 기계적으로 적용한 것이 아니라 다만 '고려사항'이었다는 사실, 그리고 교육에서의 다양성과 다원성이 매우 중요한 공익적 목적에 부합된다는 사실을 인정한 것이다.

일견 모순적으로 보이기까지 하는 이러한 일련의 판례들은 소수집단 우대정책에 대한 미국인들의 복잡하면서도 극화된 입장을 반영하는 것이다. 이를테면 미국인들은 소수집단 우대정책을 매우 '적극적인(hard)' 버전과 매우 '소극적인(soft)' 버전으로 나누어서 생각하고 받아들인다(Loan and Citrin 2008). 적극적 소수집단 우대정책은 인종이나 성별에 대한 선호를 명시적으로 제공하고 보장하는 정책인 반면, 소극적 소수집단 우대정책은 이러한 보장 없이 소수자들에게 입학, 취업, 정부 용역 등에서 공정하게 경쟁할 수 있도록 도와주는 정책이라 할 수 있다. 미국의 대중 여론(public opinion)은 기계적 평등에서 점차 소수집단 우대정책, 특히 소극적인 소수집단 우대정책을 수용하는 방향으로 진행되어 온 반면, 적극적인 소수집단 우대정책에는 지속적으로 상당한 반감을 보여 온 것으로 특징지을 수 있다. 미국 대법원의 판례도 어떤 의미에서는 때로는 대중 여론을 선도하기도 하고, 때로는 좇아가면서 소수집단 우대정책의 범위와 파급효과를 점차 늘리는 방향으로 조금씩 바뀌어 온 것이 사실이지만 적극적 소수집단 우대정책에 대해서는 2013년 현재의 시점에서는 위헌적이라고 판단하고 있는 상태이다.

이러한 판례들의 근거가 되는 것은 궁극적으로 공동체와 갈등, 사회통합과 사회정의, 그리고 사회적 비전에 대한 토론일 수밖에 없다. 따라서 이러한 논쟁들은 불가피하게 매우 근본적이고 철학적일 수밖에 없는데, 이하에서는 그 논쟁의 맥락을 그 기원에서부터 현재적인 의미까지 되짚어 보려고 한다.

2. 철학적 논쟁: 소수집단 우대정책은 과연 필요한가?

1) 찬성의 입장

소수집단 우대정책의 필요성에 대한 옹호는 '과거 노예제에 대한 배상'이라는 매우 단순한 논리와 인종갈등의 지반 위에서 시작되었지만, 이후 민주주의의 근본 문제나 사회적 효용성, 그리고 표현의 자유라는 문제까지 포괄하는 한편, 인종을 넘어서는 매우 깊이 있고 세련된 논의로 발전되어 왔다. 이곳에서는 먼저 이러한 논의의 발전과정을 짚어 보기로 한다.

소수집단 우대정책을 옹호하는 입장의 가장 핵심적이고 고전적인 논거는 사회정의 구현을 위해, 특히 과거에 행해진 인종적 부정의(injustice)를 시정하기 위해서는 적극적인 현재적 노력이 필요하다는 주장이다. 그 주장은 미국 흑인들이 과거 노예제나 짐크로우법(Jim Crow Laws)[1]으로 대표되는 인종분리주의, 그리고 제도화된 차별

1 미국의 남북전쟁과 재건기를 거쳐 남부 지역에서 공공연하게 시행되던 인종분리주의법들을 통틀어 '짐크로우법'이라 지칭한다. '동등하나 분리된(equal but separated)' 흑백의

로 인해 입은 피해에 대한 보상, 혹은 배상을 받기 위해 고용이나 대학 입학에서 우대받아야 된다는 것(McGary 1977)으로 요약될 수 있다. 이는 단순한 과거 피해에 대한 보상의 차원이 아니다. 과거의 차별은 현재적 기회 구조에 있어 심각한 비교열위를 의미할 수밖에 없으며, 이러한 불평등을 적극적으로 제거한다는 의미에서 소수집단 우대정책이 사고되어야 한다는 것이다. 다시 말해, 이러한 적극적인(affirmative)[2] 정책과 행동이 필요한 것은 단순한 반차별법을 통한 법적 차별의 철폐 혹은 부재가 실질적인 평등으로 이어지지 않았다는 절망에서 연유한다(Skrentny 1996).

더 나아가 미국사회의 주류적 담론이 1960년대 이후 노골적 인종주의에 대한 철저한 배척의 방향으로 진행된 것이 사실이지만, 여전히 인종주의는 보다 암묵적이고 미묘한 형태의 인종적 편견으로 남아 있다는 사실에 동의한다면(Kinder and Sanders 1996), 올바른 사회정책이란 이러한 인종적 편견의 구조와 실질적 불평등을 적극적으로 깨뜨리는 것이어야 할 것이다. 법적(*de jure*) 평등을 넘어서 실질적(*de facto*) 평등을 달성하기 위한 가장 중요한 과정은 사회통합(social integration)일 수밖에 없으며, 소수집단 우대정책은 사회통합을 위한 가장 강력한 수단이라는 것이다(Anderson 2002). 학교와 직장은 그런 의미에서 실질적 인종분리의 현 상황을 장기적으로 극복할 수 있는 대안적 거점으로 생각될 수 있으며, 이런 과정을 통해서만 사회통합

공존이라는 가치 아래 법적인(*de jure*) 분리, 나아가 정치적·사회적 불평등을 옹호하는 남부 지역의 짐크로우법들은 1960년대 중반까지 존속되다가 시민권 법안(1964)과 투표권 법안(1965) 등에 의해 불법화되었다.

2 'Affirmative action'의 어원을 생각해 보면 차별의 부재나 기계적 평등으로서는 현존하는 불평등한 구조를 극복할 수 없기 때문에 보다 적극적인 정책이 필요하다는 의미임을 알 수 있다. 영국에서는 이를 '긍정적 차별(positive discrimination)'로 부르기도 하는데 같은 의미라고 할 수 있다.

과 궁극적인 차별의 철폐를 이룩할 수 있을 것이다.

이상의 논의를 평가하자면, 소수집단 우대정책을 옹호하는 입장은 인종 문제에 그 핵심이 있다는 점, 그리고 단순한 과거의 거대한 부정의에 대한 배상의 개념에 그치지 않고 이러한 문제를 근본적으로 해결하기 위한 비전으로서 소수집단 우대정책이 사회정책으로 사고되고 있다는 점이다. 이러한 논의의 성숙과정은 손쉽게 다음에 살펴볼 민주주의에 대한 소수집단 우대정책의 기여라는 관점으로 발전된다.

소수집단 우대정책을 옹호하는 두 번째 입장은 그것이 민주주의적 정치문화 함양에 필수적이라는 것이다. 앞서 살핀 바키(Bakke) 판례나 그러터(Grutter) 판례에서 사용된 소수집단 우대정책을 옹호하는 논거가 바로 이것인데, 이에 따르면 대학의 핵심적 목표는 민주주의적 문화를 가르치고 배우는 것이며 이를 위해서 다원적인 학생들로 구성된 학원공동체는 필수불가결한 요소라는 것이다. 다양한 문화적 배경을 지닌 학생들이 서로 소통하고 협의하고 고민하는 과정을 배우고 가르치는 곳, 민주적 시민을 양성하는 장(場)이 바로 대학이며, 이를 적극적으로 추구하는 대학의 노력으로서 소수집단 우대정책은 정당화될 수 있다는 것이다. 더 나아가 민주주의 국가는 그 존속을 위해서라도 문화적·인종적으로 통합된 엘리트들을 양성해야 할 필요가 있다는 것이다(Issacharoff 1998). 즉 대학의 이해에 그치는 것이 아니라 소수집단 우대정책은 민주주의의 존속을 위해서라도 필수적이라는 매우 강력한 주장이다.

소수집단 우대정책이 대학 입학을 중심으로 전개되었던 만큼, 적어도 교육기관으로서의 대학의 목적과 그것을 보호하기 위한 논거로서 이상의 논지는 매우 설득력이 있는 것으로 평가할 수 있다. 특히나 미국적인 다원주의적 민주주의에 대한 관념을 논지의 핵으로 지니고 있다는 점이 매우 흥미로우며, 협의 민주주의(deliberative democracy)가 가르쳐지고 실천되는 장으로서의 대학은 마치 하버마스적인 공론장(public sphere)의 이상과도 다르지 않다. 그러나 이러한 논지가 대학을 벗어나 일터, 특히 사적 기업에까지 연장되어 적용될 수 있을 것인지는 매우 의문스럽다. 나아가 논리의 일관성을 유지한다면 다양성·다원성의 개념이 흑백의 인종적 이분법을 벗어나 다양한 문화적 하위 집단과 젠더, 종교나 사회·경제적 배경까지 포괄하는 것이 당연하겠지만, 대학이 그러한 고려를 할 수 있으며 또 해야 하는지는 역시 의심스럽다. 미국 법원의 판결들이 대학 입학과 고용에 있어 상당히 다른 뉘앙스를 띠는 것을 볼 때, 적어도 캠퍼스에서의 다양성은 인정하더라도 일터에서의 다양성은 공익을 위해서 필수적이지 않다는 입장을 가지고 있는 것으로 추론할 수 있다.

소수집단 우대정책을 옹호하는 세 번째 논거는 그 사회적 효용과 관련된 것이다. 어떤 의미에서 앞의 두 가지 논점이 과거사의 청산과 민주적 문화교육이라는 비교적 추상적인 목적을 통한 옹호였다면, 사회적 효용과 관련된 논거들은 소수집단 우대정책이 사회에 구체적으로 어떠한 이익을 가져다주는지에 대한 주장이다. 이러한 가장 고전적인 입장은 소수집단 우대정책을 통해 이전에는 찾을 수 없었던 노동력의 잠재적 풀이 더 커질 수 있다는 입장이다. 현재의 불평등한 기회 구조는 특정한 그룹(소수인종, 여성, 사회적 하위계층 자녀)을 애초에 노동시장에서 탈락시키는 결과를 낳는데, 이들이 잠재력을 개발할 수 있는 기회를 주는 것은 사회의 전체적 효용에 매우 긍정적으로 작용할 것이라는 지적이다(Purdy 1984).

이와 관련된 또 다른 흥미로운 입장은 소수집단 우대정책이 이전에는 사회적 서비스로부터 소외되었던 소수자들에게 보다 나은 서비스를 제공하는 길이 된다는 주장이다. 예를 들어, 여의사나 소수인종

의사들은 의료서비스로부터 상대적으로 소외된 계층인 소수자와 빈곤층을 대상으로 더 적극적인 서비스를 제공한다는 연구(Cantor *et al.* 1996)가 보여 주는 것처럼, 이들을 더 적극적으로 교육시키고 고용하는 것은 결국 사회적 서비스가 기존에는 미치지 않던 곳까지 다다르게 하는 효과를 가지게 된다는 것이다. 흑인 의사는 흑인 환자에게, 여성 정치인은 여성 정책에, 빈곤층 출신의 교사는 빈곤층 어린이들에게 보다 더 적극적으로 다가갈 것이며, 자신의 출신 집단으로부터 신뢰를 받을 가능성이 높다는 가정이 성립한다면, 소수집단 우대정책을 통해 사회서비스로부터 소외된 이들에게 보다 많은 양질의 서비스가 제공될 수 있을 것이다. 이것이 민주주의의 원칙에 어긋나는 것이건 아니건 사회적 총효용이 증가할 것이 분명하다는 이들의 주장이 사실이라면 집단으로서의 사회 구성원들이 국가를 통해 소수집단 우대정책을 진행시키는 것은 좋은 정책일 것이다.

아마도 소수집단 우대정책과 관련된 가장 일반적이고 이론적인 옹호는 페이지(Scott Page)의 주장일 것이다. 그는 다양한 관점을 가진 집단이 획일적이고 효율적인 소수에 비해 문제 해결 능력에서 월등한 결과를 나타낸다는 것을 수학적 모델을 통해 보인다(Page 2008). 위키피디아 등으로 대표되는 집단지성은 매우 무질서해 보이지만 단일한 집단에 비해 훨씬 빠르고 유연한 자기 교정과 습득의 메커니즘을 지니게 된다. 이러한 다양성을 장려하는 소수집단 우대정책은 사회적 총효용을 극대화하는 중요한 제도이다.

이상의 논의를 통해 소수집단 우대정책을 옹호하는 입장의 발전 양상은 사회정의나 민주주의와 같은 규범적 측면에서 사회적 효용이라는 현실적 고려로, 노예제 청산이라는 특수한 목적에서 문제 해결이라는 일반적 목적으로, 추상적 민주주의론에서 구체적 서비스의 제공으로 논의가 형성되고 심화되어 온 것을 알 수 있다. 특히나 이러한 관찰은 미래의 논쟁 전선이 소수집단 우대정책 전반에 대한 것이 아니라 매우 국지적이고 상황적인 대결구도가 될 것을 암시하기도 한다. 이하에서는 이러한 대결구도의 대척점에 서 있는 소수집단 우대정책의 반대 입론(立論)들을 살피기로 한다.

2) 반대의 입장

소수집단 우대정책에 대한 가장 기본적인 반대의 입장은 물론 미국 헌법에 있는 수정 제14조의 평등보호 조항일 것이다. 즉 소수자들에 대한 우대가 다수자들의 권익을 침해해서는 안 된다는 직접적인 해석이 그것이다. 가장 중요하게는 인종적 평등(color-blindedness)이라는 가치가 소수집단 우대정책에 의해 훼손되었다는 것이며, 이는 다른 형태의 인종차별, 혹은 역차별(reverse discrimination)이라는 것이다. 더 나아가 소수집단 우대정책은 업적과 성취에 의해 평가받는 근대적 기준을 생래적 지위로 대체한다는 점에서 전근대적이라 말할 수 있을지도 모른다. 그러나 앞에서도 보았다시피, 이러한 기계적 평등의 관점은 소수집단 우대정책을 옹호하는 입론의 정교화를 통해서 그 사회적 설득력이 매우 약화되었다.

아마도 소수집단 우대정책에 대한 더욱 강력한 반대론은 앞서 살핀 찬성론과 마찬가지로 사회적 효용에 대한 관점에 의거한 내용들일 것이다. 우선 가장 주요하게는 소수집단 우대정책이 오히려 소수자들에게 막대한 피해를 준다는 것이다. 소수자들은 자신들이 사회의 다른 구성원들에 비해 열등하거나 동등한 지위에서 경쟁할 수 없다는 인식에서 벗어날 수 없게 되고(Steele 1991), 이들이 학교나 직장에 진입한다고 해도 근본적으로 부정합 영향(mismatch effect)을 벗어날 수 없다는 것이다. 샌더(Richard Sander)에 따르면 소수집단의 학생을 인위적으로 그 학생의 수준보다 높은 학교에서 교육을 받게 한다면, 오히려 이들의 의욕을 떨어뜨리고 실패를 초래할 것이며, 이는 대학에서 소수인종 학생들의 높은 탈락률로 입증되었다는 것이다(Sander 2004). 상황을 더 악화시키는 것은 이러한 부정합 효과가 대학에서의 다수자, 즉 백인 학생들의 반감을 불러일으킨다는 사실이다.

문제는 이러한 연구들이 제시하는 경험적 근거가 어느 쪽으로도 결정적인 증거라고 할 만한 것이 없다는 점이다. 학업 성취를 예로 든다면 그것이 언제 측정되었는지와도 매우 강한 연관이 있고, 개인적 편차도 상당히 큰 것으로 보인다. 또한 더 중요한 하나의 반론은 소수집단 우대정책이 가진 본래의 목적이 모든 소수집단 학생들의 성공적인 학업 성취가 아니라는 점이다. 일정한 수의 소수집단 학생들이 새롭게 얻은 기회를 통해 학원과 공동체에 기여할 수 있다면 그것으로 정책은 일정한 목적을 달성한 것으로 볼 수 있기 때문이다. 또한 백인 학생들이라고 해서 모두 대학에서의 학업을 성공적으로 성취하는 것도 아닐 것이다. 요컨대, 해당 주장은 경험적 결과에 좌우되는 문제라고 할 수 있으며, 따라서 더 많은 연구가 필요한 것으로 보인다.

이와는 다른 또 하나의 주요한 주장은 소수집단 우대정책이 오히려 계급불평등을 심화시킬 수 있다는 것이다(Loury 1997). 인종에 기초한 소수집단 우대정책은 유색인종의 중산층만 혜택을 보는 구조로 되어 있어 결과적으로 오히려 불평등을 심화시킬 따름이며, 소수집단 우대정책은 인종보다 사회·경제적 계층에 기초한 것이어야 그 의미를 제대로 살릴 수 있을 것이라는 주장이다. 미국의 인종적 불평등이 대도시 빈민촌이나 게토(ghetto)의 흑인들에 집중되었던 반면, 이들이 소수집단 우대정책의 직접적인 수혜자가 아니라는 점에 주목한다면, 이미 여러 자원을 보유하고 있는 중산층 흑인 자녀들이 오히려 직접적인 수혜자가 될 것이다. 그런 의미에서 소수집단 우대정책은 인종이 아니라 계급과 계층을 대상으로 해야 한다는 주장이다.

이상의 입론은 소수집단 우대정책에 대한 하나의 유의미한 비판이 될 것이다. 특히나 해당 정책이 명백한 목적으로 삼고 있는 것이 역사적 불평등의 극복이라면, 그것을 그룹으로서의 인종에서 찾을 것이 아니라 소수인종 중에서도 역사적 불평등이 중첩되고 사회적 차별이 삶의 질을 가장 악화시킨 곳에 정책적 포커스를 맞춰야 할 것이기 때문이다. 어떤 의미에서 이러한 입장은 소수집단 우대정책 자체에 대한 반대라기보다는 인종에 기반을 둔 소수집단 우대정책의 반대라고 할 수 있으며, 그 정책적 실천에 참고할 만한 중요한 관점이 될 것으로 보인다.

이 연장선상에서, 앞서 살핀 찬성론자들이 주장하는 소수집단 우대정책을 통한 사회통합의 전망을 반대론자들은 그렇게 밝게 내다보지 않는다. 사회의 수많은 집단이 서로 자신들이 더 심한 역사적 불평등의 희생자라고 자임하고 제도적 보상을 요구하는 순간, 사회적 분열은 더욱 심화될 것이기 때문이다(Blackstone 1975). 대학에서의 교육과정을 중심으로 한 사회통합의 가능성과 민주적 협의의 가능성이 하나의 이상적 모델로서 소수집단 우대정책의 희망을 지칭한 것이라면, 그것이 캠퍼스 바깥의 사회에서 제한된 가치들을 경쟁적으로 나누는 문제가 되는 순간 사회 분열의 씨앗이 될 것이라는 전망은 주요한 통찰이라고 보인다. 이곳에서 도시 게토의 흑인들과 더 최근에 이주한 각 나라의 이주민들은 어떻게 '우대'라는 가치를 나누어 가질 것이며, 그러한 그림에서 여성은 어떤 입지를 차지해야 할 것인가, 빈곤층에 대한 고려는 어떻게 이루어져야 하는가, 그리고 누가 사회집단들을 명시화하고 사회적 가치들을 배분하는 결정을 내릴 수 있을 것인가 하는 문제는 소수집단 우대정책의 구현을 위해 밝혀 나가고 합의에 이르러야 할 문제임이 분명하다.

3. 대중 여론의 흐름

대법원의 여러 판례에 있어서나 이를 둘러싼 공적 논의의 내용을 관통해서 흐르는 대립축은 형식적 평등(양적 평등)과 역사적 평등(질적 평등)의 길항관계이다. 흥미로운 사실은 앞서 살핀 이론적 논쟁이나 법원 판결, 그리고 대중 여론이 그 내용이나 깊이에 있어 상이하면서 상호작용하는 모습을 보이며 발전해 왔다는 사실이다. 이 절에서는 앞서 살핀 법원 판결과 이론적 논쟁에 이어서 소수집단 우대정책에 대한 미국의 대중 여론이 어떤 흐름을 보였는지를 간략하게 살펴볼 것이다.

대중 여론을 연구하는 학술적 관점에서 보자면 소수집단 우대정책은 매우 흥미로운 주제일 수밖에 없다. 정책은 그것이 대중에게 인식된 중요성에서 매우 현저(salient)하며, 논쟁의 깊이와는 무관하게 인종 문제와 직결된 '쉬운'[3] 이슈이며, 정치적 성향에 따라 극화(polarization)되고 정치화된 토픽이기도 하다. 이를테면 소수집단 우대정책은 낙태만큼이나 뜨거운 이슈로서 미국에서 가장 많은 미디어의 조명을 받았던 것이다.

우선 인종 문제, 특히 인종에 기반한 차별에 대한 미국의 대중 여론은 매우 명백하다. 1960년대 후반을 기점으로 적어도 노골적인 차별을 옹호하는 의견에 동조하는 미국인들은 이제 없다고 해도 과언이 아니다. 1942년만 하더라도 미국 백인들의 42%가 자신들이 취직 등에 있어 '우선권(first chance)'을 가져야 한다고 응답한 반면, 1972년에 와서는 이 비율이 3%에 불과하다는 보고(Sears *et al.* 2000)가 있을

3 여기서 '쉽다'는 의미는 많은 사람들이 그 정책에 대한 뚜렷한 입장을 지닐 가능성이 크다는 의미이다.

정도로 인종차별에 대한 미국인들의 반대 입장은 매우 확고하다. 40여 년 전의 이러한 확고한 입장은 현재에는 더욱 공고화되어 있다고 볼 수 있다.

그럼에도 차별에 대한 대중 여론의 확고한 반대 입장이 소수집단 우대정책에 대한 일관된 찬성으로 이어지지 않는 것은 앞 절에서 살펴본 그 논의의 복합성에 기인한다. 미국인의 대다수는 소수집단 우대정책에 원칙적으로 찬성한다. 기존 미국사회에 인종차별이 존재했었고 그 부정의를 어떤 행태로든 수정해야 한다고 생각하기 때문이다. 그러나 동시에 미국인의 대다수는 소수집단 우대정책이 할당제나 우선제가 되는 것에는 원칙적으로 반대한다. 이것은 인종에 따른 다른 형태의 새로운 차별이라고 인식되기 때문이다.

이하에서는 이러한 대중 여론의 복합성을 다음의 두 가지 프리즘을 통해 기술하기로 한다. 우선 미국의 대중 여론이 소수집단 우대정책에 대해 지니는 양면성을 중심으로 그것이 어떻게 변화되어 왔는지를 기술할 것이다. 또한 미국의 대중 여론이 각 사회집단에 따라 어떻게 분화되어 전개되어 왔는지를 보이고 해석하려고 한다.

소수집단 우대정책에 대해 미국 대중 여론이 지니는 양면성은 특히 1970년대 후반부터 오늘날까지, 그 질문이 어떤 형태로 구성되는가에 따라 매우 불안정한 결과를 나타낸다는 특징이 있다.[4] 소수집단 우대정책을 '적극적인(hard)' 형태로 정의하고 묻는다면 이에 반대하는 사람들이 대다수이고, '소극적인(soft)' 형태로 정의하여 묻는다면 찬성하는 사람들이 대다수가 된다는 점이다. 이러한 패턴은 1970년

4 소수집단 우대정책을 여론조사에서 어떻게 프레이밍(framing)하느냐에 따라서 그 대답이 매우 극적으로 달라질 수 있다는 사실은 이를 둘러싼 공적 논쟁의 지형이 어떻게 변화하느냐에 따라 소수집단 우대정책에 대한 대중 여론도 얼마든지 변할 수 있다는 사실을 보여 준다(Kinder and Sanders 1990).

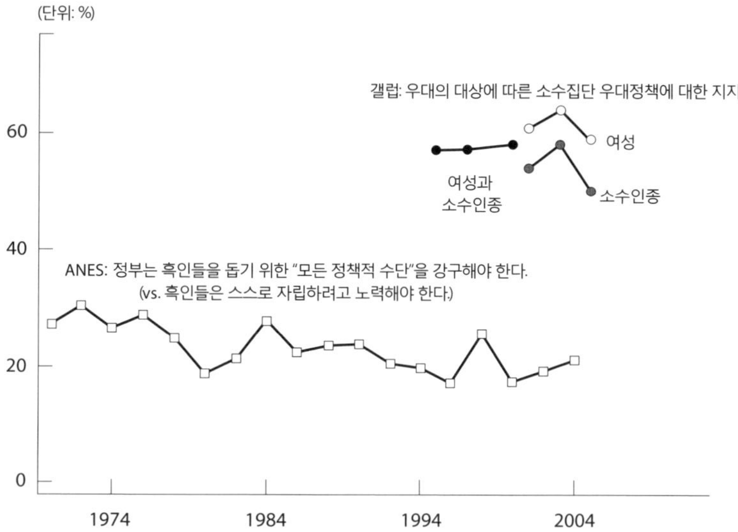

〈그림 4-1〉 소수집단 우대정책에 대한 지지

출처: Loan and Citrin(2008)에서 재인용.

대 후반 이래로 여러 상이한 조사연구에서 일관되게 나타나는 흐름이다. 미국인들은 소수집단 우대정책에 대해 원칙적으로는 찬성하지만 그것이 역차별의 형태로 나타나는 것에는 매우 강하게 반대하며, 기회나 교육 프로그램으로서의 소수집단 우대정책에는 매우 우호적이지만 할당제나 특별대우(preferential treatment)로서의 소수집단 우대정책에는 격렬한 반대를 보이고 있다.

〈그림 4-1〉의 우측 상단에서 보이는 갤럽조사 결과처럼 소수집단 우대정책에 대한 원칙적 입장은 매우 우호적이다. 이에 반해 미국선거조사(American National Election Studies: ANES)에서 사용하는 보다 '적극적인' 형태의 소수집단 우대정책에 대해서는 여론의 지지가 매우 낮은 편이어서 30%를 넘는 경우가 드문데, 2000년대에는 20%대에 머무르고 있다. 이를 통해 소수집단 우대정책을 어떤 방식으로 구

현할 것인지에 대한 합의를 미국이 이뤄내고 있지 못하며, 특히 그 적극적 형태에 대해서는 매우 낮은 수준의 지지만이 존재한다는 사실을 알 수 있다.

둘째, 〈그림 4-1〉에서 볼 수 있는 것처럼 지지도는 그 부침(浮沈)이 작지 않은 편인데, 2000년대 초반에 상당히 떨어지는 모습을 보이다가 최근에는 회복되는 추세이다. 셋째, 소수집단 우대정책의 대상이 소수인종이나 흑인일 때에 비해 여성일 경우 지지도가 더 높은 편이다. 물론 여성이 전체 샘플의 절반 가까이를 차지하는 반면 흑인은 20%가 채 되지 않는다는 사실을 상기한다면 이 차이는 그다지 유의미한 것이 아닐 것이다.

소수집단 우대정책에 대한 이러한 대중 여론의 입장은 1970년대부터 오늘에 이르기까지 비교적 안정적으로 유지되고 있다고 할 수 있다. 이후에 살펴볼 몇 가지 흐름이 있기는 하지만 이러한 기본적인 추세는 적어도 지난 40여 년에 걸쳐 변하지 않는 미국 대중 여론의 기본적 상수이며, 가장 주요하게는 앞서 살핀 대법원의 여러 판결과도 정확하게 일치한다.

적극적 소수집단 우대정책에 대한 반대는 특히 백인 그룹들을 중심으로 강하게 나타난다. 예를 들어 퓨 리서치 센터(Pew Research Center)의 자료에 따르면, 흑인 및 소수집단에 특별대우를 제공하는 것이 적절한지 여부를 묻는 질문[5]에 백인 응답자의 20-30% 내외만이 찬성한 반면, 흑인 응답자의 60-70%가 찬성하는 것으로 나타났다. 어떻게 보면 당연한 결과라고 생각될 수도 있지만, 이러한 소수집단 우대정책에 대한 인종별 격차는 매우 큰 것으로 평가할 수 있을 것

5 "We should make every possible effort to improve the position of blacks and other minorities, even if it means giving them preferential treatment."

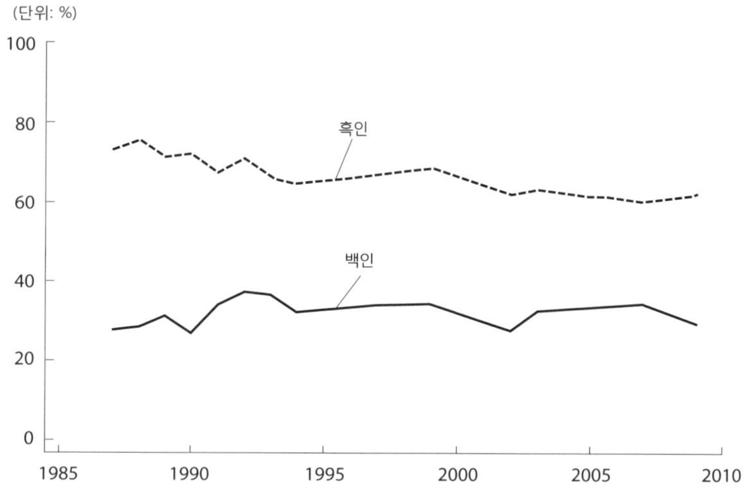

〈그림 4-2〉 인종 집단별 소수집단 우대정책('특별대우')에 대한 지지

출처: Pew Research Center.

이다. 다시 말해, 다수자들은 양보할 생각이 없고, 소수자들은 권리를 찾으려 한다는 사실을 알 수 있다.

한 가지 흥미로운 사실은 이러한 입장의 현격한 격차가 적어도 1980년대 후반에 비해서는 현재 매우 좁혀졌다는 사실이다. 특히 흑인을 중심으로 적극적인 형태의 소수집단 우대정책에 대한 지지가 떨어지고 있는 것은 하나의 중요한 추세라고 할 수 있다. 어떤 의미에서는 백인이나 노동자 계급으로부터의 반발을 염려하여 소수집단 우대정책에 대해 유보적 태도를 취했던 마틴 루터 킹(Martin Luther King Jr.) 목사의 입장(Skrentny 1996)과 일맥상통하는 것일 수도 있고, 지나간 기간의 대법원 판결이나 대중적 논쟁을 통한 여론 수렴 과정의 한 결과라고 볼 수도 있을 것이다.

소수집단 우대정책에 대한 인종집단별 지지만큼이나 흥미로운 구분은 정치 성향에 따른 정책적 지지이다. 〈그림 4-3〉에서 가장 뚜

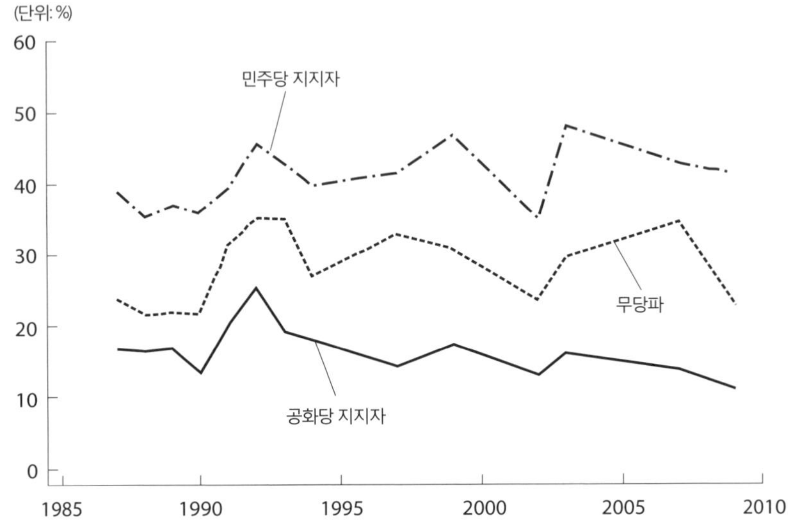

〈그림 4–3〉 정치 성향별 소수집단 우대정책('특별대우')에 대한 지지

출처: Pew Research Center.

렷하게 드러나는 부분은 특별대우를 중심으로 한 적극적인 소수집단 우대정책에 대해 공화당 지지자들이 가장 반대가 심하고, 민주당 지지자들이 가장 지지도가 높다는 점이다. 앞서 보았던 흑백(黑白) 간 차이가 점차 줄어드는 추세를 보인 반면, 소수집단 우대정책에 대한 당파적(黨派的) 차이는 최근으로 올수록 더 현저하게 드러나며 오히려 극화되는 양상을 띠고 있음을 알 수 있다. 요컨대 소수집단 우대정책은 핵심적인 당파적 이슈인 것이다.

그래프에서 보이는 또 다른 흥미로운 점은 특별대우로서의 소수집단 우대정책에 대한 지지가 외부적 사건들에 매우 민감하게 반응한다는 것이다. 소수집단 우대정책에 대한 지지가 급격히 상승하는 1990년대 초반은 앞서 살핀 역사적 차별의 교정으로서 소수집단 우대정책에 대한 논의가 진행된 시기라는 점을 지적할 수 있겠다. 또한 모든 당파적 집단에 걸쳐서 2002년에 관찰되는 소수집단 우대정책에 대한 지지도의 하락세는 9·11 사태에 뒤따른 미국 내정의 불안감에 기인한 바가 클 것이다. 이는 국가적인 재난을 겪으면서 모든 사회 영역에서 부각되었던 보수화의 경향과도 정확하게 일치하는데, 특히 소수집단 우대정책에 대해 일반적으로 보다 진보적인 시각을 가지고 있는 민주당 지지자들의 경우에 이러한 경향은 더 명확하게 나타난다. 이들의 관점에서 보자면 국가적 위기 상황에 직면해서 소수집단 우대정책의 원칙이 잠시 유보될 수 있는 것으로 인지하고 있지만, (미시간대학교의 역사적인 두 판결이 논의가 되었던) 바로 이듬해에 와서는 소수집단 우대정책에 대한 매우 높은 지지 수준을 회복한다는 사실을 알 수 있다.

소수집단 우대정책을 바라보는 여러 사회집단의 다른 태도는 매우 흥미롭지만, 특히 소수집단 우대정책의 미래를 생각할 때 세대별 의견 차이 또한 중요한 함의를 지닌다. 미국의 대중 여론은 항상 변화하는 것이고, 외부적 사건에 민감하게 반응하며, 그 대중 여론을 이끄는 엘리트들의 논쟁이나 대중에게 어떠한 맥락에서 제공되는가(framing)도 바뀌어 온 것을 앞서 보았지만, 이러한 시계열적 변화와는 달리 세대 간 격차 또한 항상 존재하기 때문이다. 그리고 이러한 세대 간 격차를 보는 것은 세대교체 등의 과정을 통해 소수집단 우대정책이 어떻게 바뀌어 나갈 것인지를 미리 볼 수 있는 하나의 유의미한 지표가 될 것이다.

〈그림 4-4〉는 앞서와 동일한 문항, 즉 소수집단 우대정책이 '특별대우'라는 매우 동의받기 힘든 형태로 질문되었을 때 각 세대별 응답이 시간의 흐름에 따라 어떻게 변화되어 왔는지를 보인 것이다. 이를 통해 또래 집단(cohort)들의 소수집단 우대정책에 대한 시각이 시간의 흐름에 따라 얼마나 변화되어 왔는지를 볼 수 있다. 가장 먼저 눈에

〈그림 4-4〉 세대별 소수집단 우대정책('특별대우')에 대한 지지

출처: Pew Research Center(2002년 제외).

띄는 점은 세대 간 격차가 시계열적 변화보다 더 크다는 점이다. 특히 현재의 관점에서 보았을 때 '기성세대'라 할 만한 이전 세대에 비해 오늘날의 미국 청년층(1977년 이후 출생자)은 그 이전 세대와는 상당한 차이로 소수집단 우대정책을 지지하는 것을 알 수 있다. 물론 이것에는 세대효과와는 다른 연령효과가 포함되어 있어서 이들이 중장년으로 성숙하면서 그 지지가 자연스럽게 하락하기는 하겠지만, 그 어떤 이전 세대의 청년 시기와 비교해도 전반적으로 매우 높다는 사실을 알 수 있다. 더 주요하게는 어떤 세대 그룹에 비해서도 이들의 소수집단 우대정책에 대한 지지가 현격하게 높다는 점이다.

이러한 이유는 무엇일까? 아마도 이들은 정치사회화의 초기에 소수집단 우대정책과 관련된 많은 논쟁을 매체를 통해 접했을 것이고, 대학 입학 등의 과정에서 직접적으로 겪기도 했을 것이다. 그러나 이들이 특별히 해당 정책에 대한 지지가 높은 이유는 아마도 (앞 절에서 살핀) 소수집단 우대정책에 대한 논쟁이 진행되면서 이에 대한 인식

틀도 변화되고 이를 사회적으로 받아들일 준비가 되었기 때문일 것이다.

둘째로, 기성세대의 소수집단 우대정책에 대한 입장은 매우 일관되게 비판적이고 시간에 흐름에 영향을 받지 않는다는 사실을 알 수 있다. 1965년 이전 출생자들, 특히 1945년 이전 출생자들은 소수집단 우대정책에 대한 지지가 30%를 넘은 적이 없었고, 그 추세의 증감 폭이 매우 작다. 이는 소수집단 우대정책에 대한 만만치 않은 반대가 앞으로도 상당 기간 지속될 것이라는 점을 보여 준다.

셋째, 연령효과를 보여 주는 측면들도 없지는 않다. 가장 젊은 그룹(1977년 이후 출생)과 1965-1976년생 그룹에 공통적으로 드러나는 측면은 이들이 최초에 성년이 되었을 때에 소수집단 우대정책에 대한 높은 지지를 보이다가 이후에 점진적으로 반대하는 입장이 강해지는 패턴을 보인다는 점이다. 청년기에 소수집단 우대정책의 이상적인 면에 설득이 되었다가도 중장년이 되면서 그 현실적 어려움을 깨닫는 것이 일반적인 추세로 보인다. 이는 미국의 대중 여론에서 소수집단 우대정책이 처한 위치를 보여 주는 것이기도 하다.

4. 결론

소수집단 우대정책은 매우 오랜 기간 동안 미국의 대중과 엘리트, 철학과 정책, 입법과 사법 전 영역을 양분하는 첨예한 이슈였고, 앞으로도 상당 기간 동안 조심스런 균형을 유지한 상태에서 그 논의가 사회의 여러 차원에서 진행될 것으로 보인다. 공동체의 구성원들이 어떻게 같이 모여 살며, 경쟁과 성과를 기반으로 한 사회적 질서와는 다른 새로운 사회 구성 질서가 무엇인가에 대한 합의가 물론 쉬운 것일

수는 없겠지만, 소수집단 우대정책과 관련된 논쟁은 아직도 진행형인 현재적인 과제이며 미국을 이해하는 핵심적 주제다.

제도적으로 구현되어 온 소수집단 우대정책과 이에 대해 사법부가 내린 여러 차례의 판결은 일관적이지는 않다. 다만 하나의 주요한 흐름은 명시적으로 소수자의 특권을 보장하는 룰을 허용하는 것은 위헌적이라는 것, 그리고 적어도 대학교의 입학 허용이라는 문제에서는 소수자의 권익을 인정하는 것이 대학교육, 나아가 사회적 엘리트의 양성에서 불가피하다는 점 등으로 요약할 수 있을 것이다. 이러한 미국 사법부의 판결들은 주요하게 두 가지 방향의 영향을 받은 것이라 할 수 있다. 그 하나는 소수집단 우대정책과 관련된 철학적 논쟁의 지반 이동이고, 다른 하나는 미국 대중 여론의 추이다.

소수집단 우대정책과 관련된 미국의 이론적 논쟁의 지반 이동은 매우 많은 것을 시사해 준다. 과거의 불평등을 보상하는 기계적이고 절차적 평등에서 현재와 미래의 평등을 추구하는 적극적이고 내용적인 평등으로, 더 나아가 사회의 민주적 질서를 형성하고 유지하기 위한 기제로서까지 소수집단 우대정책을 주장하는 입장의 발전이 있었던 것을 알 수 있다. 최근의 사회적 효용이라는 관점에서 소수집단 우대정책을 보다 적극적으로 사고하는 시각과 이에 대한 비판적 반대 입장으로까지 나아가는 이론적 논쟁은 미국인들이 공동체와 민주주의에 대해 어떻게 사고하고 이해하는지를 간접적으로 보여 주며, 특히 이는 정책적 구현과 사법부의 판단에도 지대한 영향을 미친 요소다.

미국인들이 구성하는 소수집단 우대정책에 대한 대중 여론의 흐름도 사회적 합의와 결정에 많은 영향을 미친 요소 중 하나다. 미국인들은, 사법부의 입장과도 다르지 않은데, 기회의 균등이라는 의미에서 소수집단 우대정책의 대원칙에는 찬성하는 반면, 소수집단에게 적극적 권익을 보장하는 할당제 등에 대해서는 매우 적대적인 양상을 보이며, 이러한 경향은 1960년대 이래 현재까지 지속되고 있다. 소수집단 우대정책은 미국을 규정하는 하나의 역사적 과정인 동시에 여전히 현재 진행형인 사회적 과제에 대한 미국인들의 끝나지 않은 해답 과정인 것이다.

참고문헌

Anderson, Elizabeth. 2002. "Integration, Affirmative Action, and Strict Scrutiny." *NYU Law Review* 77: 1195-1271.

Blackstone, William T. 1975. "Reverse Discrimination and Compensatory Justice." *Social Theory and Practice* 3(3): 253-288.

Cantor, Joel C., Erika L. Miles, Laurence C. Baker, and Dianne C. Barker. 1996. "Physician Service to the Underserved: Implications for Affirmative Action in Medical Education." *Inquiry* 33(2): 167-180.

Issacharoff, Samuel. 1998. "Can Affirmative Action Be Defended." *Ohio State Law Journal* 59: 669-695.

Kinder, Donald R., and Lynn M. Sanders. 1990. "Mimicking Political Debate with Survey Questions: The Case of White Opinion on Affirmative Action for Blacks." *Social Cognition* 8(1): 73-103.

Kinder, Donald R., and Lynn M. Sanders. 1996. *Divided by Color: Racial Politics and Democratic Ideals*. Chicago: University of Chicago Press.

Loan, Le, and Jack Citrin. 2008. "Affirmative Action." In *Public Opinion and Constitutional Controversy*, edited by Nathaniel Persily, Jack Citrin, and Patrick J. Egan. New York: Oxford University Press.

Loury, Glenn C. 1997. "How to Mend Affirmative Action." *The Public Interest*, Spring: 33-43.

McGary, Howard. 1977. "Justice and Reparations." *Philosophical Forum* 9: 250-263.

Page, Scott. 2008. *The Difference: How the Power of Diversity Creates Better Groups, Firms, Schools, and Societies*. Princeton: Princeton University Press.

Post, Robert. 1998. "Introduction: After Bakke." In *Race and Representation: Affirmative Action*, edited by Robert Post and Michael Rogin. New York: Zone Books.

Purdy, Laura. 1984. "In Defense of Hiring Apparently Less Qualified Women." *Journal of Social Philosophy* 15: 26-33.

Sander, Richard H. 2004. "A Systemic Analysis of Affirmative Action in American Law Schools." *Stanford Law Review* 57(2): 367-483.

Sears, David O., Jim Sidanius, and Lawrence Bobo, eds. 2000. *Racialized Politics: The Debate About Racism in America*. Chicago: University of Chicago Press.

Skrentny, John David. 1996. *The Ironies of Affirmative Action: Politics, Culture, and Justice in America*. Chicago: University of Chicago Press.

Sowell, Thomas. 2004. *Affirmative Action Around the World*. New Haven: Yale University Press.

Steele, Shelby. 1991. *The Content of our Character: A New Vision of Race in America*. New York: Harper Perennial.

5장

동성애[1] 관련 이슈와 성적 소수자의 권리

장승진

1. 서론

2013년 미국사회에서는 동성결혼(same-sex marriage) 문제와 관련하여 두 가지 흥미로운 사건이 목격되었다. 첫 번째 사건은 재선에 성공한 오바마(Barack Obama) 대통령이 취임연설에서 동성결혼의 합법화를 위해 노력할 것을 천명한 것이다.[2] 대통령이 취임연설에서 동성애자를 명시적으로 언급한 것 자체가 미국역사상 최초일 뿐만 아니라, 그 내용에서도 동성결혼을 인정하고 동성애자에 대한 차별 철폐를 인종간 평등, 양성평등의 추구와 마찬가지의 시민적 권리(civil rights)로 제

1 비록 편의상 동성애(자)라고 표현하기는 했지만, 이 글에서 다루는 동성애 관련 이슈는 흔히 LGBT라고 통칭되는 여성 동성애자(lesbians), 남성 동성애자(gay men), 양성애자(bisexuals), 성전환자(transgenders) 등 다양한 형태의 성적 소수자를 모두 포괄한다.

2 물론 오바마 대통령이 동성결혼 문제에 대해 입장을 밝힌 것 자체가 최초는 아니다. 이전까지 오바마 대통령은 이 문제에 대한 자신의 견해가 '진화(evolving)'하고 있다고 이야기하며 명시적인 입장을 밝히지 않았지만, 지난 2012년 5월 한 방송국과의 인터뷰에서 동성결혼의 합법화에 대해 찬성한다고 최초로 명확하게 발언한 바 있다(*New York Times*, 2012. 5. 9).

시하는 등 진보적 입장을 분명하게 밝혔다(*New York Times*, 2013. 1. 21). 두 번째 사건은 2013년 6월 미국 연방대법원이 동성커플에 대해서는 연방정부 차원에서 기혼자에게 제공되는 각종 지원 및 혜택을 금지하는 결혼보호법(Defense of Marriage Act: DOMA)에 대해 위헌 판결을 내린 것이다. 물론 대법원의 위헌 결정이 동성결혼을 헌법적 권리(constitutional right)로 인정하거나 개별 주 차원에서 동성결혼을 금지하는 법안을 무효화하는 것은 아니다. 그럼에도 불구하고 이번 위헌 결정은 오바마 행정부로 하여금 동성커플에 대한 지원과 혜택을 확대하는 행정 조치를 취하는 것을 가능케 했을 뿐만 아니라, 이후 각 주에서 동성결혼을 금지하는 법률에 대해 위헌 소송을 제기할 수 있는 법적 근거와 논리를 제공했다는 점에서 동성결혼 지지자의 입장에서는 상당한 의미를 갖는 정치적 승리라고 할 수 있다(*New York Times*, 2013. 6. 26).

물론 좁게는 동성결혼, 보다 넓게는 성적 소수자의 권리 보장과 관련한 다양한 이슈에 대해 미국사회가 경험하고 있는 논란과 분열은 앞으로도 한동안 지속될 것으로 예상된다. 결혼보호법에 대한 대법원의 위헌 결정은 5 대 4의 근소한 차이로 이루어졌으며, 대법원의 결정에 대한 일반 국민의 지지 역시 여전히 과반을 간신히 달성한 수준으로 조사되었다(*Washington Post*, 2013. 7. 3). 대법원의 판결 직후부터 동성결혼 지지자와 반대자 모두 앞으로 많은 주에서 동시다발적으로 진행될 동성결혼 관련 법적·정치적 분쟁에 대비해 오히려 모금 및 홍보활동을 강화하고 있다(*New York Times*, 2013. 6. 27). 또한 성적 소수자에 대한 차별금지법(Employment Non-discrimination Act) 제정을 둘러싸고 최근까지도 의회에서 논란이 지속되는 등, 미국사회에서 성적 소수자의 권리 보장을 둘러싼 논란과 분열이 해결될 조짐이 보이기보다는 오히려 더욱 중요한 정치적 쟁점으로 부각되고 있다. 그리고 이 문제는 하나의 고립된 사안에 대한 입장 차이에 그치는 것이 아니라 실제 선거에서 주요 후보의 전략과 유권자의 선택에 상당한 영향력을 행사할 정도로 중요한 정치적 의미를 가지고 있다. 이러한 점을 고려할 때, 동성결혼을 포함하여 동성애 관련 이슈에 대한 논란과 분열이 어떠한 과정을 거쳐 현재의 모습에 이르렀는가를 살펴보는 것은 미국사회의 오늘을 이해하고 앞으로의 변화를 전망하기 위해 필수적으로 요구되는 작업이라고 할 수 있다.

나아가 성적 소수자의 권리와 관련한 다양한 쟁점이 제기되고 여러 가지 논란과 갈등을 거치면서 법적·제도적 합의에 이르는 과정은 정책결정과정에서 일반 대중의 여론 및 이익집단의 영향력, 그리고 사법정치(judicial politics)가 행사하는 영향력과 그 한계를 보여 준다는 점에서 미국사회가 추구하는 민주주의가 구체적으로 어떻게 이루어지는지를 잘 보여 주는 사례라고 할 수 있다. 다른 쟁점들과 마찬가지로 성적 소수자의 권리 보장과 관련한 쟁점 역시 다양한 행위자들이 주어진 구조적·제도적 조건 아래서 상호작용하면서 발전해 왔다. 또한 이와 동시에 각 쟁점의 구체적인 발전 양태는 행위자들이 어떠한 전략 아래서 어떠한 자원(resources)을 동원하는가에 따라 쟁점별로 다르게 나타날 수 있다. 이러한 관점에서 이 연구는 동성애 관련 이슈가 가진 특수성과 그것이 반영하는 미국 정치·사회의 보편성을 동시에 드러내는 것을 목적으로 한다.

2. 동성애자 운동의 등장과 발전

미국사회에서 동성애자를 비롯한 성적 소수자가 경험하는 억압과 차별은 뿌리 깊은 역사를 가지고 있지만, 이들에 대한 사회적 관심과 담론이 본격적으로 제기되기 시작한 것은 제2차 세계대전을 거치면서였다. 군복무와 참전으로 인해 기존에 소속된 공동체와 사회관계로부터 벗어난 퇴역군인을 중심으로 동성애자들이 자신들의 성적 정체성을 공개적으로 표출하고 새로운 네트워크를 형성하는 현상이 급속하게 나타났다. 이러한 과정에서 동성애에 대한 사회적·문화적 관심이 크게 늘어나는 한편,[3] 몇몇 급진적인 동성애자들에 의해 로스앤젤레스와 샌프란시스코 등 진보적 성향의 대도시에서 동성애자 단체가 결성되어 잡지를 발간하거나 공청회를 개최하는 등 동성애에 대한 편견을 해소하기 위한 다양한 홍보활동을 전개하기도 했다(D'Emilio 1983, ch. 2).

그러나 제2차 세계대전 이후 짧은 기간 동안의 개방적 풍조에도 불구하고 동성애에 대한 미국사회의 부정적·배타적 태도는 크게 변화하지 않았다. 동성애는 여전히 질병으로 취급받았으며, 각 주마다 제정되어 있던 소도미 법(sodomy laws)은 동성 간의 성관계를 범죄로 규정함으로써 동성애자들은 법적 처벌의 위협 속에 자신들의 성적 정체성을 감추고 살아가야 했다. 동성애자들은 연방정부와 관련된 모든 기관에 취업하는 것이 금지되었으며 민간기업에 취업할 때에도 상당한 불이익을 겪었다. 특히 매카시즘(McCarthyism)이 횡횡하는 과정에서 동성애자들은 사법 당국의 감시 대상이 되었으며, 동성애자라는 사실이 밝혀지거나 의심받은 교사나 공무원, 군인은 쫓겨나기도 했다(D'Emilio 1983, ch. 3).

이런 억압적인 상황은 1960년대의 민권운동(civil rights movement)

3 특히 비슷한 시기 1948년과 1953년에 잇달아 발표된 유명한 킨제이(Kinsey) 보고서가 인간의 성적 행위(sexual behavior)와 다양한 형태의 성적 일탈에 대해 대중의 인식을 변화시키고 관심을 크게 고양시켰다는 점도 시사적이다.

을 거치면서 서서히 변화하기 시작했다. 이전까지 동성애(자)에 대한 편견을 해소하기 위한 교육 및 홍보활동에 집중했던 동성애자 단체들은 민권운동의 성과를 본받아 집단적인 민원 제기나 시위, 대중 집회 등 보다 직접적이고 적극적인 사회운동(social movement)을 통해 동성애자들이 겪고 있는 법적·제도적 차별을 철폐하고자 노력했으며, 이 과정에서 전미시민자유연맹(American Civil Liberties Union: ACLU)과 같은 주류 사회의 진보적 단체들로부터 지지와 연대를 이끌어내기도 했다(D'Emilio 1983, ch. 11). 특히 1969년의 스톤월 폭동(Stonewall riots)[4]은 미국사회에서 성적 소수자의 권리보장을 위한 운동의 역사에서 중요한 분기점을 이루는 사건이었다. 스톤월 폭동 이후 젊은 동성애자들은 1960년대를 휩쓸었던 반전운동과 카운터컬처(counter-culture) 운동의 급진적 분위기 속에서 새로운 형태의 '해방 운동(liberation movement)'을 발전시켰다. 동성애자 단체가 폭발적으로 증가했을 뿐만 아니라,[5] 이들은 동성애자를 차별하거나 비하하는 기관이나 단체에 대한 점거 및 농성에 나서거나 경찰의 괴롭힘(police harassment)에 항의하는 가두집회를 개최하는 등의 독자적인 활동과 함께 당시 도처에서 벌어지던 정치적 집회와 시위에 적극적으로 결합함으로써 자신들의 존재감을 가시적으로 드러냈다. 그리고 스톤월

4 당시 일반 음식점이나 술집은 동성애자에게 음식을 팔기를 거부했기 때문에 동성애자들과 성전환자들이 모이던 술집(gay bars)은 대부분 마피아와 연계되어 있었으며, 경찰은 수시로 불시 단속을 벌여 손님과 종업원을 체포하곤 했다. 뉴욕 그리니치 빌리지(Greenwich Village)에 위치한 작은 술집인 스톤월 인(Stonewall Inn)도 이런 곳 중 하나였는데, 1969년 6월 28일 새벽 경찰이 들이닥쳐 손님과 종업원을 체포하는 과정에서 과격한 단속에 항의하는 동성애자들과 경찰 사이에 충돌이 발생했고 이는 곧 뉴욕 시 일대에 거주하는 동성애자를 중심으로 한 대규모 시위와 소요로 발전하였다.

5 1969년에 전국적으로 50여 개에 지나지 않았던 동성애자 관련 단체는 4년 뒤 800개 이상으로 급증했으며 1970년대 후반에 이르면 수천 개의 크고 작은 동성애자 관련 단체가 설립되어 활동하고 있었다(D'Emilio 1983, 238).

폭동 이후 나타난 새로운 운동의 핵심적인 특징은 자신들의 성적 정체성을 적극적으로 드러내고 긍정하는 것이었다. 이전까지의 커밍아웃이 가까운 지인들을 상대로 한 개인적인 차원의 결단으로 간주되었다면, 1970년대의 동성애자 운동에서 불특정 다수를 대상으로 공개적으로 커밍아웃하는 것("coming out of the closet")은 동성애자들에게 가해지는 (그리고 그들 스스로가 내면화한) 사회적 억압을 극복한다는 정치적 의미를 획득하였다(D'Emilio 1983, 235-236). 이후 1970년대에 들어와 1960년대의 급진적 기운이 사그라진 이후에도 성적 소수자로서의 정체성을 적극적으로 드러내고 긍정하는 것을 운동의 핵심적인 부분으로 삼는 것은 동성애자 운동의 중요한 전통으로 자리를 잡았다(D'Emilio 2000).

1970년대 이후 동성애자 운동의 주된 목표는 소도미 법을 포함하여 동성애자들이 겪고 있는 법적·제도적 차별을 철폐하는 것이었다. 이러한 노력은 1970년대에 걸쳐 상당한 성과를 거두어 절반에 가까운 주에서 소도미 법이 폐지되었으며 적지 않은 숫자의 지방정부에서 동성애자에 대한 차별을 금지하는 조례가 통과되었다. 비슷한 맥락에서 1973년 미국정신의학회(American Psychiatric Association)는 정신질환 목록에서 동성애(homosexuality)를 삭제했으며, 그로부터 2년 후 연방정부 및 그와 관련된 기관에 동성애자의 취업을 금지하는 조치가 철폐되었다.

그러나 1980년대 들어 레이건(Ronald W. Reagan) 대통령의 당선으로 대표되듯이 미국사회가 전반적으로 보수화 경향을 보이면서 사회운동을 통해 동성애자의 지위에 변화를 이끌어내는 것에 한계가 나타나기 시작했다. 특히 보수적 기독교 세력을 기반으로 1970년대 후반부터 본격적으로 나타나기 시작한 반-동성애 풀뿌리운동(anti-gay grassroots movement)은 주민발의(initiative)나 주민투표(referendum)와 같은 직접민주주의 제도를 통해 기존에 동성애자 운동이 각 지역에서 이루어낸 성과를 되돌리는 데 성공하기도 했다(Fetner 2008). 이러한 상황에서 동성애자 단체들은 주와 지방정부 차원에서의 개혁에 집중하던 기존의 전략에서 벗어나서, 전국 단위의 조직[6]을 결성하고 사법부를 통한 소송이나 의회와 행정부에 대한 로비와 같이 보다 전통적인 정치과정을 통해 연방정부 차원에서 변화를 이끌어 내는 것에 초점을 맞추기 시작했다(Rimmerman 2000).

3. 성적 소수자의 권리: 과거와 현재

동성애자를 비롯한 성적 소수자가 미국의 주류 사회에 요구하는 내용은 크게 자유(liberty)와 평등(equality)의 두 차원으로 이루어져 있다. 전자가 이들이 국가의 부당한 간섭으로부터 벗어나서 자신이 원하는 방식으로 삶을 영위할 수 있는가의 문제와 연관된다면, 후자는 과연 이들이 이성애자를 비롯한 일반인과 동등한 권리와 의무를 가진 시민으로서 존중받는가의 문제와 연관된다(Egan and Sherrill 2005, 229). 물론 자유와 평등의 두 가치는 상호 연관된 것으로서 어느 한 가치를 추구한다고 해서 반드시 다른 가치가 훼손되는 것은 아니지만, 둘 중 어느 것에 강조점을 두는가에 따라서 성적 소수자들이 제기하는 주장의 구체적인 내용과 방식에서 차이가 나타날 수 있다.

스톤월 폭동 이후 1990년대 중반까지의 동성애자 운동은 주로 차

6 대표적인 예로는 Human Rights Campaign Fund, National Gay and Lesbian Task Force, Lambda Legal Defense and Education Fund, Gay and Lesbian Victory Fund 등을 들 수 있다.

별과 불이익 없이 성적 소수자로서의 정체성을 지키며 살아갈 수 있는 시민적 자유를 확보하는 것에 초점이 맞추어져 있었다. 이와 관련하여 동성애자 운동에서 핵심적으로 요구한 사항은 소도미 법의 폐지를 통해 동성애를 비범죄화하는 한편, 성적 소수자를 시민적 권리의 보호 대상으로 규정함으로써 취업, 주거 등에서 동성애자에 대한 차별을 금지하는 것이었다. 반면에 1990년대 이후 본격적으로 제기된 동성결혼의 합법화는 소도미 법의 폐지나 동성애자에 대한 차별 철폐와 같이 성적 소수자로서의 정체성을 지키며 살아갈 수 있는 시민적 자유를 요구하는 것과는 다소 구분되는 맥락을 갖는다. 물론 동성결혼의 합법화를 (성별에 관계없이) 자신이 원하는 배우자와 결혼 생활을 영위할 자유라는 의미로 이해한다면 시민적 자유와도 일정하게 연관되는 것은 사실이지만, 보다 핵심적인 부분은 동성 간의 관계에도 이성 간 결혼과 동등한 법적·제도적 지위를 인정해 달라는 요구라는 점에서 시민적 자유보다는 평등권(right to be recognized as equals)과 밀접하게 연관된다(Egan and Sherrill 2005, 229-230).

1) 소도미 법의 폐지

각 주에서 다양한 형태로 존재하던 소도미 법에서는 동성 간의 성행위를 (합의에 의한 것이라 할지라도) '자연에 반하는 범죄(crimes against nature)'로 규정하여 금지해 왔다.[7] 물론 개인의 내밀한 사생활을 규제하는 것이 매우 어렵다는 점에서 대부분의 소도미 법이 실제로 집행되는 경우는 많지 않았다. 하지만 실제 집행 여부와는 별개로 소도미

7 대부분의 소도미 법은 구강성교(oral sex)나 항문성교(anal sex)를 금지하는 형태로 이루어졌기 때문에 원칙적으로는 동성 간뿐만 아니라 이성 간의 성행위에도 동일하게 적용되었지만 실제로는 동성애자에 대해서만 선택적으로 집행되는 경우가 많았다.

법의 존재는 동성애자를 차별하는 법률을 제정하거나 성적 소수자의 권리 신장을 위한 조치를 거부하기 위한 법적 근거로 종종 사용되었다는 점에서 중요한 의미를 가지며(Nice 1988), 이에 따라 동성애자들은 소도미 법 폐지를 줄기차게 요구해 왔다.

1961년 소도미 법을 최초로 폐지한 일리노이 주를 필두로 1960년대와 1970년대에 걸쳐 20여 개의 주가 의회 차원에서 더 이상 실효성을 상실한 주형법을 손질하는 과정에서 소도미 법을 폐지하였다(Nice 1988). 그러나 1980년대에 들어서자 미국사회의 전반적인 보수화로 인해 소도미 법을 폐지하는 주가 그다지 늘어나지 않은 상황에서 1986년의 연방대법원 판결(*Bowers v. Hardwick*)은 연방 차원에서 사법적 판단에 호소함으로써 각 주의 소도미 법을 폐지하려는 동성애자 단체들의 전략에 결정적인 타격을 가했다. 물론 1986년 이전에도 프라이버시권(right to privacy)[8] 침해를 근거로 소도미 법에 대한 위헌 소송은 있어 왔지만, 대부분의 경우 연방대법원은 심리를 거부하는 등의 방식으로 동성애와 연관된 이슈에 대해 판단을 내리지 않았었다. 그러나 1986년 연방대법원은 조지아 주의 소도미 법에 대한 위헌 소송에서 최초로 이 문제에 대한 본격적인 심리에 나섰으며, 이 판결에서 법원은 프라이버시권이 동성 간의 성행위에는 적용되지 않으며 따라서 동성애를 금지한 소도미 법은 헌법에 위배되지 않는다는 결정을 내렸다.

1986년의 판결에도 불구하고 동성애자 단체들은 주의회에 압박을 가하거나 연방대법원 대신 주대법원에 위헌 소송을 제기하는 방

8 프라이버시권은 1965년의 연방대법원 판결(*Griswold v. Connecticut*) 이래로 수정헌법 제14조에 따른 '법률에 의한 정당한 절차(due process of law)'의 적용을 받는 기본권으로 인정되었다.

식으로 개별 주 차원에서 소도미 법을 폐지하려는 노력을 지속적으로 전개해 갔다. 그 결과 2003년에 이르면 보수적인 14개의 주를 제외한 대부분의 주에서 소도미 법이 실질적으로 폐지되었다. 그리고 결정적으로 2003년 연방대법원은 텍사스 주의 소도미 법에 대한 위헌 소송(*Lawrence v. Texas*)에서 성별에 관계없이 성인 간의 합의에 의해 사적으로 이루어지는 성행위를 규제하는 것은 시민적 자유에 대한 심대한 침해이며 따라서 위헌이라는 결정을 내렸다. 2003년의 판결은 1986년의 판결을 명시적으로 뒤집은 것으로서, 비록 소송의 직접적인 대상은 텍사스의 소도미 법이었지만 판결의 영향력은 당시까지 소도미 법을 유지하고 있던 모든 주에 확대 적용되었다. 결과적으로 2003년의 연방대법원 판결 이후로 미국 전역에서 동성애를 범죄화하는 모든 소도미 법이 원칙적으로 무효화되었다.

2) 동성애자의 시민적 권리: 차별금지와 증오범죄

1960년대까지만 해도 미국사회에서 성적 지향(sexual orientation)이나 성적 정체성(gender identity)에 근거한 차별을 금지하는 법률이나 정책을 찾아볼 수 없었으며, 동성애자들은 취업이나 직장에서의 승진, 주택 구입 및 임대, 식당이나 호텔 등 공공편의시설의 이용과 같은 일상생활의 다양한 영역에서 차별을 경험하곤 했다. 설사 직접적인 차별을 경험하지 않았다 하더라도 이러한 차별과 불이익에 대한 공포는 많은 동성애자들로 하여금 자신들의 정체성을 숨기고 살아갈 수밖에 없게 했다. 이러한 관행이야말로 동성애자들이 주류 사회의 일원으로 살아가는 것을 가로막는 주된 장애라는 인식에 기반하여, 스톤월 폭동 이후 동성애자 운동의 중요한 목표는 성적 소수자를 (흑인이나 여성과 마찬가지로) 시민적 권리의 '보호 대상(protected class)'[9]으로 규정함으로써 이들에 대한 법적·제도적 차별을 금지하는 것이었다.

1970년대 초반 동성애자들이 집중적으로 거주하고 상대적으로 진보적인 성향을 보이는 대도시와 대학도시를 중심으로 도입되기 시작한 이후 성적 지향에 근거한 차별을 금지하는 조례와 정책은 점차 다양한 지역과 도시로 확산되었다. 반면에 주 차원에서 동성애자들의 시민적 권리를 보장하는 법률을 제정하는 것은 훨씬 광범위한 정치적 연합을 필요로 한다는 점에서 상대적으로 늦게 시작되었다. 이와 관련한 최초의 조치는 1975년 펜실베이니아 주에서 주지사의 행정명령(executive order)에 의해 주정부기관에서 성적 지향에 기반한 차별이 금지된 것이었지만, 이는 법률로서의 효력을 갖지 못했을 뿐만 아니라 그 적용도 공공부문에만 국한되는 것이었다. 1982년에 와서야 위스콘신 주에서 동성애자의 시민적 권리를 일반적으로 보호하는 법률이 최초로 통과될 수 있었으며, 1989년 매사추세츠 주가 두 번째로 동성애자에 대한 차별을 금지하는 법률을 통과시켰다(Button *et al.* 2000).

지역 차원에서 동성애자에 대한 차별금지 법안을 제정하는 과정에서 이에 찬성하는 측에서는 이슈의 정치적 중요성을 부각시키지 않기 위해 매우 노력했다. 동성애자 보호 조치를 둘러싸고 (이성애자) 대중들 사이에 논란이 벌어지지 않을수록 차별금지법을 제정하는 과정에서 직접적인 이해당사자인 성적 소수자들과 이들을 대변하는 동성애자 단체와 진보적 이익집단의 목소리가 커질 수 있었으며, 따라서 우호적인 정치인들에 대한 로비를 통해 법안을 제출하고 통과시

9 1968년 민권법(Civil Rights Act)에서 인종, 종교, 출신국가 등이 보호 대상으로 규정되어 이에 따른 차별이 금지되었으며, 1974년의 개정법에서 성별을 보호 대상에 추가하여 여성에 대한 차별이 금지되었다.

키는 것이 상대적으로 용이했다. 반면에 차별금지법을 둘러싼 논란이 중요하게 부각될수록, 이 이슈는 시민적 권리의 문제라기보다는 도덕적·종교적 신념과 밀접하게 연관된 도덕정치(morality politics)의 성격을 띠게 되고 결과적으로 일반 대중의 반-동성애 성향에 기반한 조직적 저항에 직면하기 쉬웠다(Haider-Markel and Meier 1996). 실제로 1977년 플로리다 주의 데이드 카운티(Dade county)에서 보수적 기독교 세력에 기반한 풀뿌리운동이 주민투표를 통해 동성애자를 차별로부터 보호하는 조례를 백지화하는 데 성공했으며, 이 사건이 전국적으로 유명세를 얻으면서 동성애자의 시민적 권리를 둘러싼 논란이 정치적인 이슈로 부각되었다. 이후 미국 각지에서 기독교 근본주의자들과 보수적 단체들을 중심으로 주민발의나 주민투표를 통해 기존에 제정된 동성애자에 대한 차별을 금지하는 조치들을 백지화하려는 시도가 잇따랐으며, 많은 경우 이러한 시도들은 유권자들로부터 상당한 지지를 이끌어 냈다(Fetner 2008).

그러나 보수적 유권자들의 조직적 저항에도 불구하고 1980년대 동안에도 동성애자의 차별을 금지하는 지방정부는 기존에 이미 유사한 법률을 제정한 대도시 주변 지역을 중심으로 조금씩 증가했다. 특히 1990년대에 이르면 지방정부 수준에서의 증가와 더불어 주 차원에서도 동성애자에게 시민적 권리를 보장하는 법안이 상정되고 통과되는 사례가 증가했다. 동시에 연방대법원은 1996년의 판결(*Romer v. Evans*)에서 주헌법의 개정을 통해 주정부가 동성애자 보호 조치를 취하는 것을 원천적으로 봉쇄한 콜로라도의 주민투표에 대해 위헌 결정을 내림으로써 직접민주주의 제도를 통해 동성애자에 대한 시민적 권리 보장을 막으려는 종교단체와 보수적 유권자들의 시도에 제동을 가했다.

지방정부 및 주정부에서의 변화와는 달리 동성애자의 시민적 권리와 관련하여 연방정부 수준의 성과는 상대적으로 지지부진해 왔다. 동성애자로 의심되는 군인을 강제 전역시키는 오랜 관행을 없애려는 클린턴 대통령의 시도는 민주당이 상·하원을 모두 지배한 상황에서도 결국 "묻지도 말하지도 말라(Don't Ask, Don't Tell)"[10]라는 정책으로 후퇴했으며, 연방정부 차원에서 성적 지향 및 성적 정체성에 기반한 차별을 금지하는 법안(Employment Non-discrimination Act)을 제정하려는 노력은 1994년 이래로 거의 모든 회기마다 발의되었지만 여전히 의회를 통과하지 못하고 있다. 결과적으로 미국 전역에 일반적으로 적용되는 단일한 기준이 마련되지 않은 상황에서 각 주와 개별 지방정부 차원에서 동성애자의 시민적 권리를 보장하고 이들에 대한 차별을 금지하는 법률을 제정하는 숫자는 지속적으로 늘어났다. 결과적으로 2013년 6월 현재 21개 주와 워싱턴 D.C.에서 성적 지향이나 성적 정체성에 기반한 차별을 금지하는 법안이 통과되어 시행되고 있다(〈그림 5-1〉 참조).

동성애자의 시민적 권리 보호와 관련하여 미국사회가 목격한 또 다른 특징적인 변화는 성적 소수자를 대상으로 한 범죄를 증오범죄(hate-crime)로 규정하여 가중처벌하는 주가 늘고 있다는 것이다. 증오범죄란 특정한 사회집단에 대한 증오나 반감에서 비롯된 범죄로서, 이에 대해서는 일반적으로 정해진 것보다 무거운 형량을 부과함으로써 이들 집단의 구성원들을 보호하는 조치를 취하게 된다. 구체적으로 증오범죄로부터의 보호 대상이 되는 사회집단을 어떻게 규

---

10 1994년부터 시행된 새로운 제도하에서는 군복무자에게 그들의 성적 정체성에 대한 질문하는 것이 금지된 동시에(Don't Ask) 자신의 성적 정체성을 공개적으로 밝히는 것도 금지되었다(Don't Tell). 동성애자의 권리라는 측면에서 이 정책은 자신의 성적 정체성을 드러내지 못하도록 강요한다는 점과 자신의 의지와 상관없이 동성애자라는 사실이 드러나는 경우라 하더라도 여전히 강제 전역의 대상이 된다는 점에서 한계가 있다.

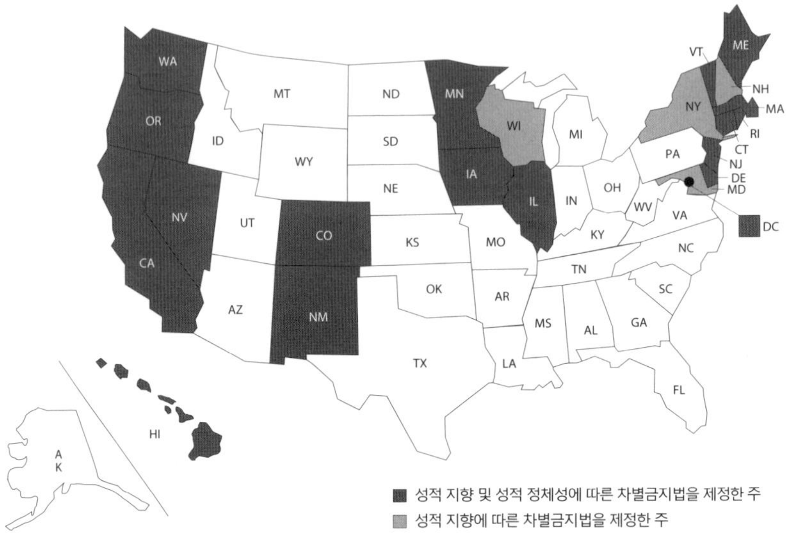

〈그림 5-1〉 성적 지향 및 성적 정체성에 따른 차별금지법 제정 현황(2013. 6. 21)

출처: National Gay and Lesbian Task Force.

정하는가는 주마다 다소 차이가 있지만, 1990년대를 거치면서 기존의 인종, 성별, 종교, 출신국가 외에도 성적 지향이나 성적 정체성에 기반한 범죄를 증오범죄의 기준에 포함시키는 주가 늘고 있다. 특히 1998년 와이오밍 주에서 한 대학생(Matthew Shepard)이 동성애자라는 이유로 끔찍한 고문과 학대 끝에 살해당한 사건은 전국적 분노를 불러일으키며 중요한 계기를 마련하였다. 최근에는 연방정부 차원에서도 2009년 증오범죄방지법(Hate Crimes Prevention Act)을 제정하여 기존의 인종, 종교, 성별 등과 더불어 성적 지향 및 성적 정체성을 증오범죄 구성 기준의 하나로 추가하였다. 결과적으로 2013년 6월 현재 총 30개의 주와 워싱턴 D.C.에서 성적 소수자를 대상으로 한 범죄가 증오범죄로 규정되어 가중처벌되고 있다(〈그림 5-2〉 참조).

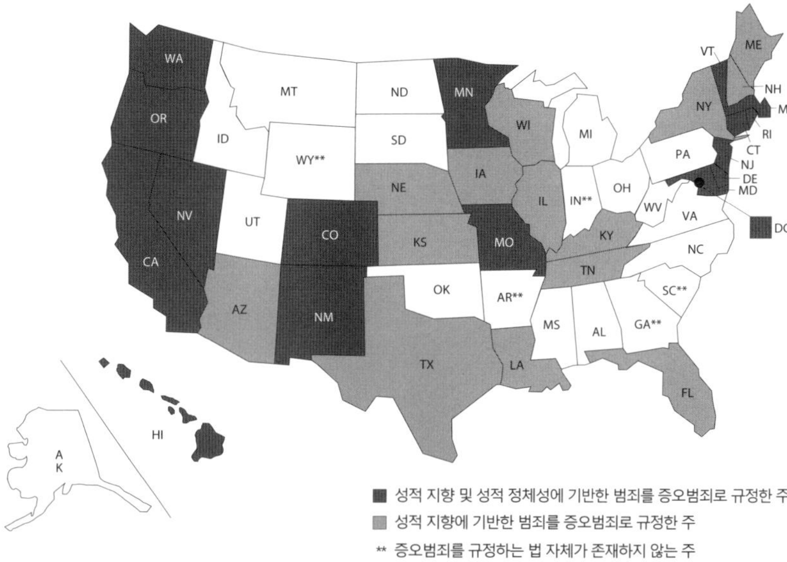

〈그림 5-2〉 성적 지향 및 성적 정체성에 따른 증오범죄 규정 현황(2013. 6. 21)

출처: National Gay and Lesbian Task Force.

3) 동성결혼

최근 들어 동성결혼 문제를 둘러싸고 미국사회가 한바탕 소동을 겪고 있고 그에 따라 미디어와 여론의 관심이 집중되고 있다. 그러나 소도미 법의 폐지나 동성애자에 대한 차별 철폐 같은 이슈와는 달리 동성결혼의 합법화 요구는 1990년대 중반까지도 동성애자 운동의 핵심적인 의제가 아니었다. 물론 1970년대부터 동성 간의 결혼을 법적으로 인정해 달라는 소송은 간헐적으로 제기되었지만, 그때마다 법원은 동성 간에 결혼할 권리가 존재하며 이를 인정하지 않는 것은 차별이라는 이들의 주장을 전혀 인정하지 않았다. 따라서 대부분의 동성애자 관련 단체와 활동가들은 동성결혼의 합법화를 주장하는 것이 정치적인 실익은 없으면서 여론의 역풍을 맞을 가능성이 크다는 이유에서 적극적으로 나서지 않았다(Egan and Sherrill 2005). 또한 대부분의 성적 소수자가 동성결혼과 같은 상징적인 이슈보다는 취업에서의 차별 철폐와 같이 직접적인 경제적 이익이 걸려 있는 이슈에 보다 관심을 가지고 있다는 점 또한 동성결혼 문제가 최근까지도 본격적으로 제기되지 않은 큰 이유라고 할 수 있다(Schaffner and Senic 2006). 그러나 소수의 동성커플이 동성결혼을 인정하지 않는 법과 제도에 대해 독자적으로 소송을 제기하고 1990년대에 들어와 (많은 사람들의 예상과 달리) 몇몇 법원이 동성커플의 손을 들어주면서 동성결혼 이슈가 전국적인 사안으로 폭발적으로 부각되었다(Egan and Sherrill 2005).

동성결혼 이슈가 중요한 정치적 이슈로 발전하게 된 중요한 계기는 1993년 하와이 주대법원이 동성결혼을 인정하지 않는 기존의 결혼법이 성적 지향에 기반한 차별로서 '법에 의한 평등한 보호(equal protection of the laws)'를 규정한 주헌법에 위배된다고 판결한 것이다(*Baehr v. Lewin*). 이 판결은 즉각적인 정치적 반응을 불러일으켰다. 하와이 주의회는 이성 간의 결혼만을 인정하도록 법을 개정했으며, 동성결혼에 반대하는 측에서는 주의회가 이성 간의 결혼만을 인정한 것을 정당화하기 위한 주헌법 개정을 추진하여 1998년 헌법개정안이 실제로 통과되었다. 그리고 1990년대 이후 각 주에서는 보수적인 종교단체들의 주도로 의회에 압박을 가하거나 주민들의 직접투표를 통해 동성 간의 결혼을 인정하지 않도록 법률이나 주헌법을 개정하려는 시도가 잇따랐다.[11]

11 예를 들어 1995년부터 1999년까지 5년 동안에만 30여 개 주에서 동성결혼을 금지하는 법률이 제정되었다. 2000년 이후에는 이에 더해 동성결혼을 허용하지 않도록 주헌법을 개정하려는 시도가 이어져서 2008년까지 역시 30여 개 주에서 헌법개정이 이루어졌다. 결과적으로 2013년 현재 법률을 통해서건 주헌법을 통해서건 동성결혼을 명시적으로 금지하는 주의 숫자는 총 35개에 달한다.

동성결혼 이슈가 전국적으로 불거지면서 기독교 근본주의자들과 보수적 단체들을 중심으로 반대의 목소리가 높아졌다. 특히 1996년 대통령선거를 앞둔 공화당은 사회적 보수주의자들(social conservatives)이 제기한 반-동성결혼 운동에 적극적으로 화답했다. 동성애자를 비롯한 성적 소수자들은 전통적으로 민주당 지지자였으며(Hertzog 1996), 특히 1992년 대통령선거의 경우 동성애자와 양성애자 유권자의 72%가 클린턴에 투표했다고 출구조사에서 응답했을 정도로 압도적인 지지를 보였다는 점에서, 동성결혼 이슈는 재선에 도전하는 클린턴을 극단주의자로 몰거나 혹은 주요 지지 세력으로부터 이반시킬 수 있는 호재였다. 결국 1996년 공화당 의원들의 주도로 결혼보호법(Defense of Marriage Act)이 압도적인 찬성으로 상·하원을 통과했다. 결혼보호법은 결혼이 이성 간의 법적 결합만을 의미한다고 규정했으며, 이에 따라 동성커플에 대해서는 연방정부 차원에서 기혼자에게 제공되는 각종 지원과 혜택을 금지했다. 물론 결혼보호법이 개별 주 차원에서 동성 간 결혼을 금지한 것은 아니었지만, 동시에 각 주로 하여금 다른 주에서 행해진 동성결혼을 존중하고 인정해야 할 의무를 지니지 않는다고 선언했다.[12] 또한 이후 부시 행정부하에서는 결혼이 이성 간의 결합만을 의미한다는 내용을 아예 연방헌법에 삽입하기 위한 헌법개정안(Federal Marriage Amendment)이 (대통령의 지지와 더불어) 지속적으로 상·하원에 발의되기도 했다.

동성결혼의 합법화를 저지하기 위한 연방정부 차원에서의 노력

12 미국헌법 제4조의 '충분한 신뢰와 신용(full faith and credit)' 조항에 따르면 각 주는 다른 주에서 행해진 행정적·사법적 조치를 존중하고 인정할 의무를 가진다. 이 조항에 따르면 설사 어떤 주가 자신의 관할권에서 동성결혼을 인정하지 않는다고 할지라도 (원칙적으로는) 동성결혼이 합법적으로 인정되는 주에서 결혼한 동성커플이 이주해 온다면 이들의 결혼을 인정해야만 한다.

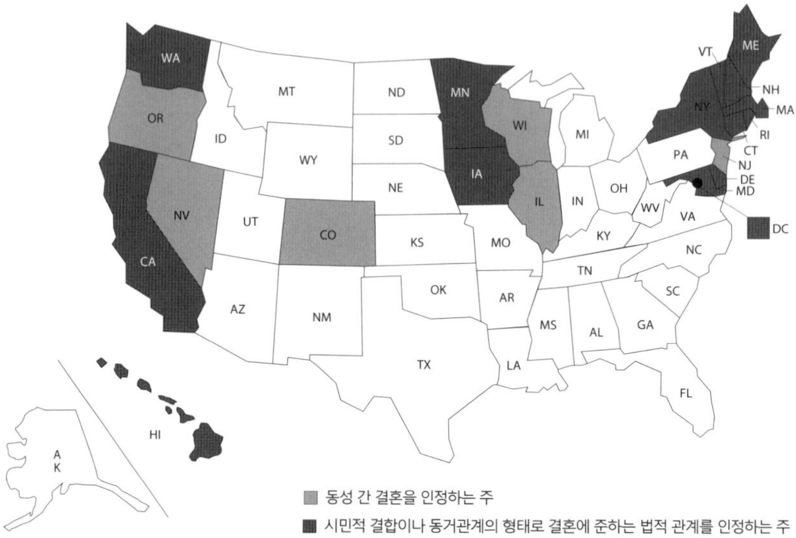

〈그림 5-3〉 동성결혼 합법화 현황(2013. 6. 26)

출처: National Gay and Lesbian Task Force.

에도 불구하고 주대법원의 판결이나 주의회의 입법을 통해 동성결혼을 법적·제도적으로 인정하는 주는 느리지만 지속적으로 증가했다. 1999년 캘리포니아 주[13]와 2000년 버몬트 주[14]에서 주의회의 입법을 통해 각기 동거관계(domestic partnership)와 시민적 결합(civil union)이라는 이름으로 결혼과 거의 동일한 혜택과 보호를 보장하는 법적 지위가 공식적으로 인정되었다. 또한 2003년 매사추세츠 주에서 주대

13 캘리포니아 주는 1999년 이후 지속적으로 동거관계에 수반되는 혜택과 보호를 확대해 나가던 중 2008년 주 대법원이 동성 간의 결혼을 인정하지 않는 것이 주헌법을 위배한다고 판결한 것을 계기로(*In re Marriage Cases*) 매사추세츠 주에 이어 두 번째로 동성결혼을 합법화했다. 그러나 2개월 후 동성결혼을 금지하는 헌법 개정안이 주민발의 8호(Proposition 8)를 통해 통과됨으로써 실질적인 효과는 발휘하지 못하다가 2010년 연방법원에 의해 주민발의 8호가 위헌이라는 판결이 내려진 이후 본격적으로 시행되었다.

14 버몬트 주는 2009년 새로운 입법을 통해 동성결혼을 합법화했다.

법원의 판결(*Goodridge v. Department of Public Health*)에 의해 동성결혼이 최초로 합법화되었다. 이후 동성결혼을 합법화하거나 동거관계와 시민적 결합의 형태로 동성커플에게 법적 지위를 부여하는 주가 점차 늘어나, 2013년 6월 현재 13개의 주와 워싱턴 D.C.에서 동성결혼이 합법화되었으며 추가로 6개의 주에서 동거관계나 시민적 결합을 법적으로 인정하고 있다(〈그림 5-3〉 참조). 그리고 2013년 6월 26일 연방대법원은 1996년에 제정된 결혼보호법이 위헌이라는 판결을 내렸다(*Hollingsworth v. Perry*).

4. 동성애 관련 이슈에 대한 여론의 변화

지난 40여 년 동안 미국사회에서 성적 소수자의 권리는 꾸준히 확대되어 왔으며, 이 과정에서 동성애자 단체와 활동가들의 헌신적인 노력이 중요한 역할을 했다는 점에는 의문의 여지가 없다. 그러나 이들의 노력이 보다 넓은 사회의 공감과 지지를 획득하고 입법이나 사법적 판결 과정에서 현실적인 성과를 거두는 데 있어 무엇보다 핵심적인 것은 일반 대중이 동성애와 동성애자에 대해 어떤 태도를 가지고 있는가라고 할 수 있다.

1970년대 이후 동성애자 운동이 본격적으로 전개되면서 성적 소수자의 권리와 관련한 다양한 쟁점에 대한 미국인들의 태도에도 상당한 변화가 발생하였다. 무엇보다도 눈에 띄는 것은 지난 40여 년 동안 동성애자와 그들의 권리에 대한 미국인들의 여론이 (응답자의 교육수준, 종교, 이념성향, 연령 등에 따른 편차에도 불구하고) 보다 관용적으로 변화했다는 점이다(Brewer 2003; Brewer and Wilcox 2005; Wilcox and Norrander 2002; Wilcox and Wolpert 2000). 물론 그렇다고 해서 미국사회에서 동성애와 동성애자에 대한 편견이 완전히 사라졌다고 할 수는 없다. 동성애 관련 이슈는 현실적인 이해관계가 충돌하는 정치적 쟁점의 성격과 함께 쉽게 변화하기 어려운 핵심적인 가치(core values)와 연관되는 도덕적 쟁점의 성격을 동시에 가지고 있으며, 따라서 많은 미국인들은 동성애자의 권리와 관련하여 양가적인(ambivalent) 태도를 보이고 있다(Craig *et al.* 2005).

〈그림 5-4〉는 동성애 이슈가 가지는 도덕적 쟁점으로서의 성격이 어떻게 변화해 왔는지 보여 준다. 그림에서 나타내고 있는 것은 동성 간 성관계, 혼외 성관계, 미성년자의 성관계, 낙태 등에 대해 각각의 행위가 도덕적으로 '항상 옳지 않다'고 대답한 미국인의 비율을 보여 준다.[15] 1970년대와 1980년대에 걸쳐 다른 어떤 행위보다도 동성애에 대한 도덕적 반감이 가장 높게 나타나서 70-80%에 달하는 미국인이 동성 간의 성관계는 도덕적으로 항상 옳지 않다고 응답했다. 그러나 1990년대 이후로는 이 비율이 지속적으로 하락하여 가장 최근의 2012년 조사에 따르면 동일한 응답이 약 46%에 그치는 것으로 나타났다. 특히 주목할 부분은 동성애에 대한 반감의 감소가 미국인의 도덕관념이 일반적으로 하락했기 때문에 나타난 것은 아니라는 점이다. 혼외 성관계가 도덕적으로 항상 옳지 않다는 응답의 비율은 1990년대 이후로도 지속적으로 상승하고 있으며, 10대 청소년의 성관계도 이에 대한 도덕적 반감이 최근까지도 비슷한 수준에서 유지되고 있다. 여성의 자유로운 낙태 허용을 반대하는 비율은 1990년대 이후 감소하고 있기는 하지만 동성애와 비교하여 그 하락폭이 현격

15 동성 간 성관계, 혼외 성관계, 미성년자의 성관계와는 달리 낙태의 경우 설문문항의 차이로 인해 "어떤 이유에서건 여성이 자유롭게 낙태를 선택할 수 있어야 한다"라는 진술에 반대하는 응답자의 비율을 보여 주고 있다.

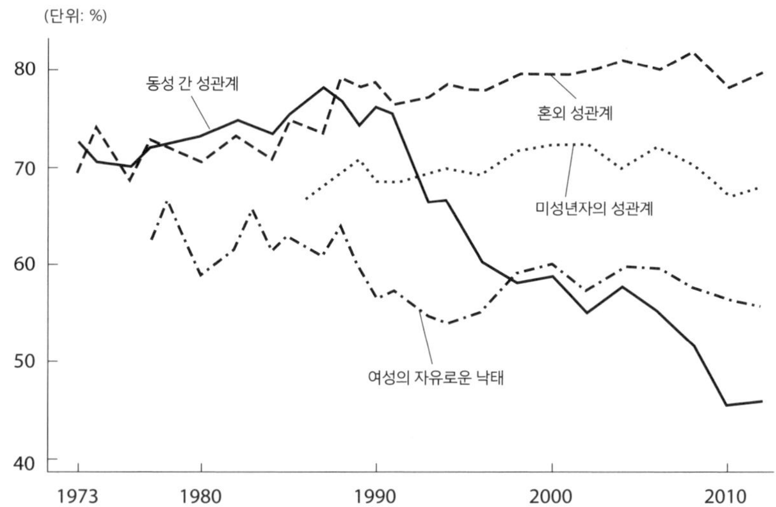

〈그림 5-4〉 동성애에 대한 미국인의 도덕적 반감 변화

자료: General Social Survey(1973-2012).

하게 미미한 것으로 나타났다. 결국 〈그림 5-4〉가 보여 주는 것은 미국인의 일반적인 도덕관념에 커다란 변화가 발생하지 않은 상황에서 유달리 동성애의 경우에는 1990년대 이후 도덕적 반감이 크게 감소했다는 사실이다.

동성애에 대해 미국인이 보이는 도덕적 반감의 감소는 동성애자에 대한 태도에서도 마찬가지로 확인된다. 〈그림 5-5〉는 동성애자를 비롯하여 미국인들이 흔히 부정적으로 인식하는 인구집단에 대한 호감도(feeling thermometer)의 변화를 보여 준다. 호감도는 해당 집단에 대해 매우 부정적인 태도를 의미하는 0부터 특별히 부정적이거나 긍정적이지 않은 50을 거쳐 매우 긍정적인 태도를 의미하는 100까지의 척도를 통해 측정되었다. 그림에서는 조사 연도별로 각 집단에 대한 응답자의 호감도 평균점수를 나타내고 있다. 조사 초기인 1980년대까지만 해도 동성애자는 다른 집단에 비해 현격하게 낮은 호감도를

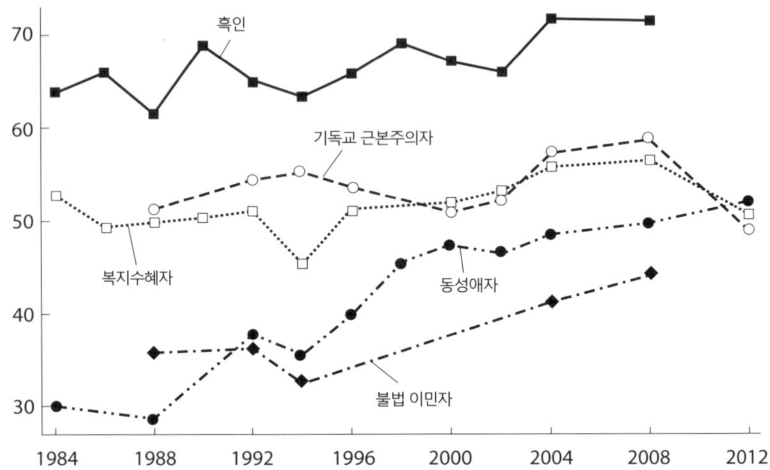

〈그림 5-5〉 동성애자에 대한 미국인의 호감도 변화

자료: American National Election Studies(1984-2012).

기록하고 있었지만, 동성애에 대한 반감과 마찬가지로 1990년대를 거치면서 동성애자에 대한 호감도 또한 지속적으로 상승하고 있다. 가장 최근의 조사인 2012년의 경우 미국인들이 평균적으로 동성애자에 대해 가지는 호감도는 복지수혜자(welfare recipients)나 기독교 근본주의자와 비슷한 수준에 도달하여 특별히 부정적이거나 긍정적이지 않은 중립적 태도에 가까운 수준에까지 이르렀다. 물론 2008년까지만 해도 동성애자들은 복지수혜자나 기독교 근본주의자에 비해 상당히 낮은 호감도를 기록했다는 점에서 2012년의 결과를 과대평가하기는 어렵겠지만, 그럼에도 불구하고 동성애자에 대한 호감도가 지속적으로 상승하는 추세인 것만은 분명해 보인다.

동성애에 대한 도덕적 반감이 감소하고 동성애자에 대한 호감도가 상승한 중요한 이유 중 하나로는 동성애에 대한 새로운 과학적 사실이 밝혀지면서 성적 지향이 후천적인 환경으로부터 습득된 것이 아니라 선천적으로 타고나는 것이라는 인식이 확산된 것을 들 수 있다(Wilcox and Norrander 2002). 갤럽의 여론조사에 따르면 1978년에는 응답자의 13%만이 동성애 성향이 선천적으로 타고나는 것이라고 응답한 반면 56%는 성장과정이나 주위 환경에 의해 후천적으로 동성애자가 될 수 있다고 응답했다. 반면에 2000년대 초반에 이르면 개인의 성적 지향은 선천적으로 타고나는 것이라고 응답한 비율이 40%를 넘어서기 시작해 동성애를 후천적으로 습득한 성향이라고 보는 응답과 거의 비슷한 수준에 이르는 것으로 조사되고 있다.[16] 그리고 이와 같이 동성애자가 선천적으로 그렇게 태어난 것이지 자신들의 의지로 선택한 것이 아니라고 생각하는 사람들이 늘어날수록 동성애에 대한 도덕적 반감이 하락하고 동성애자에 대한 호감도가 상승하는 한편, 나아가 동성애자의 권리와 관련된 다양한 정치적·사회적 이슈에 대한 태도 역시 관용적으로 바뀌어 가는 경향이 있다(Haider-Markel and Joslyn 2008).

〈그림 5-6〉은 동성애와 동성애자에 대한 도덕적 평가를 넘어서서 동성애자의 권리와 관련한 구체적인 이슈에 대한 미국인들의 입장이 어떻게 변화해 왔는지를 보여 준다. 그림에서 나타낸 것은 각각의 이슈에 대해 찬성 입장을 밝힌 미국인의 비율이다. 우선 눈에 띄는 것은 모든 이슈에 걸쳐 동성애자의 권리 확대를 지지하는 미국인의 비율이 1990년대 이래로 꾸준히 상승하고 있다는 점이다. 동성애자의 군복무 허용이나 동성애자 차별금지법 제정 등에 찬성하는 미국인의 비율은 1992년에는 절반을 약간 넘는 수준이었으나 20년 뒤인 2012년의 조사에서는 각각 85%와 74%에 달하는 것으로 조사되

16 http://www.gallup.com/poll/162569/americans-gay-lesbian-orientation-birth-factor.aspx 참조.

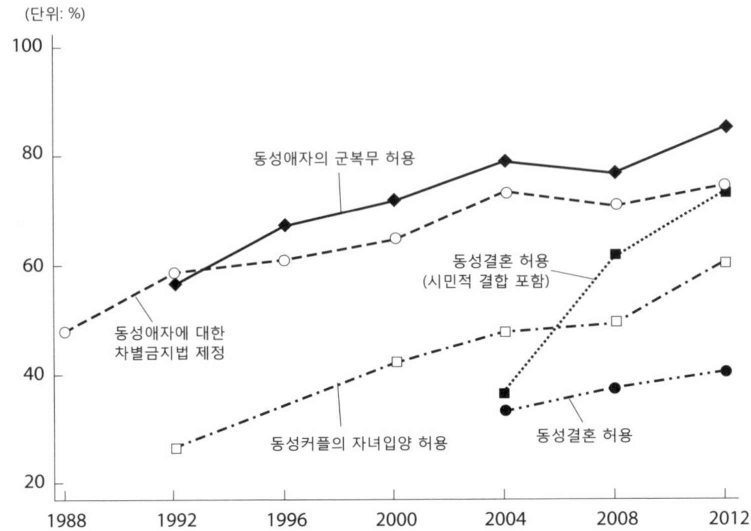

〈그림 5–6〉 동성애자의 권리에 대한 미국인의 태도 변화

자료: American National Election Studies(1988-2012).

었다. 물론 구체적인 이슈에 따라 동성애자의 권리 보장에 대해 미국인들이 찬성하는 비율에는 다소 편차가 존재한다. 예를 들어 동성결혼 이슈의 경우 동성결혼의 합법화에 찬성하는 비율이 2004년의 3명 중 1명꼴이었던 것이 2012년에도 40% 정도로 조사되어 그다지 크게 증가하지는 않았다. 그러나 결혼까지는 아니더라도 시민적 결합(civil union)이나 동거관계(domestic partnership)와 같이 결혼에 준하는 법적 지위를 부여하는 방안을 포함한다면 이에 찬성하는 비율이 2004년의 36%에서 2012년의 74%로 무려 40%포인트 가까이 늘어난 것으로 나타났다. 결과적으로 〈그림 5-6〉이 보여 주는 것은 앞에서 살펴본 바와 같이 동성애와 동성애자에 대한 반감이 감소하면서 동성애자의 권리를 보장하는 다양한 법적·제도적 조치에 대한 미국인들의 찬성 비율 또한 눈에 띄게 증가하고 있으며, 특히 동성결혼의 합법화와 관

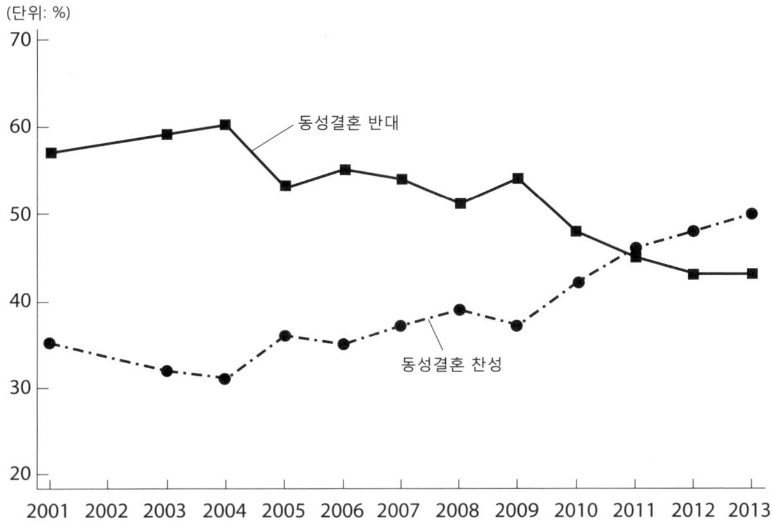

〈그림 5-7〉 동성결혼 이슈에 대한 미국인의 태도 변화

자료: Pew Research Center.

련해서는 상대적으로 짧은 기간 동안에도 상당히 급격한 변화가 관찰된다는 것이다.

〈그림 5-7〉은 최근 논란이 되고 있는 동성결혼 이슈와 관련하여 미국인들의 태도가 2000년대 동안 어떻게 변화해 왔는지를 보다 자세하게 보여 준다. 그림에 따르면 2001년에 동성결혼의 합법화에 찬성하는 미국인의 비율은 35%에 지나지 않은 반면에 반대하는 비율은 57%에 이르는 것으로 나타났다. 그러나 이러한 찬성과 반대의 격차는 2004년 이래로 지속적으로 감소하여, 2011년에 이르면 최초로 동성결혼의 합법화에 찬성하는 비율이 반대하는 비율을 앞지르게 된다. 2013년에 이르면 동성결혼의 합법화에 찬성하는 미국인의 비율이 절반을 넘어선 반면에 반대하는 비율은 43%까지 하락하였다. 물론 이러한 변화는 개개인의 정치적 성향에 따라 상당히 다르게 나타

난다. 예를 들어 최근 미국인 가운데 동성결혼의 합법화에 찬성하는 비율이 50%를 넘어서기는 했지만, 공화당을 지지하는 보수적인 응답자에 국한하여 살펴보면 그 비율은 33%에 그친 반면에 민주당을 지지하는 상대적으로 진보적인 응답자들 사이에서는 62%에 달하는 것으로 조사되었다.[17]

5. 결론: 동성애 관련 이슈와 미국의 민주주의

스톤월 폭동 이후 40여 년이 지나면서 미국사회에서 성적 소수자가 누리는 법적·제도적 권리가 크게 향상되었다. 가장 대표적으로는 미국 전역에서 소도미 법이 폐지됨에 따라 동성애자가 자신의 성적 지향이나 정체성으로 인해 형사적 처벌의 대상이 되는 경우는 더 이상 발생하지 않게 되었다. 80% 이상의 미국인들이 성적 지향이나 성적 정체성에 기반한 범죄를 증오범죄로 규정하는 주에서 살고 있으며, 성적 소수자에 대한 차별을 금지하는 법률이나 조례의 적용을 받는 미국인들의 비율 또한 절반을 넘어서고 있다. 동성결혼을 합법화하거나 동거관계나 시민적 결합의 형태로 결혼에 준하는 혜택과 보호를 제공하는 주도 더디지만 점차 늘어나고 있다.

지금까지 미국사회에서 성적 소수자의 권리가 지속적으로 향상

17 특히 흥미로운 부분은 개인적으로 동성결혼의 합법화에 대한 찬성 여부와는 별개로 동성결혼의 합법화가 불가피하다는 의견이 72%에 달한다는 점이다. 2013년 5월에 실시된 한 여론조사에 따르면 응답자의 51%가 동성결혼에 찬성했으며 42%가 반대 의견을 밝혔다. 그런데 동성결혼에 찬성하는 응답자의 85%가, 그리고 심지어 동성결혼에 반대하는 사람의 59%가 동성결혼 합법화는 불가피한 추세라고 응답했다(Pew Research Center, People & the Press, 2013. 6. 6).

될 수 있었던 가장 중요한 배경으로는 무엇보다도 동성애 관련 이슈에 대한 일반 대중의 여론이 긍정적인 방향으로 변화해 왔다는 점을 꼽을 수 있다. 어차피 동성애자를 비롯한 성적 소수자가 수적으로 미국사회의 주류를 이루는 것은 불가능하기 때문에 이들의 요구가 법적·제도적으로 받아들여지기 위해서는 일반 대중들로부터 얼마나 동의와 지지를 이끌어내는가 하는 점이 중요하게 작용할 수밖에 없다. 이러한 점에서 미국사회가 전반적으로 보수화된 1980년대에 성적 소수자의 권리를 보장하려는 시도가 눈에 띄게 위축되었으며, 1990년대 이후 동성애 및 동성애자들에 대한 도덕적·정서적 반감이 크게 하락하면서 다시 다양한 영역에서 성적 소수자의 권리를 보호하는 조치들이 이루어졌다는 사실은 쉽게 이해할 수 있다.

보다 구체적으로 성적 소수자의 권리 보장에서 여론이 가지는 중요성은 세 가지 측면에서 확인될 수 있다. 우선 첫 번째로 주 차원에서 유권자들이 동성애 관련 이슈에 대해 갖는 태도와 해당 주에서 동성애자의 법적·제도적 권리가 보장되는 정도 사이에는 밀접한 상관관계가 존재한다는 것이 경험적으로 확인되었다(Haider-Markel and Kaufman 2006; Lax and Philips 2009). 두 번째로 구체적인 이슈들 사이의 관계에 있어 차별 철폐나 증오범죄 규정 등과 같이 일반 대중들 사이에서도 높은 지지가 발견되는, 즉 다시 말해서 일반적인 도덕적 관념과 사회적 관습에 크게 위협적으로 인식되지 않는 이슈일수록 상대적으로 성적 소수자의 권리 보장이 보다 높은 수준으로 이루어져 왔다(Mucciaroni 2008). 그리고 마지막으로 반드시 동성애 관련 이슈에 대한 여론에만 국한하지 않더라도 보다 일반적으로 진보적인 성향이 강한 대도시 지역이라든지 민주당에 대한 지지가 높은 주와 같이 정치적 기회구조(political opportunity structure)가 성적 소수자의 요구에 보다 우호적인 곳일수록 이들의 권리가 보다 높은 수준으로 보장된다는 점도 확인되었다(Kane 2003; Soule 2004; Wald *et al.* 1996).

그러나 일반적인 차원에서 확인되는 여론의 영향력에도 불구하고, 실제로 미국사회에서 성적 소수자의 권리가 향상되어 온 과정을 자세히 살펴보면 여론의 추이가 항상 제도와 정책의 변화로 이어지지는 않았다는 사실 또한 알 수 있다(Mucciaroni 2008). 예를 들어 미국인의 압도적인 다수가 동성애자의 자유로운 군복무에 찬성하고 있지만 아직까지도 동성애자들은 자신의 성적 정체성이 (자발적으로든 비자발적으로든) 공개적으로 알려지는 즉시 강제전역의 위험에 처하고 있으며, 동성결혼의 현실적인 대안으로서 동거관계나 시민적 결합에 대한 미국인들의 지지가 상당히 높음에도 불구하고 이러한 제도가 현실화된 경우는 여전히 소수에 지나지 않는다. 거주와 취업에서의 차별 금지, 증오범죄 규정, 동성커플의 입양권(adoption rights) 보장 등 다른 동성애 관련 이슈에 대해서도 지역 유권자의 압도적 다수가 성적 소수자의 권리 보호를 지지하고 있음에도 불구하고 실제로 이러한 정책이 채택되지 않고 있는 경우 역시 쉽게 찾아볼 수 있다(Lax and Philips 2009).

이와 같이 여론과 정책 사이의 부조화(mismatch)가 발생하는 첫 번째 이유는 미국의 연방주의(federalism)에서 찾을 수 있다. 미국사회에서 성적 소수자의 권리를 보호하는 제도와 정책은 연방 수준보다는 주나 지방정부 수준에서 훨씬 앞서서 채택되어 왔다. 동성애자의 군복무 문제나 1996년의 결혼보호법에서도 알 수 있듯이 연방정부는 최근까지도 성적 소수자의 권리 보장에 상당히 소극적이었다. 1990년대 이후 많은 주정부와 지방정부가 성적 소수자의 권리를 지속적으로 확대해 온 것과는 달리 연방의회는 2009년에 와서야 성적 지향과 정체성에 기반한 범죄를 증오범죄로 규정하는 법률을 통과시켰으며, 연방정부 차원에서의 차별금지법은 여전히 의회를 통과하지 못하고 있다. 심지어 연방법원조차도 주법원에 비해 성적 소수자에게 불리한 판결을 내리는 경우가 훨씬 많았다(Pinello 2003). 반면에 주정부와 지방정부 수준의 정책결정과정의 경우에는 동성애자 단체들이나 이들의 요구에 공감하는 정치세력이 보다 쉽게 접근하고 영향력을 행사하는 것이 가능했다. 그리고 일단 진보적 성향이 강하고 교육수준이 높거나 동성애자가 많이 거주하는 지역을 중심으로 성적 소수자의 권리를 보호하는 제도가 채택되면, 이러한 정책적 성과는 주변의 다른 지역으로 쉽게 모방·전파되는 경향이 나타났다. 또한 주정부나 지방정부 수준에서의 정책결정과정은 전국적 차원에서 이슈의 중요성을 부각시키지 않은 채로 점진적인 변화를 이끌어낼 수 있다는 장점이 있다. 결국 동성애 관련 이슈에 대한 여론의 변화가 얼마나 실제 정책과 제도의 변화로 이어지는가는 해당 이슈에 대한 관할권이 연방에 속하는가, 아니면 주나 지방정부에 속하는가에 의해 상당히 좌우될 수 있다.

동성애 관련 이슈에 대한 여론과 실제 정책이 반드시 일치하지는 않는 두 번째 이유로는 미국의 정치과정에서 사법부가 가지는 영향력을 들 수 있다. 물론 사법부가 항상 성적 소수자의 권리에 우호적이었다고는 할 수 없다. 실제로 한 연구에 따르면 연방법원과 주법원을 통틀어서 동성애자들에게 유리한 사법적 판결을 내려진 경우는 절반 정도에 지나지 않는다(Pinello 2003). 그러나 사법부는 단순히 판결 수에서 드러나지 않는 핵심적인 역할을 중요한 순간마다 수행해왔다. 비록 대부분의 주에서 이미 소도미 법이 실질적으로 폐지된 이후이기는 했지만, 연방대법원의 2003년 판결(*Lawrence v. Texas*)은 보수적인 (따라서 자발적으로 폐지할 가능성이 낮은) 주에서도 일괄적으로 소도미 법을 무효화하는 결과를 가져왔다. 1996년의 연방대법원 판결(*Romer v. Evans*)은 주정부와 지방정부 수준에서 성적 소수자에 대한 차별을 철폐하는 정책을 직접민주주의 제도를 통해 되돌리려는 종교 단체와 보수적 유권자들의 시도에 제동을 가했다. 또한 1990년대 이후 하와이를 비롯한 몇몇 주대법원의 판결은 동성결혼 합법화를 정치적으로 의제화(agenda-setting)함으로써 유권자들의 관심을 환기시키고 이후 여론의 변화에 기여하기도 했다.

결론적으로 여러 가지 난관과 장애물에도 불구하고 미국사회에서 성적 소수자가 누리는 법적·제도적 권리는 지속적으로 확대되어 왔으며, 이러한 추세는 앞으로도 한동안 지속될 것이라고 예상된다. 무엇보다도 전체 유권자 중 동성애에 대해 상대적으로 우호적이고 실제로 성적 소수자의 권리가 확대되는 과정을 직접 목격하면서 성장한 젊은 층이 차지하는 비중은 지속적으로 커지고 있다. 또한 일반인들 중에서 실제로 동성애자들과 사회적 관계를 맺고 접촉해 본 경험이 있는 사람일수록 이들에 대해 우호적인 태도를 보인다. 따라서 성적 소수자의 권리가 점차 확산되는 과정 자체가 자신의 성적 지향과 정체성을 공개적으로 드러내는 성적 소수자의 숫자와 함께 일반인들로 하여금 이들과 사회적 관계를 형성할 수 있는 기회를 더욱 확대함으로써 동성애 관련 이슈에 대한 미국사회의 여론의 변화와 서로 상승작용을 일으킬 수 있을 것이다.

참고문헌

Brewer, Paul R. 2003. "The Shifting Foundations of Public Opinion about Gay Rights." *Journal of Politics* 65(4): 1208-1220.

Brewer, Paul R., and Clyde Wilcox. 2005. "The Polls: Same-Sex Marriage and Civil Unions." *Public Opinion Quarterly* 69(4): 599-616.

Button, James W., Barbara A. Rienzo, and Kenneth D. Wald. 2000. "The Politics of Gay Rights at the Local and State Level." In *The Politics of Gay Rights*, edited by Craig A. Rimmerman, Kenneth D. Wald, and Clyde Wilcox. Chicago: Chicago University Press.

Craig, Stephen C., Michael D. Martinez, James G. Kane, and Jason Gainous. 2005. "Core Values, Value Conflict, and Citizens' Ambivalence about Gay Rights." *Political Research Quarterly* 58(1): 5-17.

D'Emilio, John. 1983. *Sexual Politics, Sexual Communities: The Making of a Homosexual Minority in the United States, 1940-1970*. Chicago: University of Chicago Press.

D'Emilio, John. 2000. "Cycles of Change, Questions of Strategy: The Gay and Lesbian Movement After Fifty Years." In *The Politics of Gay Rights*, edited by Craig A. Rimmerman, Kenneth D. Wald, and Clyde Wilcox. Chicago: Chicago University Press.

Egan, Patrick J., and Kenneth Sherrill. 2005. "Marriage and the Shifting Priorities of a New Generation of Lesbians and Gays." *PS: Political Science and Politics* 38(2): 229-232.

Fetner, Tina. 2008. *How the Religious Right Shaped Lesbian and Gay Activism*. Minneapolis: University of Minnesota Press.

Haider-Markel, Donald P., and Mark R. Joslyn. 2008. "Beliefs About the Origins of Homosexuality and Support for Gay Rights." *Public Opinion Quarterly* 72(2): 291-310.

Haider-Markel, Donald P., and Matthew S. Kaufman. 2006. "Public Opinion and Policy Making in the Culture Wars: Is There a Connection Between Opinion and State Policy on Gay and Lesbian Issues?" In *Public Opinion in State Politics*, edited by Jeffrey E. Cohen. Stanford: Stanford University Press.

Haider-Markel, Donald P., and Kenneth J. Meier. 1996. "The Politics of Gay and Lesbian Rights: Expanding the Scope of the Conflict." *Journal of Politics* 58(2): 332-349.

Hertzog, Mark. 1996. *The Lavender Vote: Lesbians, Gay Men, and Bisexuals in American Electoral Politics*. New York: New York University Press.

Kane, Melinda D. 2003. "Social Movement Policy Success: Decriminalizing State Sodomy Laws, 1969-1998." *Mobilization: An International Journal* 8(3): 313-334.

Lax, Jeffrey R., and Justin H. Philips. 2009. "Gay Rights in the States: Public Opinion and Policy Responsiveness." *American Political Science Review* 103(3): 367-386.

Mucciaroni, Gary. 2008. *Same Sex, Different Politics: Success and Failure in the Struggles over Gay Rights*. Chicago: University of Chicago Press.

Nice, David C. 1988. "State Deregulation of Intimate Behavior." *Social Science Quarterly* 69(1): 203-211.

Pinello, Daniel R. 2003. *Gay Rights and American Law*. New York: Cambridge University Press.

Rimmerman, Craig A. 2000. "Beyond Political Mainstreaming: Reflections on Lesbian and Gay Organizations and the Grassroots." In *The Politics of Gay Rights*, edited by Craig A. Rimmerman, Kenneth D. Wald, and Clyde Wilcox. Chicago: Chicago University Press.

Schaffner, Brian, and Nertad Senic. 2006. "Rights or Benefits? Explaining the Sexual Identity Gap in American Political Behavior." *Political Research Quarterly* 59(1): 123-132.

Soule, Sarah A. 2004. "Going to the Chapel? Same-Sex Marriage Bans in the United States, 1973-2000." *Social Problems* 51(4): 453-477.

Wald, Kenneth D., James W. Button, and Barbara A. Rienzo. 1996. "The Politics of Gay Rights in American Communities: Explaining Antidiscrimination Ordinances and Policies." *American Journal of Political Science* 40(4): 1152-1178.

Wilcox, Clyde, and Barbara Norrander. 2002. "Of Moods and Morals: The Dynamics of Opinion on Abortion and Gay Rights." In *Understanding Public Opinion*, edited by Barbara Norrander, and Clyde Wilcox. 2nd ed. Washington, D.C.: Congressional Quarterly Press.

Wilcox, Clyde, and Robin Wolpert. 2000. "Gay Rights in the Public Sphere: Public Opinion on Gay and Lesbian Equality." In *The Politics of Gay Rights*, edited by Craig A. Rimmerman, Kenneth D. Wald, and Clyde Wilcox. Chicago: Chicago University Press.

6장

이민 이슈에 대한 여론과 행위자 간 갈등

정회옥

1. 서론

미국은 세계 최대 이민 유입국의 하나로, 영국 청교도의 이민을 시작으로 하여 현재 가장 많은 이민자를 받아들이고 있는 이민의 나라다. 현재 약 4천만 명 정도의 이민자가 미국 내에 거주하고 있으며 이는 전체 인구의 약 13%를 차지하는 수치다. 이민자 수는 지난 수년간 지속적인 증가세를 보였으며 이러한 인구통계학적 변화는 미국사회의 많은 부분에 지대한 영향을 미치고 있다. 특히 미국 내 정치과정에서 이민 이슈는 그 중요성이 증가하고 있다.

이러한 단편적인 사실만을 보더라도 이민 이슈가 미국정치에서 가지는 중요성과 잠재력을 엿볼 수 있다. 이민 이슈는 이제 선거 때마다 각 당의 후보들이 결코 무시할 수 없는 중요 이슈로 부상하고 있으며, 2008년과 2012년 오바마(Barack Obama)의 대통령 당선과 재선 성공에 이민 이슈와 히스패닉의 표심이 중요한 역할을 했다는 데에 많은 이들이 동의하고 있다.

미국정치에서 이민 이슈는 다양한 행위자 간의 역학관계가 극명하게 드러나는 이슈 중의 하나다. 언뜻 보기에는 이민 찬성 그룹과 이민 반대 그룹으로 나누어져 찬반 논란이 계속되고 있는 단순한 이슈처럼 생각되기 쉽지만 실상은 미국 내 어떤 이슈보다도 복합적인 양상을 보이고 있다. 따라서 이민정치 현상에 대한 다차원적인 분석을 통해 미국 내 이민 이슈에 대한 보다 정확한 이해가 필요하다.

이에 본 연구는 이민 이슈를 여러 측면에서 살펴보고자 한다. 이민 이슈의 다차원성을 살펴보기 위한 분석틀로는 아래의 두 가지를 사용할 것이다. 첫째는, 여론이 이민 이슈에 어떠한 영향력을 끼쳤는지 검토할 것이다. 미국 내 이민과 관련한 일반 유권자들의 관심도는 최근 들어서 어느 때보다도 높아졌다. 특히 이민에 반대하는 유권자들의 반이민 정서에는 미국의 고유한 가치인 공화주의와 자문화중심주의가 녹아들어 있어 쉽사리 해결되기 어려울 수 있다는 전망이다. 일반 유권자들이 이민 이슈에 대해 어떻게 반응하는지를 살펴봄으로써 이민 문제에 대한 미국 유권자들의 갈등 정도와 갈등 내용이 무엇인지를 구체적으로 검토할 것이다.

두 번째 분석틀은 이민 이슈와 관련 있는 다양한 행위자 차원의 분석이다. 이민정치는 다양한 집단이 이해관계를 갖고 있어 복잡한 양상을 보이고 있다. 그 예를 들면 첫째는 정당 간의 대결이다. 2012년 대통령 선거에서 민주당과 공화당은 이민 이슈를 두고 대립했다. 오바마 대통령과 공화당의 롬니(Mitt Romney) 후보는 히스패닉을 비롯한 이민자 표심 잡기에 적극적으로 나섰으나 그들의 이민정책은 정반대였다. 오바마는 대선을 얼마 남겨 두지 않은 시점에서 추방유예정책을 전격 단행한 데 이어 드림법안을 포함한 포괄이민개혁법안의 재추진을 공약으로 내걸었다. 반면 롬니 후보는 사면 반대, 자진추방, 합법이민 개선책으로 맞대응하였다. 오바마는 선거에 승리함으로써 재선에 성공하게 되었는데, 이 과정에 이민 이슈가 적지 않은 역할을 한 것으로 평가된다. 오바마 대통령은 히스패닉의 경우 71%, 아시아계의 경우 72%로 사실상 몰표를 받은 것이 재선의 결정적인 동인이 되었다(이정진 2012). 이민 이슈를 둘러싼 행위자 간 갈등의 두 번째 측면은 연방정부와 주정부 간의 대립이다. 최근 미국 내 이민정책을 논의할 때 빼놓을 수 없는 것은 연방정부가 이민법 개혁에 실패하자 이를 빌미로 주정부가 이민자에 관한 입법 활동을 공세적으로 펼쳤다는 사실이다. 이민 문제가 더 이상 연방정부의 전유물이 아니라는 인식이 팽배하면서 이를 정치적으로 활용하려는 주정부의 행보가 빨라졌으며(이소영·이옥연 2011), 이민자를 대상으로 하는 주의회의 입법 활동 성공률이 폭증한 바 있다. 세 번째로 살펴볼 행위자 간 갈등의 측면은 이민자의 대다수가 속한 히스패닉 집단 내의 갈등이다. 일반적으로 히스패닉은 친이민 성향을 가지는 것으로 알려져 있다. 그러나 최근 들어 히스패닉 집단 내에서도 이민 문제에 대해 보수적인 입장을 견지하는 사람들이 늘고 있다. 따라서 이 연구에서는 사회경제적 지위, 동화(acculturation), 출신국가에 따라 이민 이슈에 대한 입장이 분열되는 히스패닉의 집단 내 갈등을 살펴볼 것이다.

요컨대, 여론과 행위자의 다양성이라는 두 가지 분석틀을 통해 본 연구는 미국 내 이민 이슈가 가지는 역동성과 다차원성을 강조하고 분석 결과에 대한 해석을 통해 이민 이슈가 미국의 정치과정에서 갖는 함의를 도출해 내고자 한다.

2. 이민 이슈에 대한 여론과 반이민 정서의 특징

1) 이민 이슈에 대한 여론

이민정책이 개선될 필요가 있다는 데는 많은 미국 시민들이 동의한다. 퓨 리서치 센터(Pew Research Center)의 여론조사 결과[1]에 따르면 35%의 응답자가 현 이민정책이 완전히 개편될 필요가 있다고 응답했으며, 39%는 큰 변화가 필요하다는 데 동의하였다. 21%는 작은 변화만이 필요하다고 하였으며 나머지 4%는 모른다고 응답하였다. 이러한 결과는 이민 문제에 대해 미국인 10명 중 약 7명이 변화의 필요성에 동의하고 있다는 것으로, 앞으로 이민 이슈가 미국의 정치과정에서 적지 않은 영향력을 행사할 것을 암시한다. 이는 다른 이슈들과 비교했을 때 더욱 명확히 드러난다. 〈그림 6-1〉은 미국 시민들을 대상으로 여러 정책 중 개혁이 가장 필요한 정책이 무엇인지를 조사한 결과이다. 이민정책은 조세, 교육, 건강보험, 노인의료(메디케어), 사회보장시스템과 국토안보를 제치고 가장 많은 응답자들이 전면적인 개혁이 필요한 이슈라고 응답하였다.

그러나 이러한 결과는 이민정책이 어떠한 방향으로 나아가야 할지에 대해서도 많은 미국 시민들이 의견 일치를 본 것으로 오해되어서는 안 된다. 현재 미국의 이민정책이 난항을 겪고 있는 이유는 이민정책의 방향성을 두고 여론이 극명하게 갈리고 있기 때문이다.[2] 예

1 http://www.people-press.org/2013/05/09/most-say-immigration-policy-needs-big-changes/ 참조.

2 이민정책의 방향성을 두고 상반되는 여론의 흐름에 대한 내용은 졸저(정회옥 2013)에 담긴 내용의 일부를 수정하여 재인용하였다. 다른 여론조사 결과를 찾아봤으나 보다 적절한 것을 찾기 어려웠으며 또한 이민정책의 방향성에 대한 가장 최신의 여론조사 결과 중 하나였기 때문이다.

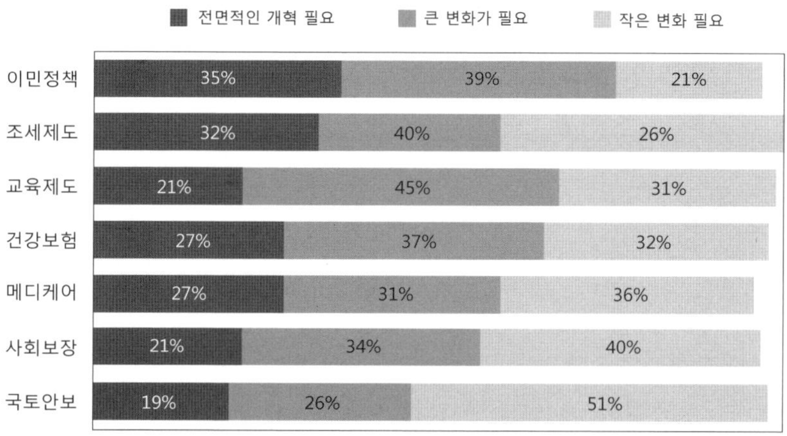

〈그림 6-1〉 개혁이 가장 필요한 정책에 대한 여론

출처: Pew Research Center (2013. 5. 1–5).

를 들어, 최근의 여론조사 결과[3]에 따르면 73%가 현재 미국에 체류하고 있는 불법 이민자들 중 일정한 조건을 충족시키는 경우에는 미국에서 계속 살 수 있도록 방안을 마련해야 한다는 데 동의했다. 그러나 44%는 이들이 시민권을 취득할 수 있도록 해야 한다고 응답했고, 나머지 25%는 시민권을 부여하는 데는 반대하고 오직 영주권만 취득하도록 해야 한다고 응답했다.

불법 이민 문제에 대한 해결책을 두고도 미국 시민들 사이에 갈등이 존재한다. 불법 이민 문제에 대한 해결책으로는 국경 경비를 더욱 철저히 하는 방안과 미국 내 체류하고 있는 불법 이민자들에게 시민권을 주는 두 가지 방안이 대립하였다. 여론조사 결과에 따르면,[4]

3 http://www.people-press.org/files/legacy-pdf/5-9-13%20Immigration%20Release.pdf 참조.

4 Pew Hispanic Center, 2011 National Survey of Latinos: Pew Research Center for the People & the Press, November 2011.

미국의 일반 시민 중 24%만이 미국 내 불법 이민자들에게 시민권을 주는 방안을 선호하는 반면, 히스패닉은 그 2배인 42%가 이 방안을 선호해 불법 이민 문제에 대한 명확한 온도차를 보여 주었다. 한편으로는 일반 시민과 히스패닉 사이에 공통점도 찾아볼 수 있는데, 46%의 히스패닉과 43%의 일반 시민들이 국경 경비 강화와 시민권 부여라는 두 방안에 똑같이 우선권을 두어야 한다고 응답했다는 점이다.

합법 이민 문제에 대해서도 여론은 갈라진다. 합법 이민자를 더욱 받아들여야 한다는 의견은 25%, 합법 이민자 수를 줄어야 한다는 의견은 36%, 현 수준에 만족한다는 응답은 31%로 나타났다.

요컨대, 이민 이슈에 대한 일반 여론을 종합하자면 개혁의 필요성에 대해서는 다수가 동의하나 어떠한 식으로 개혁이 이루어져야 하는지에 대해서는 합의가 이루어지지 않은 상황이라고 할 수 있다. 이민 문제를 어떠한 식으로 풀어나가야 하는지에 대해서는 불법 이민의 문제뿐만 아니라 합법 이민의 문제에서도 양분되는 양상을 보이고 있다.

2) 반이민 정서의 특징

미국 내 이민에 반대하는 반이민 정서는 과연 어떤 특징을 갖고 있을까? 여기에서는 미국 내 반이민 정서의 특징에 대해 선행연구를 중심으로 살펴보고자 한다.[5] 이를 통해 이민에 반대하는 여론이 근본적으로 의미하는 것은 무엇인지를 검토할 것이다.

많은 연구들은 교육과 소득소준 등 개인적 요소가 반이민 정서 형성에 미치는 영향력에 대해 강조한다(Alvarez and Butterfield 2000;

5 이와 관련된 논의 중 일부는 윤종빈·정회옥(2013)에서 수정·재인용하였다.

Case *et al*. 1989; Espenshade and Calhoun 1993; Starr and Roberts 1982). 교육은 이민자에 대해 보다 관용적인 태도를 갖게 할 수 있다. 높은 교육수준은 개인들로 하여금 자신들의 미래에 대해 보다 자신감을 가지게 하고 양질의 교육 과정을 통해 타 집단에 대한 관용의 태도를 학습할 수 있게 하기 때문이다(Hernes and Knudsen 1992; Hainmueller and Hiscox 2007; McClosky and Brill 1983). 소득수준도 이민자에 대한 태도에 영향을 미칠 수 있다. 경제이익이론을 바탕으로 한 일련의 연구들(Alvarez and Butterfield 2000; Case *et al*. 1989; Espenshade and Calhoun 1993; Starr and Roberts 1982)에 따르면 이민자에 대한 개인의 태도는 개인의 물질적·경제적 이익에 대한 계산을 반영한다고 한다. 즉, 물질적 자원과 관련하여 개인의 객관적 경제상황과 그에 대한 주관적 평가에 의해 이민자를 위협요소로 간주할 수 있다는 것이다. 따라서 이민자에 대한 배타적인 태도는 물질적 자원에 대해 내국인과 이민자 간의 경쟁이 치열하다고 인식할수록 더욱 강화될 수 있다는 설명이다.

사회경제적인 요인도 중요하지만 이 연구에서는 반이민 정서의 보다 근원적이고 심리적인 측면에 대한 검토를 통해 이민 이슈를 둘러싼 일반 시민들의 갈등의 근원을 찾고자 한다. 이에 일반 시민들이 갖고 있는 자신의 국가에 대한 정체성이 이민에 대한 반대 의견의 형성과 관련이 있음을 강조하고자 한다. 이러한 주장은 상징정치이론(symbolic politics theory)에 기반을 둔 것이다. 상징정치이론에 따르면 특정 이슈에 대한 견해를 형성하는 데 있어 가치관이나 정체성 같은 추상적 신념의 영향력이 크다고 한다. 즉, 이 이론을 이민에 대한 개인의 태도를 설명하는 데 적용하자면 이민에 대한 태도 형성에 개인의 가치와 정체성이 중요한 역할을 한다는 것이다. 개인은 자신이 속한 집단을 긍정적으로 평가하고자 하는 욕구가 있는데, 이는 자신이 속하지 않은 다른 집단과의 비교를 통해 이루어진다. 또한 타 집단과의 비교를 통해 자신이 속하지 않은 집단은 실제보다 더욱 부정적으로 평가하는 경향이 있다는 것이다. 요컨대, 개인은 자신이 속해 있는 집단의 특정한 정치적 상징물에 대해 호의적 반응을 장기간에 걸쳐 습득하게 되며 호의적 반응을 계속해서 경험함으로써 특정한 성향을 습득하게 되는 것이며, 이 성향이 개인의 정치 태도와 행태에 적지 않은 영향을 준다는 것이 상징정치이론의 핵심이다. 본 연구는 개인이 습득한 성향 중에서도 미국인으로서의 국가정체성에 주목한다. 왜냐하면 이민에 대한 문제는 기본적으로 나의 '나라'에 살고 있는 '다른 집단'에 관한 문제이기 때문이다. 즉, 이민 이슈는 자신이 속한 국가에 대해 개인이 어떠한 태도를 갖고 있느냐의 문제와 밀접한 연관이 있을 것이다.

이 연구에서는 미국인으로서의 국가정체성 중에서도 특히 자문화중심주의(ethnoculturalism)와 시민공화주의(civic republicanism)가 반이민 정서의 중요한 특징일 것으로 본다. 첫째, 자문화중심주의는 미국 국가정체성의 근간이 되어 왔는데, 이는 정통 미국인을 '북유럽계 조상을 가진 백인으로 영어를 모국어로 하는 기독교인'이라고 한정짓는 특징을 갖는다. 인종차별적이라는 비판을 받기도 했지만 현대에 이르기까지 적지 않은 미국인의 정서에 남아 있다. 자문화중심주의적 주장의 예를 들자면, 헌팅턴(Samuel Huntington)이 있다. 그는 *Who Are We? The Challenges to America's National Identity*(2004)라는 책에서 미국은 앵글로·색슨이 중심이 된 사회이며 미국의 자문화중심주의적인 정체성이 라틴 아메리카로부터의 대규모 이민에 의해 위협당하고 있다고 주장하였다. 그에 따르면 히스패닉 이민자들은 미국의 중요한 가치와 관습을 습득하려고 하는 시도조차 하지 않는다는 것이다. 헌팅턴의 주장은 미국사회에 적지 않은 반향을 일으켰으며 반이민 정서의 중심에 자문화중심주의적인 미국인들의 정체성 인식이 반영되어 있음을 보여 준 사례이다.

자문화중심주의가 전통적으로 이민을 반대하고 이민자를 적대시하는 미국인들의 정서에서 발견되었다면 근래에 들어서는 시민공화주의적 정체성도 반이민 정서의 한 축을 이루고 있다. 시민공화주의는 자문화중심주의와 함께 전통적인 미국의 국가정체성의 한 형태이다. 시민공화주의적 정체성은 시민으로서의 책임감을 중시하며 정치과정에 참여하고 공동체의 존속을 위해 노력하는 것을 강조하며, 미국을 책임감 있는 시민들로 구성된 성숙한 민주주의 체제로 상정한다. 최근 들어서 반이민 정서 안에 이러한 시민공화주의적 정체성이 녹아들어간 것 같은 모습을 보이는데, 반이민 성향의 미국인들이 이민자들은 시민으로서의 책무를 다하지 않고 민주주의적인 성향을 가지고 있지 않다고 비판하며 반이민 정서에 합리성을 부여하기 시작했기 때문이다. 즉, 이민자에 대한 배타성을 공공의 이익이라는 이름하에 적절히 위장하는 방편으로서 시민공화주의적 정체성이 이용되고 있다는 것이다.[6] 요컨대, 현대에 와서 미국 내 반이민 정서는 전통적인 자문화중심주의에 더해서 시민공화주의적 정체성의 형태도 동시에 표출되는 복합적인 형태를 띠며 변모하고 있다.

6 이와 관련해 쉴드크라우트(De J. Schidkraut)의 상징적 인종차별주의와 반이민 정서를 비교하는 논의가 흥미롭다. 쉴드크라우트에 따르면 상징적 인종차별주의는 과거의 흑인에 대한 무차별적인 혐오감에 현대의 자유주의적인 시각이 더해져 흑인들은 미국의 전통적인 자유주의적 가치에 반하는 생활양식을 가지고 있어서 차별받을 만하다는 인식으로 변모하였는데, 이와 유사한 변화과정을 최근의 반이민 정서가 보이고 있다고 한다.

3. 이민 이슈와 다양한 행위자들[7]

1) 민주당과 공화당 간 갈등

민주당과 공화당은 이민 이슈를 둘러싼 주요 행위자 가운데 하나로서 일반적으로 민주당은 친이민 성향을, 공화당은 반이민 성향을 보여 왔다(유성진 외 2007). 민주당 오바마 대통령은 2008년 대선에서 히스패닉으로부터 67%, 아시아계로부터 62%라는 높은 득표율을 기록해 대통령 당선에 결정적인 도움을 받은 바 있다. 히스패닉의 압도적 지지는 민주당이 내건 이민정책이 히스패닉이 다수인 미국 이민자들의 표심을 자극했기 때문이다.

오바마 행정부의 대표적인 이민 법안인 드림법안(Development, Relief and Education for Alien Minors Act)이다. 이 법안은 미국에서 자랐지만 불법 체류자인 부모 때문에 불법 체류 신분이 된 학생들을 구제하는 내용을 담고 있다. 불법 이민자들의 자녀 약 210만 명에 대해 교육을 통한 계층 간의 지위 향상 및 군복무를 의무화하면서 미국사회에 동참시키고자 하는 프로젝트이다. 드림법안은 2001년에 처음 상정된 후 여러 포괄적 이민개혁 법안에 포함되었다가 2009년과 2010년에 개별적으로 다시 상정된 바 있으나 번번이 의회 내에서 합의에 실패하여 통과하지 못한 바 있다. 민주당은 부모들의 선택 때문에 불법 체류하게 됐지만 미국밖에 모르는 청소년들에게 미국에 기여할 기회를 주어야 하고 드림법안으로 불법 체류 청소년들을 구제

---

7 민주당과 공화당 간 갈등, 그리고 연방정부와 주정부 간의 갈등 중 일부 내용은 졸저(정회옥 2013)에서 재인용한 것임을 밝혀 두고자 한다. 본 절에서는 졸저(정회옥 2013)가 출판된 후 발생한 갈등의 양상을 추가해서 기술하고자 하였으며, 특히 히스패닉 집단 내의 갈등은 이민 이슈를 둘러싼 다양한 행위자 간의 갈등 양상 중 하나로서 이 연구에서 새롭게 주목하고자 한 부분이다.

해 주면 이들이 미국경제에 기여하게 되어 10년간 22억 달러의 연방 적자를 줄여주고 미군과 국방안보까지 강화시켜 줄 것이라고 주장하였다. 반면 공화당은 불법 이민 학생들을 구제할 경우, 미국인들의 일자리를 빼앗고 미국 학생들의 입학률에도 타격을 줄 수 있다면서 반대하고 있다(정회옥 2013).

또한 민주당은 2012년 6월 대선을 얼마 남겨두지 않고 전격적으로 불법 체류 청소년 추방 유예 조치(Deferred Action for Childhood Arrivals)를 단행하여 친이민 입장을 다시 한 번 확인하게 하였다. 추방 유예 조치는 불법체류 신분으로 미국에서 자라난 청소년과 학생 등 30세 이하의 이민자에 대한 추방조치를 중단하고 이들에게 임시 체류 신분과 함께 합법 취업을 허용하는 파격적인 내용을 담고 있다. 이에 따라 총 80여만 명으로 추산되는 불법 체류 가정 출신 젊은이들이 추방의 공포에서 벗어날 수 있게 되었다.

한편 전통적으로 공화당은 이민 문제에 있어 강경한 반대 입장을 고수해 왔다. 2012년 대통령 선거에서 공화당 경선 후보들이 제안한 이민 관련 공약을 살펴보면, 대부분의 후보들이 불법 이민 문제의 해결책으로 국경안전과 불법 고용 단속이 우선시되어야 한다는 입장을 고수하며 민주당이 제안한 드림법안과 같은 전향적인 이민정책에 대해서 반대를 표명했다.

경선에서 승리하여 공화당 대통령 후보로 오바마와 경쟁한 롬니의 경우 이민 관련 공약을 오랫동안 내놓지 않아 아예 이민 문제에 관심이 없다는 인상을 주기도 했다. 나중에 롬니가 제시한 이민 공약의 핵심은 불법 이민자에게 합법적 신분을 부여하는 사면에는 단호히 반대한다는 것이었다. 그는 불법 체류 청소년 구제법안인 드림법안에 대해서도 대학생들은 포함되어서는 안 되고 미군에 입대하는 경우에 한해 합법 신분을 부여하자고 제안했다. 또한 불법 체류 청소년들이 학비 혜택을 받는 것에 대해서도 반대한다는 입장을 표명했다. 이에 더해 롬니는 불법 이민자들이 미국 내에서 취업할 수 없도록 제도적인 걸림돌을 만들어 놓아 결국 견디지 못하고 스스로 출신국으로 돌아가게 만든다는 '자진추방(self-deportation)' 정책을 내놓기도 해 민주당과는 대조를 이루었다(정회옥 2013).

이와 같이 민주당과 공화당은 이민 이슈를 둘러싸고 아직 합의점을 찾지 못하고 있다. 오바마 2기 행정부가 출범한 후 민주당과 공화당은 양측의 주장을 최대한 수용하는 포괄적 이민개혁 법안을 제정하기 위해 노력을 기울이고 있다. 8명의 양당 상원의원들(Gang of Eight)은 불법 이민자가 범죄기록이 없고 일정한 조건을 갖춘 경우 장기적으로 시민권을 취득하는 길을 열어주고, 불법 체류자 고용을 근절하기 위한 신원조회 프로그램을 도입하며, 국경통제를 강화하는 방향의 이민개혁안을 제시한 바 있다. 그 결과물이 '국경안보, 경제적 기회, 그리고 이민 현대화 법(Border Security, Economic Opportunity, and Immigration Modernization Act)'[8]이다. 2013년 6월 27일 미국 상원은 전체 회의에서 이민법 개혁안을 표결에 부쳤고, 찬성 68표와 반대 32표로 가결하였다. 민주당 측은 54명 모두 찬성표를 던졌고 공화

---

8 이 법안의 주된 내용은 국경통제 강화, 이민자 및 비이민자 비자 시스템 개혁, 이민자 신원조회 시스템 도입이다. 첫째, 국경통제를 강화하기 위해 국토안보부(Department of Homeland Security)는 460만 달러의 예산으로 감시 시스템을 도입하고 장벽 설치와 무인정찰기를 활용하는 방안을 담고 있다. 또한 국경통제를 시민권 획득 조치와 연결시켜, 불법 월경자의 90%가 붙잡히거나 추방될 정도로 국경통제가 강화되었을 시 불법 이민자들이 13년에 걸쳐 시민권을 획득하는 절차를 밟을 수 있도록 하였다. 둘째, 비자 시스템을 개혁하여 벌금과 신청비용을 납부하고 신원조회를 통과한 불법 이민자들에게 '임시등록이민자' 지위를 부여하고 단계적으로 이들을 합법화하는 방안을 담고 있다. 또한 고학력 전문직에 대한 기업들의 요구를 반영하기 위해 고숙련 인력에 대한 비이민자 비자 쿼터를 6만 5,000개에서 18만 개로 대폭 늘렸다. 셋째, 이민자 신원조회 시스템으로서 E-Verify 시스템을 5년간 단계적으로 도입해 전 사업장으로 확대한다는 내용을 담고 있다.

당 의원 14명도 뜻을 모았다. 그러나 공화당이 장악하고 있는 하원에서 이 법안을 통과시킬 것인가는 차치하고 이 법안이 상정될지 여부도 불투명한 상태여서 미국의 이민개혁은 여전히 험난한 노정 위에 놓여 있다.

2) 연방정부와 주정부 간 갈등

이민 이슈를 둘러싼 또 하나의 중요한 행위자는 바로 연방정부와 주정부이다. 최근 이민 문제를 둘러싸고 이들 간의 갈등이 심화되고 있는데, 연방정부가 이민법 개혁에 계속해서 실패하자 이를 빌미로 주정부가 이민자 관련 입법 활동을 공세적으로 펼치고 있기 때문이다(이소영·이옥연 2011). 예를 들어, 최근 미국 이민 역사상 가장 광범위하고 강경한 이민법으로 일컬어지는 애리조나 주정부가 제정한 이민법은 연방정부의 미진한 이민개혁에 대한 주정부의 강한 반발의 결과라고 할 수 있다. 애리조나 주정부는 2013년 4월 23일 'The Support Our Law Enforcement and Safe Neighborhoods Act(약칭 Arizona SB 1070)'를 통과시켰는데, 그 주요 내용은 다음과 같다.

- 지역경찰은 공무집행 중 어느 때라도 이민 신분을 확인할 수 있다.
- 이민 서류를 가지고 다니지 않는 것은 불법행위로 간주되며, 경찰이 이민자로 추정되는 시민에게 증빙서류 제출을 요구하고 만약 이 요구에 불응할 경우 체포 및 구금할 수 있다.
- 지역경찰은 영장 없이 불법 체류자로 의심되는 사람을 체포할 수 있다.
- 불법 체류자가 구직을 시도하는 것은 불법이다.

• 불법 체류자를 돕는 행위는 불법이다.

애리조나 SB 1070은 인종차별의 단초가 된다는 거센 비판과 함께 미국 내뿐만 아니라 국제적으로도 큰 논란을 야기하였다. 또한 애리조나의 뒤를 이어 다른 주들이 잇따라 반이민법을 제정하도록 촉발함으로써 이민 이슈를 둘러싼 연방정부와 주정부 간의 힘겨루기를 격화시켰다.

불법 이민자에게 시민권을 부여하는 문제는 연방정부의 관할이지만 국가 간 출입국관리와 국경통제로서의 이민 문제는 연방정부와 주정부 간 권한 공유 영역이기 때문에 연방정부와 지방정부 간의 갈등이 빚어진다(이소영·이옥연 2011). 헌법의 최고성 구절에 의거해 이민 문제에서 연방정부가 우위를 점하지만 집행권한에 있어 권한 분산이 반드시 분업을 의미하지는 않기 때문이다(이소영·이옥연 2011). 즉 원론적으로는 연방정부가 우위를 선점하지만 실질적으로 주정부가 권한 공유를 정치적으로 활용할 여지가 발생할 수밖에 없는 것이다(이소영·이옥연 2011).

공화당은 이민규제의 연장선에서 주정부가 시민권을 규정할 권한을 가진다고 주장하면서 그에 따른 입법절차를 제안하였고 이는 민주당과 충돌할 수밖에 없었다. 따라서 이민 이슈를 둘러싼 갈등은 각 주의 이민정책이 민주당 지지 성향이 강한 '블루 주(북동부 및 서부 해안 지역)'냐 아니면 공화당 우세 지역인 '레드 주(남부와 서부 내륙 지역)'냐에 따라 명확하게 달라진다. 친이민 주로는 메릴랜드, 뉴욕, 일리노이, 매사추세츠, 캘리포니아 등이 있으며,[9] 반이민 주로는 앨라배마,

9 친이민 성향의 주들이 제시한 이민정책은 불법 체류 청소년도 주 내부의 고등학교를 일정 기간 이상 다니고 졸업한 후 커뮤니티 칼리지에 진학하면 거주민 학비(In-state

조지아, 애리조나, 사우스캐롤라이나 등이 있다.

최근 주정부 차원의 이민정책을 둘러싼 법정 투쟁도 빈번하게 발생하였다. 조지아 주의 초강경 이민법(HB87) 가운데 두 가지 핵심 조치가 연방법원의 제동으로 발효 중지된 것이 한 예이다. 조지아 주는 지역경찰이 범죄용의자의 체류신분을 확인해 체포할 수 있도록 허용하고 불법 체류자를 숨기거나 이동시켜 주는 사람을 처벌하는 내용의 법을 통과시켰는데, 연방법원은 지역경찰이 이민정책과 관련된 법 집행을 연방정부에게 맡겨야 한다면서 지역경찰의 이민단속은 연방권한을 침해할 위헌의 소지가 있으므로 발효를 중지하라는 명령을 내린 바 있다. 이에 대해 네이든 딜(Nathan Deal) 조지아 주지사가 항소할 뜻을 밝혀 법정공방이 계속되었다. 반이민법인 애리조나 SB 1070도 2010년 7월 29일 시행될 예정이었으나 시행 하루 전날 연방항소법원이 핵심조항의 이행을 제어하는 판결을 내렸으며, 2012년 6월 연방 대법원은 법의 핵심조항들이 연방 헌법의 최고성 구절에 위배된다는 판결을 내렸다. 유사한 법정 싸움이 앨라배마에서도 발생하여 통과된 반이민법이 실제로 시행되지는 못하고 있다. 이민 이슈를 둘러싼 이러한 법적 갈등은 미국 내 이민 이슈가 연방정부 대 주정부의 권한 문제와 결합하여 전개되며 진화하고 있음을 보여준다.

3) 히스패닉 집단 내의 갈등

미국 이민 이슈의 당사자 집단은 바로 히스패닉이다. 이민자의 70% 이상이 히스패닉으로 구성되어 있으며 히스패닉의 다수가 일반적으로 민주당 정당일체감을 갖고 있고 친이민 성향을 보이는 것으로 알

Tuition)를 적용해 주는 내용 등을 담고 있어 드림법안과 맥을 같이한다.

려져 있다. 따라서 히스패닉들은 여러 이슈에서 유사한 태도를 보이는 거대한 단일집단(monolithic)으로 인식되고 있다.

그러나 최근 히스패닉 집단 내에 분열의 조짐이 보이고 있다는 관측도 제기되고 있다.[10] 즉 히스패닉은 더 이상 특정 이슈에 대해서 동일한 의견을 표명하는 하나의 동질적인 집단이 아니라는 것이다. 여기에서는 이민 이슈에 초점을 맞추어서 이러한 주장이 얼마나 타당한지를 간단한 경험적 분석을 통해 살펴보았다.

이민 이슈를 둘러싸고 히스패닉은 여러 가지 차원에서 분열된 양상을 보일 수 있다. 예를 들어, 히스패닉 중에서 사회경제적 지위 상대적으로 높은 사람들은 그렇지 못한 히스패닉들과 비교했을 때 이민 이슈에 대해 보다 강경한 입장을 보일 수 있다. 소득수준과 교육수준이 높은 히스패닉은 이미 미국사회에 안정적으로 편입된 사람들로서 이들은 새로 유입되는 이민자들, 특히 미국에 불법 체류하고 있는 히스패닉에게 동질감을 느낄 가능성이 낮고 오히려 이들을 미국사회의 안정과 자신들의 상대적으로 높은 사회경제적 지위에 해를 입힐 집단으로 인식할 수 있기 때문이다. 또한 히스패닉 중에서 동화의 수준이 높은 사람들은 그렇지 못한 사람들보다 보수적인 성향을 띠어 이민자에 대해서 부정적인 감정을 갖고 있을 수 있다. 마지막으로 히스패닉 중에서 출신국가별로 차이가 있을 수 있다. 이민자 중 가장 많은 비중을 차지하고 있는 집단은 멕시코 출신 이민자들이다. 따라서 다른 국가 출신보다 멕시코 출신의 히스패닉들은 이민 이슈에 대해 보다 민감하게 반응하며 이민정책이 전향적인 방향으로 개선되길 더욱 바랄 수 있다.

---

10 htp://www.people-press.org/files/legacy-pdf/6-23-13%20Immigration%20Release%20Final.pdf 참조.

〈표 6-1〉 히스패닉 집단 내 교육수준에 따른 이민에 대한 견해 차이

교육수준	긍정적 효과	효과 없음	부정적 효과	합계
고졸 이하	671명 (60.3%)	258명 (23.2%)	183명 (16.5%)	1,112명 (100.0%)
전문대 졸업	195명 (51.7%)	94명 (24.9%)	88명 (23.3%)	377명 (100.0%)
4년제 대학 졸업 이상	146명 (51.2%)	55명 (19.3%)	84명 (29.5%)	285명 (100.0%)

이러한 가정하에서 *2007 National Survey of Latinos*를 이용하여 교차분석을 실시하였다. 〈표 6-1〉은 교육수준에 따른 이민 이슈에 대한 히스패닉 집단 간의 의견 차이를 나타낸다. "불법 이민자가 증가하고 있는데 이는 전반적으로 우리 사회에 어떠한 영향을 미친다고 생각하십니까?"라는 질문[11]에 대해 고졸 이하의 학력을 가진 히스패닉의 60.3%가 긍정적인 효과를 갖는다고 한 반면, 학력수준이 높아질수록 이 수치는 51.7%, 51.2%로 감소하였다. 반면 고졸 이하의 학력수준에서는 16.5%가 불법 이민자가 부정적인 효과를 가진다고 응답했으나, 전문대 졸업인 경우에는 23.3%, 4년제 대학 졸업 이상에서는 29.5%로 증가하는 경향을 보인다. X^2=29.876, P=.000으로 교육수준에 따른 이민 이슈에 대한 집단 간 견해는 통계적으로 유의미한 차이가 있는 것으로 나타났다.

소득수준을 기준으로 했을 때도 유사한 결과가 발견된다. 〈표 6-2〉에 따르면 연간 가구소득이 3만 달러 미만인 저소득층 히스패닉

11 이 분석 결과는 이민 이슈와 연관된 다른 질문을 사용하여 분석을 실시해도 큰 변화 없이 유사한 결과가 도출되었음을 밝힌다. 사용된 질문들은 "어떤 사람들은 불법 이민자들이 저임금 노동력을 제공함으로써 미국 경제에 도움이 된다고 합니다. 귀하는 어떻게 생각하십니까?"와 "귀하는 고용주들이 불법 이민자들을 고용하는 것을 막기 위해 정부가 불시에 작업장을 점검 방문하는 것에 대해 찬성하십니까?"이다.

〈표 6-2〉 히스패닉 집단 내 소득수준에 따른 이민에 대한 견해 차이

소득수준	긍정적 효과	효과 없음	부정적 효과	합계
저소득층	550명 (61.6%)	208명 (23.3%)	135명 (15.1%)	893명 (100.0%)
중간소득층	190명 (56.9%)	76명 (22.8%)	68명 (20.4%)	334명 (100.0%)
고소득층	132명 (42.2%)	69명 (22.0%)	112명 (35.8%)	313명 (100.0%)

중 61.6%가 이민 이슈에 대해서 긍정적인 입장을 표명하였다. 그러나 연간 가구소득이 3만 달러 이상 5만 달러 미만인 중간소득층에서는 56.9%가, 그리고 5만 달러 이상인 고소득층에서는 42.2%만이 긍정적인 견해를 가지고 있었다. 불법 이민자가 부정적인 효과를 갖는다고 응답한 저소득층 히스패닉은 15.1%, 중간소득층은 20.4%, 고소득층은 35.8%로 소득수준이 높아질수록 이민 문제에 대해 강경하고 보수적인 입장을 갖고 있는 것으로 나타났다. X^2=66.364, P=.000으로 소득수준에 따른 이민 이슈에 대한 의견은 통계적으로 유의미한 차이가 있었다.

다음으로 동화의 정도에 따른 이민 이슈에 대한 견해 차이를 살펴보았다. 동화의 정도는 여러 가지로 측정될 수 있으나 본 연구에는 미국 거주 기간과 영어 실력으로 동화의 정도를 측정하였다. "불법 이민자가 증가하고 있는데 이는 전반적으로 우리 사회에 어떠한 영향을 미친다고 생각하십니까?"라는 앞에서 사용한 동일한 질문을 이용하여 미국 거주 기간과의 상관관계를 살펴보았더니 .108로 유의수준 .001 수준에서 긍정적인 관계를 갖고 있는 것으로 나타났다. 즉 미국에서 오래 거주한 히스패닉일수록 불법 이민자들이 미국사회에 부정적인 효과를 끼친다고 응답하였다.

영어 읽기 및 쓰기 실력이 좋을수록 미국사회에 많이 동화된 히

〈표 6-3〉 히스패닉 집단 내 동화 정도에 따른 이민에 대한 견해 차이

영어 실력	긍정적 효과	효과 없음	부정적 효과	합계
하	159명 (64.9%)	51명 (20.8%)	35명 (14.3%)	245명 (100.0%)
중	487명 (66.6%)	149명 (20.4%)	95명 (13.0%)	731명 (100.0%)
상	387명 (45.9%)	222명 (26.3%)	235명 (27.8%)	844명 (100.0%)

스패닉이라고 할 수 있을 것이다. 영어 실력에 따른 이민 이슈에 대한 입장 차이를 살펴본 결과가 〈표 6-3〉에 정리되어 있다. 영어 실력이 좋지 않은 히스패닉 중 64.9%가 이민에 대해 긍정적인 답변을 한 반면 영어 실력이 상급인 히스패닉은 이보다 20%가량이 감소한 45.9%만이 불법 이민자가 미국사회에 긍정적인 영향을 미친다고 응답하였다. 부정적인 효과를 갖는다는 응답을 살펴보면 영어 실력이 좋지 않은 히스패닉은 14.3%, 영어 실력이 뛰어난 히스패닉은 27.8%를 차지하였다. 이러한 교차분석 결과는 X^2=87.438, P=.000으로 동화 정도에 따른 이민 이슈에 대한 집단 간 의견은 통계적으로 유의미한 차이가 있음을 알 수 있었다.

다음으로는 출신국가별로 이민에 대한 견해 차이가 존재하는지 살펴보았다.[12] 불법 이민자의 다수를 차지하고 있는 멕시코 출신 히스패닉은 60.8%가 긍정적인 입장을 취한 것과 달리 쿠바 출신은 오직 40%만이 동일한 응답을 하여 큰 차이를 보였다(X^2=73.234, P=.000). 푸에르토리코 출신 역시 멕시코 출신 히스패닉보다 20% 이상 낮은 수치를 보였다. 반면에 멕시코 출신 히스패닉의 16.3%만이 불법

12 지면의 제약상 다른 남미국가, 중미국가 또는 유럽 국가 출신들에 대한 분석 결과는 생략하였다.

〈표 6-4〉 히스패닉 집단 내 출신국가에 따른 이민에 대한 견해 차이

출신 국가	긍정적 효과	효과 없음	부정적 효과	합계
멕시코	662명 (60.8%)	249명 (22.9%)	177명 (16.3%)	1,088명 (100.0%)
쿠바	46명 (40.0%)	26명 (22.6%)	43명 (37.4%)	115명 (100.0%)
도미니카 공화국	37명 (53.6%)	15명 (21.7%)	17명 (24.6%)	69명 (100.0%)
엘살바도르	42명 (73.7%)	6명 (10.5%)	9명 (15.8%)	57명 (100.0%)
푸에르토리코	55명 (38.5%)	44명 (30.8%)	44명 (30.8%)	143명 (100.0%)

이민자가 미국사회에 부정적 효과를 가져온다고 응답하였다. 각각 37.4%와 30.8%의 높은 응답 비중을 보인 쿠바나 푸에르토리코 출신 히스패닉과 대조적인 결과다. 쿠바계 히스패닉은 쿠바혁명으로 인한 정치적 망명자들과 그 이후 세대로 구성되어 대체로 사회경제적인 지위가 높고 공화당 지지 성향을 보이고 있다. 따라서 그들은 이민 문제에 대해서 다른 히스패닉보다 강경한 입장을 보이는 것으로 해석된다. 또한 푸에르토리코 출신 히스패닉은 푸에르토리코가 미국의 자치령으로 미국 시민권을 자동적으로 보유하게 된다는 특징으로 인해 다른 히스패닉 집단들, 특히 불법 이민자가 많이 포함되어 있는 멕시코 출신 히스패닉과는 견해차를 보이는 것으로 판단된다.

이 절의 분석 결과는 히스패닉 집단 내부에 이민 이슈를 둘러싸고 분열이 존재함을 암시한다. 즉 이민 문제에 있어 히스패닉은 동질적이고 단일한 집단이 아니라는 의미다. 분열의 축은 크게 세 가지로 사회경제적 지위에 따른 분열, 동화의 정도에 따른 분열, 그리고 출신 국가별 분열이다. 이민 이슈에서만큼은 단일한 의견을 갖고 있다고 여겨지던 히스패닉 집단 내부가 복잡한 양상을 보이고 있다는 이 연

구의 결과는 이민 이슈에는 다양한 행위자 간의 역동적인 다이내믹이 내재해 있음을 보여 준다.

4. 결론

미국사회에는 다양한 이슈가 경쟁하면서 정치과정을 이끌어나가고 있다. 여러 이슈들 중 이민 문제는 그 어느 것보다도 큰 잠재력과 폭발력을 내재하고 있는 이슈다. 이민자는 지난 수십 년간 급격히 증가하였고 이민자들의 정치적 영향력 또한 선거 때마다 증가하고 있다. 인구통계학적 수치에 따르면 앞으로 40년 안에 백인이 히스패닉에게 제1민족집단의 자리를 내주게 되는 큰 변화가 있을 것이라고 한다. 이민자의 다수가 히스패닉이라는 사실을 감안할 때 이러한 인구통계학적인 거대한 변화가 장기적으로 미국정치에 미칠 잠재적인 영향력은 결코 작지 않을 것이다. 따라서 이민 이슈가 가지는 여러 측면에 대한 고찰은 미국정치를 이해하는 데 있어 반드시 필요한 작업이다.

이에 이 연구에서는 미국 내 이민 이슈의 두 가지 측면에 대해 논의하였다. 첫째는 여론과 이민 이슈에 관한 것이었다. 이민 이슈에 대한 일반 여론은 개혁의 필요성에 대해서는 다수가 동의하나 어떠한 식으로 개혁이 이루어져야 하는지에 대해서는 합의가 이루어지지 않은 상황이라 요약된다. 이민 문제를 어떠한 식으로 풀어나가야 하는지에 대해서는 불법 이민 문제뿐만 아니라 합법 이민 문제에서도 양분되는 양상을 보이고 있어 앞으로 이민 문제를 어떤 방식으로 해결할지에 대한 합의점을 찾기가 쉽지 않음을 엿볼 수 있었다. 또한 본 연구는 상징정치이론에 기반하여 이민 이슈에 대한 미국인들의 의견 형성은 미국이라는 국가에 대한 인식과 깊은 연관이 있을 수 있음을 강조하였다. 자문화중심주의와 시민공화주의라는 미국의 국가정체성이 반이민 정서의 형성에 유의미한 영향력을 행사할 수 있다는 본 연구의 주장은 미국인들의 반이민 정서가 개인의 소득이나 학력수준과 같은 사회경제학적 요인뿐만 아니라 '나는 누구'이며 '내 국가는 무엇인가'라는 보다 근본적이고 심리적인 측면에 그 뿌리를 내리고 있음을 의미한다. 또한 이러한 주장은 자신이 속한 국가에 대한 정체성이 쉽사리 변하지 않으며 오랜 기간에 걸쳐 형성된다는 것을 감안했을 때 반이민 정서의 해소는 쉽지 않은 과제가 될 것이라는 예측도 가능하게 한다.

이 연구에서 두 번째로 살펴본 것은 이민 이슈를 둘러싼 다양한 행위자의 측면이었다. 미국 내 이민정치는 다양한 이해관계를 갖는 다수의 집단이 경쟁하고 있는 복잡한 양상을 보이고 있다. 그 첫 번째 행위자는 공화당과 민주당으로서 공화당은 반이민정책을, 민주당은 친이민정책을 내세우고 있다. 둘째, 연방정부와 주정부 간의 대립이 계속되고 있다. 연방정부가 이민법 개혁에 실패하자 여러 주 정부들이 이민자에 관한 입법 활동을 공세적으로 펼치고 있다. 이민 이슈가 미국의 전통적인 갈등의 축인 작은 정부 대 큰 정부라는 담론과 밀접하게 연관되어 논의되고 있음을 알 수 있다. 셋째는 히스패닉 집단 내의 갈등이다. 이 연구에서는 간단한 경험적 분석을 통해 사회경제적 지위, 동화, 출신국가에 따라 이민 이슈와 관련하여 히스패닉 집단 내 분열의 가능성을 제시하였다.

미국은 긴 이민의 역사를 가진 '이민의 나라'이다. 긴 역사만큼이나 이민 문제는 여러 가지 측면의 다양성과 역동성을 내재하고 있는 흥미로운 정치적·사회적·경제적 문제이다. 본 연구의 결과를 통해 다시 한 번 이민 이슈가 분열된 여론과 다양한 행위자 간의 갈등이라는 역학관계를 내재하고 있음을 알 수 있었다. 앞으로도 이민 이슈가 가진 역동성은 계속될 것이며 미국의 정치과정에서 그 중요성과 영향력은 더욱 커질 것으로 생각된다.

참고문헌

유성진·김희강·손병권. 2007.「2007년 미국 이민법 개정 논쟁: 과정과 합의 그리고 미국의 다원주의」.『미국학 논집』 39(3): 139-172.

윤종빈·정회옥. 2013.「국민정체성의 정치적 영향력에 관한 연구: 미국인들의 이슈에 대한 태도와 투표참여를 중심으로」.『국제지역연구』 22(4): 75-97.

이소영·이옥연. 2011.「의료보험개혁, 이민 규제, 그리고 2010 미국 중간선거」. 미국정치연구회 편,『미국의 선거와 또 다른 변화』. 서울: 오름.

이정진. 2012.「2012 미국대선 결과와 시사점」.『이슈와 논점』 554. 국회입법조사처.

정회옥. 2013.「2012년 미국 대선과 이민 이슈」. 미국정치연구회 편,『어게인 오바마: 2012 미국 대선과 오바마의 재선』. 서울: 오름.

Alvarez, R. M., and T. L. Butterfield. 2000. "The Resurgence of Nativism in California? The Case of Proposition 187 and Illegal Immigration." *Social Science Quarterly* 81: 167-179.

Case, C. E., A. M. Greeley, and S. Fuchs. 1989. "Social Determinants of Racial Prejudice." *Sociological Perspectives* 32: 469-483.

Espenshade, Thomas J., and Charles A. Calhoun. 1993. "An Analysis of Public Opinion toward Undocumented Immigration." *Population Research and Policy Review* 12: 189-224.

Hainmueller, Jens, and Michael J. Hiscox. 2007. "Educated Preferences: Explaining Attitudes toward Immigration in Europe." *International Organization* 61(2): 399-442.

Hernes, Gudmund, and Knud Knudsen. 1992. "Norwegians' Attitudes toward New Immigrants." *Acta Sociologica* 35: 123-139.

Huntington, Samuel. 2004. *Who Are We? The Challenges to America's National Identity*. New York: Simon and Schuster.

McClosky, Herbert, and Alida Brill. 1983. *Dimensions of Tolerance: What Americans Believe about Civil Liberties*. New York: Russell Sage Foundation.

Pew Hispanic Center. 2007. 2007 National Survey of Latinos.

Pew Hispanic Center. 2011. 2011 National Survey of Latinos: Pew Research Center for the People & the Press.

Schildkraut, Deborah J. 2003. "American Identity and Attitudes Toward Official-English Policies." *Political Psychology* 24(3): 469-499.

Starr, Paul D., and Alden E. Roberts. 1982. "Attitudes toward New Americans: Perceptions of Indo-Chinese in Nine Cities." *Research in Race and Ethnic Relations* 3: 165-186.

http://www.people-press.org/2013/05/09/most-say-immigration-policy-needs-big-changes/(검색일: 2013. 6. 17).

http://www.people-press.org/files/legacy-pdf/5-9-13%20Immigration%20Release.pdf (검색일: 2013. 6. 10).

http://www.people-press.org/files/legacy-pdf/6-23-13%20Immigration%20Release%20Final.pdf (검색일: 2013. 8. 27).

3부
외교·안보 영역의 새로운 이슈

POLITI
CAL
ISSUES

7장

에너지 안보와 유전개발

정수현

1. 서론

'드릴, 베이비, 드릴(Drill, Baby, Drill)'. 2008년 9월 공화당원들은 대통령 선거를 두 달 앞두고 열린 전당대회에서 이 구호를 힘차게 연호했다. 북미 연안지역과 알래스카의 북극국립야생보호구역(Arctic National Wildlife Refuge)에 매장된 석유를 개발하여 외국 자원으로부터 에너지 자립을 통해 에너지 안보(energy security)를 이룩하자는 것이었다. 유전개발은 당시 선거에서 공화당과 민주당의 정책적 차이를 보여 주는 중요한 이슈의 하나였다. 공화당의 부통령 후보였던 알래스카 주지사 페일린(Sarah Palin)은 유세장에서 유권자들과 함께 '드릴, 베이비, 드릴'을 연호했고 민주당 대통령 후보인 오바마(Barack Obama)는 유전개발로 인한 환경훼손을 지적하면서 이를 비판하였다. 유전개발은 에너지 위기에 대처하는 미봉책에 불과하며, 장기적인 차원에서 에너지 공급을 안정화시키고 기후변화 문제를 해결하기 위해서는 석유나 석탄 같은 화석연료에 대한 의존을 줄여 나가고 태양열, 풍력, 수소 등의 재생에너지 개발에 힘써야 한다는 것이 그의 주장이었다.

하지만 오바마는 대통령에 당선된 후 에너지정책을 추진함에 있어 유전개발에 대한 보다 포용적인 입장을 보여 준다. 한편으로는 평균연비제도(Corporate Average Fuel Economy)를 강화하고 '녹색일자리' 창출과 청정에너지·재생에너지 개발에 힘썼지만, 다른 한편으로는 자국의 영토에서 유전개발을 확대함으로써 석유 공급을 늘리기로 결정한 것이다. 2010년 4월에 알래스카 일부 지역과 멕시코 만이 포함된 8개 지역[1]의 유전개발을 허용한다는 계획을 발표했으며 2012년 대통령 선거운동 과정에서도 '미국이 만든 에너지(Energy Made in America)'라는 이름으로 미국의 연안지역과 북극지역에 매장된 석유 및 천연가스 개발을 약속한다.

그렇다면 미국인들의 석유중독을 비판하고 재생에너지의 개발과 석유 소비를 축소하는 친환경정책을 약속했던 오바마가 유전개발에 대해서 전향적인 자세를 보이게 된 까닭은 무엇일까? 오바마의 에너지 공약 변경에도 불구하고 이 문제가 2010년 중간선거와 2012년 대통령 선거에서 정치적으로 크게 쟁점화되지 않은 이유는 무엇인가? 1989년 엑슨발데즈 원유 유출 사고(Exxon Valdez oil spill)나 2010년 멕시코 만에서의 딥워터 호라이즌 원유 유출 사고(Deepwater Horizon oil spill)와 같은 계속된 대형 석유 유출 사고에도 불구하고 왜 미국정부는 유전개발을 계속 확대하고 있는가? 이런 질문에 대답하기 위해서 이 연구에서는 1970년대 이후 현재까지의 미국 에너지정책의 변화과정을 살펴보고 연안유전개발(offshore oil drilling)과 같은 석유공급 확

1 당시 유전개발 허가구역으로 계획된 지역은 동부연안(Mid-Atlantic), 남대서양(South Atlantic), 멕시코 만(Gulf of Mexico)의 동부·중부·서부 해역과 알래스카 지역의 추크치 해(Chukchi Sea), 보퍼트 해(Beaufort Sea), 쿡 후미(Cook Inlet)이다.

대가 에너지정책의 대안이 되고 있는 원인이 무엇인지 검토해 보겠다.

이 글의 전개방식은 다음과 같다. 먼저 2절에서는 1970년대의 석유파동이 어떻게 미국의 에너지정책에 전환점을 가져오게 되었는지 설명한 후 닉슨(Richard Nixon) 대통령 이후 오바마 대통령에 이르기까지 에너지정책의 주요 변화를 살펴보도록 하겠다. 3절에서는 에너지 공급의 차원에서 연안유전개발 확대와 북극국립야생보호구역 개발에 대한 찬반논쟁이 역사적으로 어떻게 진행되어 왔는지를 기술하겠다. 4절에서는 미국정부가 지난 40년 동안 에너지 자립을 목표로 탈석유정책들을 추진했음에도 불구하고 여전히 외국 자원에 의존적이거나 석유공급 확대정책에서 벗어나지 못하는 이유를 ① 석유산업과 연관된 이익집단과 지역주민의 정치적 영향력, ② 유전개발에 호의적인 미국의 여론, ③ 다수의 거부권 행사자가 존재하는 미국 정책결정과정의 특성, ④ 대안의 부재라는 네 가지 요인으로 설명하도록 하겠다. 마지막 절에서는 미국 에너지정책의 특징을 정리하고 앞으로의 정책 향방에 대해서 논해 보고자 한다.

2. 1970년대 이후 에너지정책의 변화

1970년대부터 미국은 본격적으로 연방정부 차원에서 장기적인 목표를 가지고 에너지정책을 추진하기 시작하였다. 그 이전까지 에너지 정책이라는 것은 석탄이나 수력과 같은 개별 자원에 대한 정부의 대책이었지, 어떠한 특정한 목표를 가지고 추진된 체계적인 정책은 아니었다. 하지만 1970년대 발생한 두 차례의 석유파동은 정책결정자들로 하여금 수입원유에 의존적인 에너지 공급구조를 변화시킬 필요가 있음을 깨닫도록 했다.

1973년 제1차 석유파동은 욤키퍼 전쟁(Yom Kippur War)에서 미국이 이스라엘을 지원한 데 대한 아랍의 반발로 시작되었다. 6일전쟁(1967)에서 잃은 영토를 회복하기 위해서 이집트와 시리아가 이스라엘의 골란고원을 기습 공격함으로써 시작된 이 전쟁에서 닉슨 대통령은 이스라엘에 무기와 군수품을 공수한다. 아랍석유수출국기구(Organization of Arab Petroleum Exporting Countries: OAPEC)는 미국의 이와 같은 군사원조에 반발하여 그 보복조치로 원유의 감산과 가격 인상에 들어간다. 그 결과 서부텍사스 중질유 기준으로 배럴당 3달러 수준을 유지하던 국제유가는 1974년에 10달러 이상으로 급속하게 오르게 된다(〈그림 7-1〉 참조).

석유파동으로 미국의 경제위기가 고조되자 닉슨 대통령은 1973년

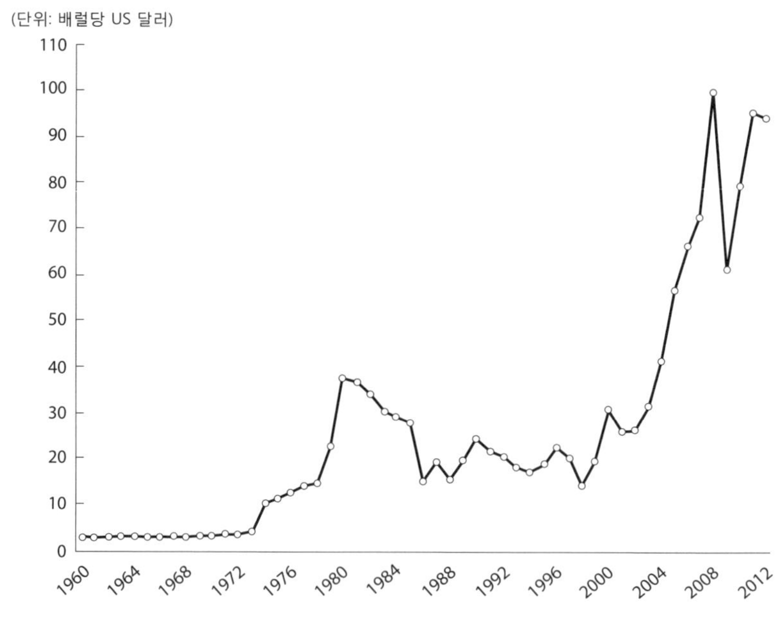

〈그림 7-1〉 국제유가의 변화(서부텍사스 중질유 기준)

출처: Wall Street Journal.

11월 7일에 대통령 연설에서 에너지 자립을 위한 계획을 발표한다. 에너지 공급의 확대와 에너지 절약, 대체 에너지 개발 등의 내용이 담긴 '프로젝트 인디펜던스(Project Independence)'는 1980년까지 수입원유에 대한 의존을 줄이고 국내 자원만으로 에너지 수요를 충족시킨다는 것이 그 주요 내용이었다.[2] 워터게이트 사건(Watergate Scandal)으로 닉슨 대통령이 사임한 후 대통령직을 이어받은 포드(Gerald Ford) 대통령도 수입원유에 대한 의존을 줄이기 위해 종합적인 대책을 구성하였다. 1975년에는 에너지 생산을 확대하고 효율적인 에너지 사용을 권장하는 구체적인 방안이 담긴 '에너지정책과 보존법(Energy Policy and Conservation Act)'이 의회를 통과하였다. 이 법으로 인해 비상시기에 사용할 수 있는 전략비축유(Strategic Petroleum Reserve) 제도가 도입되고, 평균연비제도를 통해 1985년까지 자동차의 평균연비를 갤런당 27.5마일까지 향상시킬 것을 계획하게 된다.[3]

1977년 취임한 카터(Jimmy Carter) 대통령은 선거운동 당시부터 에너지정책의 전면적인 개혁을 주요 공약으로 내세우면서 이를 집권 초기부터 적극적으로 추진해 나갔다. 1977년 4월 18일 텔레비전 연설에서 에너지 위기야말로 전쟁을 제외하고 "미국이 직면하게 될 최대의 도전(the greatest challenge our country will face during our lifetimes)"이라고 주장하면서 그 이틀 후 개혁과제가 담긴 정책들을 의회에 제안한 것이다.[4] 하지만 민주당 의원들마저 법안 심사과정에서 개혁의 핵심 사안이었던 석유 사용을 줄이기 위한 석유평형세(oil equalization

---

2 http://www.presidency.ucsb.edu/ws/index.php?pid=4034&st=&st1=#axzz2jPY216Zb 참조.

3 http://thomas.loc.gov/cgi-bin/bdquery/z?d094:SN00622:@@@D&summ2=m& 참조.

4 http://www.pbs.org/wgbh/americanexperience/features/primary-resources/carter-energy/ 참조.

tax)와 연료소비가 높은 차량에 대한 세금(gas-guzzler tax) 도입[5]을 반대함에 따라 전면적인 개혁은 무산된다. 다만 에너지 문제를 총괄하게 될 에너지부(Department of Energy)가 신설되었으며, 재생에너지에 대한 연구개발지원 증가와 재생에너지 사용에 있어 세금공제의 혜택을 주는 내용이 담긴 에너지 법안이 의회를 통과할 수 있었다(Ostrander and Lowry 2012).

1979년의 이란혁명은 제2차 석유파동을 가지고 왔다. 서방세계에 우호적이었던 이란왕조(Shah of Iran)를 대신한 이슬람 근본주의 세력의 호메이니(Ayatollah Khomeini)는 석유산업을 국유화하고 석유산업을 돕고 있던 외국 전문가들을 추방한다. 그 결과 이란으로부터의 원유 공급에 차질이 빚어지자 앞의 〈그림 7-1〉에서 보는 것과 같이 원유 가격이 천정부지로 오르게 된다. 뉴욕에 있는 주유소의 90%가 문을 닫았으며, 미국 전역의 주유소마다 기름을 채우기 위한 차량들로 긴 줄이 세워졌다. 배럴당 10달러에 못 미쳤던 국제유가가 30달러를 돌파함에 따라 1980년대 초에 경제침체를 불러온다(Smith 2009). 사실 당시의 석유파동은 원유 공급의 부족보다는 소비자들의 심리적 공황상태에 기인한 바가 컸다. 이란을 제외한 다른 산유국들이 세계적인 경제위기를 막기 위해서 원유를 증산하여 실제로는 전 세계 원유생산량은 4%만 감소했기 때문이다(Below 2011).

계속된 석유위기와 경제침체 속에서 1980년 대통령으로 당선된 레이건(Ronald W. Reagan)은 이전 대통령들과는 달리 국가 주도의 에너지정책에 대해서 부정적이었다. 레이건 정부는 기업가와 소비자에 대한 세금감면을 통해 투자와 소비가 함께 살아난다는 공급경제학에 정책적 기반을 두고 '작은 정부'를 주창하였고, 시장원리에 의한 경제

5 http://www.presidency.ucsb.edu/ws/?pid=7373#axzz2jPY216Zb 참조.

생산성 향상으로 경제위기뿐만 아니라 에너지 위기도 해결될 수 있을 것이라고 믿었다(Smith 2009). 레이건 대통령은 "어떠한 대가를 감수하더라도 원유수입을 줄이는 것이 미국의 에너지 안보와 경제의 건실성을 유지하기 위한 주요 기준이 될 수 없다"라고 밝히면서 재생에너지와 에너지 절약 프로그램들에 대한 연방정부의 재정적인 지원을 대규모로 삭감하고 국내 기업의 생산을 저해할 수 있는 규제들을 철폐하였다(Parker *et al.* 1981; Below 2011).

부시(George H. W. Bush) 대통령은 전임자와는 달리 원유수입이 국가안보에 심각한 위기를 가져올 것이라고 인식하고 에너지 안보를 강조하였다. 1988년 공화당 전당대회에서 대통령 후보 수락 연설을 통해 "더 이상 외국의 석유에 의존하는 미국에게 안보란 있을 수 없을 것"[6]이라고 밝히면서 대통령 당선 후 국내 에너지산업에 경제적 혜택을 줄 것을 약속한다(Ostrander and Lowry 2012). 1990년 이라크의 쿠웨이트 침공으로 시작된 걸프전(Gulf War)은 또다시 미국의 수입원유에 대한 의존이라는 문제점을 드러냈고 부시 대통령은 1991년 7월 24일 '국가에너지정책(National Energy Strategy)'을 발표하기에 이른다. 태양열, 지열, 원자력 같은 대체에너지 자원과 더불어 북극국립야생보호구역의 석유자원을 개발함으로써 에너지 문제를 해결하겠다는 계획이었다. 이는 수요의 축소보다는 공급의 확대를 통해 에너지 자립을 확보하겠다는 제안이었다. 1992년 의회는 에너지 효율성 증진과 에너지 절약을 장려하기 위해 재생에너지와 청정석탄(clean coal) 산업과 석유·천연가스 산업에 대한 지원 등의 내용이 담긴 에너지정책법(Energy Policy Act)을 통과시킨다. 하지만 북극국립야생보호구역에 대한 개발계획은 이에 따른 환경파괴 가능성을 우려한 민주

---

6 http://www.presidency.ucsb.edu/ws/?pid=25955#axzz2jPY216Zb 참조.

당 의원들의 반대에 부딪혀 무산된다(Ostrander and Lowry 2012).

친환경적 성향이 강했던 클린턴(Bill Clinton) 대통령은 1993년 2월 17일에 있었던 연두교서에서 연방정부의 재정적자 문제와 에너지 사용의 효율성을 높이는 방안으로서 에너지세인 Btu세의 도입을 제안한다(Erlandson 1994). 하지만 에너지세가 국내생산을 저하시키고 실업인구를 증가시킬 것이라는 우려 때문에 의회의 반대에 부딪혀 에너지세의 도입은 결국 실패로 돌아간다(정하윤·이재승 2012). 오히려 1994년에는 1954년 이후 처음으로 공화당이 상원과 하원 모두에서 다수당이 됨으로써 의료·환경·에너지 분야 등에서 클린턴의 개혁안을 좌절시키고, 1996년에는 북극국립야생보호구역에서 유전개발을 허용하는 법안을 통과시킨다. 클린턴 대통령은 이 법안에 대해서 거부권을 행사한다.

2000년대 들어서 에너지 문제는 더욱 심각해진다. 9·11 테러 이후 아프가니스탄 전쟁과 이라크 전쟁으로 불안해진 중동지역의 정세와 중국과 인도의 경제성장으로 인한 전 세계적인 석유 소비의 증가는 배럴당 30달러 미만이던 원유 가격을 2000년대 중·후반에는 90달러 이상까지 끌어올린다(〈그림 7-1〉 참조). 이러한 에너지 위기에 직면한 부시 대통령은 2006년 연두교서에서 "미국이 석유에 중독되어 있다"[7]라고 비판하면서 재생에너지 개발 지원과 국내 유전개발을 통해 수입원유에 대한 의존을 줄이고 에너지 안보를 확보해 나갈 것을 강조한다. 부시 대통령 시절은 그 어느 때보다 에너지 안보가 강조되었는데 석유 가격의 폭등으로 인한 경제적 이득이 이란, 리비아, 베네수엘라, 러시아와 같은 반미 정서가 강한 국가들의 국력을 향상시키는 데 기여할 뿐만 아니라 하마스나 알카에다 같은 테러집단들의

7 http://www.presidency.ucsb.edu/ws/index.php?pid=65090#axzz2jTxoDw1E 참조.

무기 구입에 사용될 수 있었기 때문이다(Bang 2010). 의회는 2005년과 2007년에 에너지정책법(Energy Policy Act)과 에너지 자립 및 안보법(Energy Independence and Security Act)을 제정했는데, 여기에는 에너지 효율성을 높이고 재생에너지 산업을 지원하기 위한 여러 조항들이 포함된다. 가령, 2020년까지 차량의 평균연비 규제를 갤런당 35마일까지로 강화하고 2014년까지 에너지 효율성이 떨어지는 백열등 사용을 금지하기로 했으며 바이오에너지 산업에 대한 지원을 확대하였다.[8] 더불어 2008년에 부시 대통령은 1990년 이후 계속되었던 연안유전개발 금지조치를 해제함으로써 국내 석유생산의 확대를 모색한다(Humphries *et al.* 2010).

2009년 취임한 오마바 대통령은 취임 직후부터 친환경적인 에너지 개혁들을 추진하였다. 경기부양의 일환으로 '녹색일자리' 창출을 위한 재생에너지 산업에 대한 재정적 지원을 확대하고 에너지 효율성을 높이고 이산화탄소 배출을 줄이기 위한 법적 조치들을 취한다. 비록 청정에너지와 에너지 효율 증진, 온실가스 배출량 감축 프로그램을 핵심 내용으로 하는 '미국 청정에너지와 안보 법안(American Clean Energy and Security Act)'이 의회를 통과하는 데는 실패했지만 2011년 행정명령을 통해 미국과 해외의 주요 자동차 기업들과 2025년까지 평균연비를 현재의 2배 수준인 54.5마일까지 올리기로 협약을 맺었으며 2013년 현재에는 대기청정법(Clean Air Act)의 환경오염 규제 조항에 근거해서 이산화탄소 배출권거래제(cap and trade) 도입을 검토 중이다(Freeman 2012; 정하윤·이재승 2012). 하지만 서두에 밝혔듯이 오바마 대통령은 2010년에 연안유전개발을 단계적으로 허용하는 계획을 발표함으로써 그 이전 대통령들과 마찬가지로 석유 공급의 확대

---

8 http://www.gpo.gov/fdsys/pkg/BILLS-110hr6enr/pdf/BILLS-110hr6enr.pdf 참조.

를 통해 에너지 문제를 해결해 나가려는 모습을 보인다.

3. 유전개발정책의 역사와 현황

1970년대 석유파동 이후 현재까지 대부분의 정치인은 수입원유에 대한 의존이 미국의 안보에 위협이 된다는 데 의견을 같이하고 있다. 하지만 어떻게 수입원유에 대한 의존을 줄이고 에너지 자립을 이룰 것인지에 대해서는 '공급의 확대'를 강조하는 의견과 '수요의 축소'를 주장하는 의견으로 나뉜다. 공급을 중시하는 측에서는 연안유전개발의 확대나 북극국립야생보호구역의 개발 등을 통해서 미국산 원유의 생산을 늘림으로써 수입원유에 대한 의존을 줄여 나갈 수 있다고 주장하는 데 반해서, 수요억제를 중시하는 측에서는 이는 단기적인 처방에 지나지 않으며 보다 근본적으로 에너지 의존 문제를 해결하기 위해서는 에너지 자원의 효율적인 사용과 석유세와 같은 화석연료 사용에 대한 세금 인상이 필수적이라고 주장한다(Littlefield 2013).[9]

현재까지 대부분의 대통령들은 어느 쪽에 더 강조를 두느냐에 있어서 다소 차이를 보이지만 에너지 자립을 위해서 이 두 가지 방법을 모두 고려해 정책에 반영해 왔다. 가령 오바마 대통령은 '지금까지 모든 것(all of the above)'을 에너지정책의 원칙으로 규정함으로써 공급 확대의 측면에서 유전개발을 통해 석유생산을 늘려 나가고 수요억제의 측면에서는 승용차와 SUV의 연비 기준을 높여 소비자들의 효율

9 물론 양측 모두가 재생에너지의 개발이 에너지 자립에 기여하는 바가 크다는 데에는 합의하고 있지만 아직까지 화석연료를 대신할 만한 뚜렷한 재생에너지원은 없는 상태이다. 이 부분에 대해서는 다음 절에서 다루도록 하겠다.

적인 에너지 사용을 장려하고 있다(Behrens 2013). 이 절에서는 이 두 가지 대안 중에서 공급확대를 통한 에너지 자립 방안이 구체적으로 어떻게 추진되어 왔는지를 살펴보기 위해서 1900년대부터 계속되고 있는 연안지역과 북극 내륙지역의 유전개발에 관한 논의와 정책 변화를 살펴보도록 하겠다.

1) 연안유전개발

1896년 캘리포니아 산타바바라 해협(Santa Barbara Chanel)의 서머랜드(Summerland)에서 미국 연안지역으로는 최초로 석유시추가 있었다. 연안유전개발은 그 이후 텍사스와 루이지애나 지역까지 이어져 1920년대와 1930년대에는 멕시코 만에서 석유개발사업이 본격적으로 진행된다. 당시 주정부들은 주에 인접한 연해(沿海)의 소유권이 자신들에게 있다고 여겼기 때문에 주정부가 민간 사업자들에게 연안개발권을 허가해 주었다. 하지만 1930년대 말부터 연방정부는 연안지역의 소유권이 연방정부에게 있다고 주장하기 시작했다. 제2차 세계대전이 끝난 직후에는 트루먼(Harry S. Truman) 대통령이 행정명령 제9633호(Executive Order No. 9633)를 발령함으로써 대륙붕과 해안지역에 위치한 얕은 바다와 심해분지의 소유권이 연방정부에 있음을 선언한다(Gramling and Feudenburg 2006).

1953년 아이젠하워(Dwight D. Eisenhower) 대통령은 의회를 통해 연안지역의 소유권을 규정하는 중요한 두 개의 법안을 통과시킨다. 하나는 해저법(Submerged Lands Act)이고 다른 하나는 외대륙붕 지역법(Outer Continental Shelf Lands Act)이었는데, 여기에서 주정부의 법적 관할권은 해변에서 3마일까지만 인정되며 연방정부는 외대륙붕으로 지칭되는 해변 3마일부터 200마일 사이의 연해에 대해 소유권을 가지고 있음이 명시된다(Vann 2013). 따라서 이 법들을 근거로 연방정부는

〈표 7-1〉 미국 전체 원유생산량과 연안지역 원유생산량

(단위: Million Barrels per Day)

구분	전체 원유생산량	연방정부 관할 연안지역	주정부 관할 연안지역
2004	5.42	1.53	0.36
2005	5.18	1.36	0.36
2006	5.10	1.37	0.33
2007	5.06	1.35	0.31
2008	4.95	1.22	0.28
2009	5.31	1.58	0.27

출처: U.S. Energy Information Administration.

1950년대부터 연안유전개발권을 민간 기업들에게 분양할 수 있었다.

1970년대 이전만 하더라도 연안유전개발에 관심을 가지는 기업들은 별로 많지 않았다. 해저에서 석유를 탐사하고 생산하는 유전개발비가 너무 높았기 때문이다. 하지만 1973년 제1차 석유파동과 함께 석유 가격이 폭등하자 점차 많은 기업들이 연안유전개발에 참여하게 된다. 이와 더불어 닉슨 대통령은 '에너지 자립' 선언과 함께 유전개발이 허용되는 지역을 넓혀 나갔다(Gramling and Freudenburg 2012). 그 이후 연안지역에서의 원유생산량은 계속적으로 증가하여 〈표 7-1〉에 나와 있듯이 2009년 미국 전체 원유생산량의 35%가량인 하루 평균 185만 배럴이 연방정부나 주정부에 속한 연안에서 생산되는데, 그 대부분은 멕시코 만에서 나오고 있다(〈그림 7-2〉 참조).

1980년대 전후로 유전개발지역이 점차 확장되자 많은 환경단체들은 해양생태계와 해안지역의 오염을 이유로 연안유전개발을 금지해 줄 것을 정치권에 요청한다. 이에 따라 의회는 1982년 캘리포니아 지역의 추가적인 연안유전개발 허가를 잠정적으로 금지시킨다. 그 후 유전개발 금지구역은 점차 확대되어 뉴잉글랜드(New England), 조지스 뱅크(Georges Bank), 태평양 북서부, 알래스카 연안의 일부 지역,

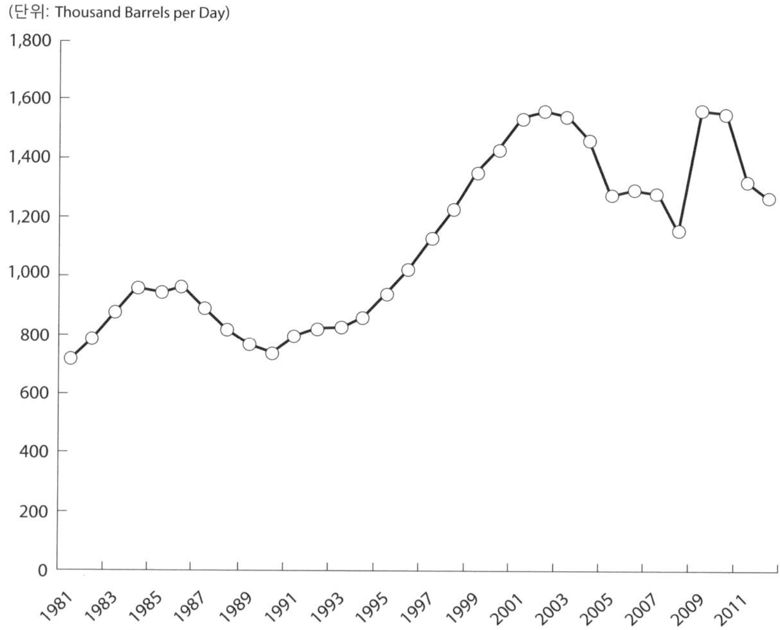

〈그림 7–2〉 연방정부 연안지역(멕시코 만)의 원유생산량

출처: U.S. Energy Information Administration.

멕시코 만의 동부 연안 등이 이에 포함되었다. 이러한 유전개발 허가 유예조치는 의회의 예산진출 법안과 부시(George H. W. Bush) 대통령과 클린턴 대통령의 행정유예(executive moratorium) 조치를 통해 계속 연장되어 2012년까지 멕시코 만과 알래스카 연안지역을 제외한 거의 대부분의 해안지역에서 유전개발이 금지되었다(Humphries *et al.* 2010). 그러나 2000년대 중반 원유 가격이 치솟고 국내 경제의 침체가 계속되자 부시(George W. Bush) 대통령과 의회는 국내 석유생산의 확대를 통한 에너지 자립의 길을 모색한다. 2008년 부시는 유전개발 행정유예를 풀었으며 의회도 1982년 이후 계속되어 온 연안유전개발 허가 유예조치를 더 이상 지속시키지 않기로 결정하였다(Vann 2013).

당시 민주당 대통령 후보였던 오바마는 이러한 조치들에 대해서 선거운동 초기에는 부정적인 입장을 밝혔지만 2008년 여름부터는 유전개발에 찬성하는 쪽으로 선회하였다. 그리고 대통령 취임 1년 후인 2010년 4월 2일 멕시코 만 전역과 알래스카, 동부 해안지역의 대부분에서 유전개발을 허용할 것을 발표한다. 알래스카 일부 지역과 북대서양, 태평양 지역만이 개발 허용 지역에서 제외되었다(Humphries *et al.* 2010). 하지만 4월 20일 발생한 딥워터 호라이즌 석유 유출 사고로 인해 멕시코 만 지역에 오염이 크게 확산되자 이 계획을 재검토하게 된다. 2012년 8월 27일 최종적으로 결정된 '외대륙붕 임대 계획(Outer Continental Shelf Oil and Gas Leasing Program)'은 대서양 연안이 허가 지역에서 제외된 것 외에는 2010년의 원안과 큰 차이가 없었다. 이로써 2017년까지 멕시코 만의 서부·중부·동부 해역과 알래스카 지역의 추크치 해(Chukchi Sea), 쿡 후미(Cook Inlet), 보퍼트 해(Beaufort Sea)에서 연안유전개발 임대가 단계적으로 추진된다.[10]

2) 북극국립야생보호구역의 유전개발

알래스카에 석유가 매장된 사실이 처음 알려진 것은 1900년대 초였다. 알래스카 북부 해안 노스슬로프에 위치한 포인트 배로(Point Barrow) 동부 지역에서 기름이 유출되었던 것이다. 이것은 다량의 석유가 이 지역에 매장되어 있음을 알려주는 증거였다. 이에 따라 1923년 미국 해군은 알래스카 북서쪽에 미래 국가안보를 위한 석유공급원으로서 해군석유비축지(Naval Petroleum Reserve)를 구축한다(〈그림 7-3〉 참조). 제2차 세계대전 중에 루스벨트(Franklin Roosevelt) 대통령은 전쟁 중 비상시기에 미군이 사용할 수 있게 하기 위해서 노스슬로프에

---

10 http://www.boem.gov/Five-Year-Program-2012-2017/ 참조.

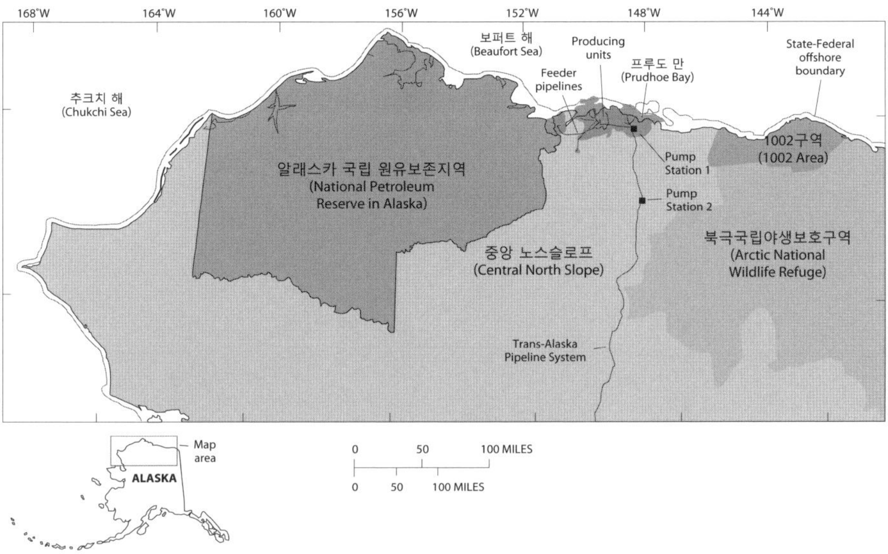

〈그림 7–3〉 북극국립야생보호구역과 1002구역

출처: Attanasi and Freeman(2010).

서의 유전 작업을 일시적으로 중지시킨다(Monaghan 2009).

제2차 세계대전이 끝나고 알래스카 내륙지역에서 유전개발이 재개되자 과학자들과 일부 지역주민들은 이에 대한 반대운동을 펼친다. 알래스카의 야생생태계를 손상시킬 수 있다는 이유에서였다. 유전개발과 환경보존이라는 상반된 목적이 대치되는 가운데서 아이젠하워 대통령은 그 타협점을 제시한다. 먼저 1957년 노스슬로프에 배치되어 있던 미군을 철수시킨다. 이것으로 예전에 군사상의 이유로 석유채취가 금지된 지역에서 유전 작업이 재개될 수 있었다. 다음으로 1960년 알래스카 북동부 해안지역의 890만 에이커를 북극국립야생보호구역으로 지정한다. 이 지역이 가지는 야생자연생태계의 환경적인 가치를 보존하기 위한 조치였다. 결국 아이젠하워 대통령은 알래스카의 일부 지역에서 유전개발을 허용하는 대신 890만 에이커의

광활한 대지를 상업적인 개발이 불가능한 환경보호구역으로 조성한 것이다(Monaghan 2009).

1968년 북극국립야생보호구역 서쪽 인근에 위치한 프루도 만(Prudhoe Bay)에서 북미 최대의 유전이 발견된다(〈그림 7-3〉 참조). 프루도 만의 석유로 인해 알래스카 노스슬로프의 유전에 대한 관심이 높아지고 1970년대 석유파동으로 석유의 가격이 치솟으면서 1970년대 중·후반 의회에서 보호구역의 유전개발에 대한 논의가 또다시 이루어진다. 하지만 의회는 경제적 이득보다는 야생생태계의 보존을 선택한다. 1980년 알래스카국익토지보호법(Alaska National Interest Lands Conservation Act: ANILCA)을 제정함으로써 야생보호구역을 남쪽과 서쪽으로 920만 에이커 더욱 넓히기로 결정한 것이다. 그 대신 개발 논의에 대한 타협방안으로서 토지보호법 1002절에서 내무부(Department of the Interior)로 하여금 원래 보호구역으로 지정되었던 105백만 에이커의 해안 평지(Coastal Plain)에 대해 석유와 가스 매장량 조사를 실시하도록 지시하였다. 하지만 이것이 이른바 1002구역(1002 Area)에 대한 유전개발 허용을 의미하지는 않았다. 토지보호법 1003절에서 의회가 법을 제정하지 않는 한 야생보호구역의 어떤 지역도 석유 혹은 가스개발을 허용하지 않도록 규정했기 때문이다(Corn *et al.* 2010).

결국 그 이후 30년이 넘도록 1002구역의 유전개발 여부를 둘러싸고 개발에 찬성하는 공화당과 이에 반대하는 민주당 간의 대립이 팽팽히 맞서고 있다. 1980년대 말 부시 정부는 야생보호구역의 유전개발을 추진했지만 1989년 엑슨발데즈 원유 유출 사고로 인해 환경재앙에 대한 우려의 목소리가 높아지면서 민주당이 다수를 점유한 의회에서 논의를 더 이상 진척할 수 없었으며, 1995년에는 상하원의 다수당이 된 공화당이 1002구역의 유전개발을 허용하는 법안을 통과시키지만 클린턴 대통령이 거부권을 행사하였다. 2012년 대통령 선거에서는 오바마 대통령은 야생보호구역의 개발에 대해 반대의 뜻을 분명히 밝힌 반면에 공화당 롬니(Mitt Romney) 후보는 석유 수입을 줄이기 위해서는 야생보호구역의 개발이 불가피하다고 주장하였다.

이러한 북극국립야생보호구역 1002구역 개발에 대한 논쟁을 좀 더 자세히 살펴보면 현재 미국에서 국내 석유생산의 확대를 통해서 에너지 자립을 이룰 수 있다고 주장하는 측과 그렇지 않다는 측의 견해가 어떻게 서로 대립되고 있는지 알 수 있다. 논란은 크게 두 가지로 요약될 수 있다. 하나는 과연 1002구역의 매장량이 미국의 에너지 자립에 기여할 만큼 충분하냐 하는 것이고, 다른 하나는 1002구역의 유전개발이 그 지역의 야생생태계에 얼마나 큰 영향을 미치는가 하는 것이다.

먼저 유전개발 지지자들은 수입원유 의존도를 줄이고 석유 가격을 낮추기에 충분한 양이 1002구역에 매장되어 있다고 주장한다. 이에 반해서 개발 반대자들은 1002구역의 매장량이 전 세계 석유매장량에 비해 미미한 수준이며 석유 가격 안정화에 별다른 영향력을 미치지 못할 것이라고 예상한다(Corn *et al.* 2010). 1998년 미국 지질조사국(United States Geological Survey)은 118억 배럴의 석유가 1002구역에 매장되어 있는 것으로 예측하고 있으며, 2005년에는 그중 약 73억 배럴이 경제적으로 개발할 가치가 있을 것으로 보고하고 있다(USGS 1998; 2005). 이는 2010년 미국의 1년 전체 석유소비량인 70억 배럴보다 많은 양이다. 결국 물 반잔의 비유와 같이 한쪽에서는 미국의 전체 소비를 1년간 충족시킬 정도로 많은 양의 석유가 1002구역에 매장되어 있다고 인식하고 있는 데 반해서 다른 한쪽에서는 1년 사용분밖에 안 되는 석유 때문에 그 지역의 소중한 야생생태계를 훼손하는 것이 가치가 있느냐고 보는 것이다.

한 가지 분명한 것은 1002구역의 유전개발이 석유 가격 안정화에

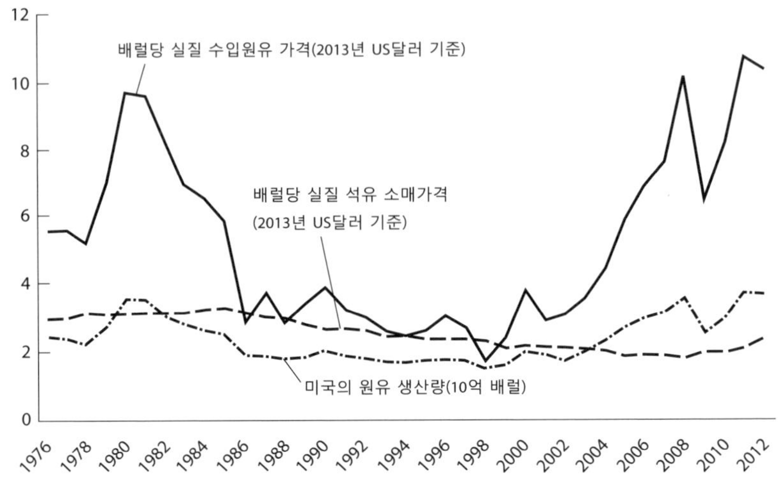

〈그림 7-4〉 미국의 연간 원유생산량과 석유 가격의 변화

출처: U.S. Energy Information Administration.

거의 기여하지 못할 것이라는 점이다(Cleveland and Kaufmann 2013). 그 이유 중의 하나는 석유 가격이 세계시장에서 결정되고 있으며 전 세계 석유 가격에 영향을 미치기에는 1002구역의 석유매장량이 많지 않기 때문이다. 〈그림 7-4〉에서 보듯이 미국의 석유 소매가격은 수입원유 가격에 따라 그 등락이 결정되고 있으며 미국의 원유생산량은 석유 소매가격이나 수입원유 가격에 거의 영향을 미치지 않는 것으로 나타나고 있다. 또한 유전개발지역이 수심이 얕은 해역에서 심해로 옮겨지기 때문에 석유의 탐사비용과 생산가가 높아지므로 국내 석유생산의 증가로 인해 가격이 내려갈 가능성은 더욱 낮아진다(Cleveland and Kaufmann 2003).

다음으로 유전개발이 보호구역의 야생생태계에 미치는 영향에 대해서 개발 지지자들과 반대론자들 간에 견해를 달리하고 있다. 개발 지지자들은 유전탐사기술이 발전함에 따라 유전개발이 생태계에 미치는 영향은 거의 없을 것이며 설사 있더라도 그 효과는 매우 미미할 것이라고 보고 있다(Beherens 2013). 개발 반대론자들은 만일 1002구역에 유전개발을 위해서 기반시설을 설치하고 탐사작업이 진행된다면 이 지역에 서식하고 있는 순록, 북극곰, 사향소와 135종에 달하는 철새의 서식환경이 훼손될 것이라고 주장한다. 지금까지 나온 연방정부의 보고서들은 개발 반대론자들의 의견을 지지하고 있다. 미국 지질조사국은 유전개발이 보호구역 내 야생동물의 생활행태에 큰 영향력을 미칠 것이라고 예상하고 있으며, 국가과학위원회(National Science Council)는 개발로 인해 생길 수 있는 피해로 북극고래의 이동경로와 순록의 분포 및 번식의 변화, 새를 먹이로 하는 포식동물의 개체수 감소 등을 열거하고 있다(USGS 2002; National Research Council 2003). 2008년에는 미국 어류 및 야생동물 관리국(US Fish and Wildlife Service)이 북극곰을 멸종위기종보호법(Endangered Species Act)에 멸종할 위기에 직면한 종으로 기재했는데, 이로 인해 1002구역의 개발을 어렵게 만드는 법적 제한이 하나 더 추가되었다. 1002구역에는 북극곰이 출산을 준비하기 위해서 자리 잡는 보금자리가 위치하고 있기 때문이다(Corn *et al.* 2010).

4. 석유공급의 정치

앞에서 살펴봤듯이 닉슨부터 오바마 대통령까지 에너지 자립은 미국의 에너지정책을 대표하는 키워드로 자리 잡았다. 레이건을 제외한 거의 모든 대통령이 재생에너지 생산을 늘리고 국민들의 효율적인 에너지 사용을 권장함으로써 수입원유에 대한 의존을 줄이고 미국의 안보를 강화하는 목표를 세우고 에너지정책을 추진한 것이다(Littlefield

2013). 그러면 지난 40년 동안 이러한 목표가 얼마나 달성되었을까? 다시 말해서, 미국의 화석연료나 수입원유에 대한 의존도는 줄어들었으며 재생에너지는 미국 주된 에너지원으로서 자리를 잡았을까? 답은 '그렇지 않다'이다. 〈그림 7-5〉에서 보듯이 1970년대 이후 미국의 연간 원유수입량은 1980년대 초반을 제외하고는 매년 증가하고 있다. 그리고 그 주된 이유는 1980년대 경기 회복 이후에 미국인들의 에너지 소비량이 급속히 늘어났기 때문이다(〈그림 7-6〉 참조). 급속히 증가하는 에너지 수요를 국내에서 생산되는 원유와 가스만으로는 충당할 수 없었으며 재생에너지의 생산속도는 이에 비해 너무 더디었기 때문에 원유를 수입함으로써 그 부족분을 충당할 수밖에 없었다. 그런 와중에 연방정부와 의회는 에너지 소비를 억제하는 에너지세와 규제의 도입보다는 연안이나 알라스카 지역의 유전개발을 통해 석유 생산을 확대함으로써 이러한 문제를 해결하려고 했다.

그렇다면 왜 미국은 수요의 억제보다는 공급의 확대를 통해 에너지 자립을 이룩하려고 했을까? 왜 닉슨부터 거의 모든 대통령이 강조했던 재생에너지의 발전은 부진하고 계속적으로 석유 생산을 확대함으로써 에너지 공급을 충당하려고 하고 있을까? 이 질문에 대해서 에너지정책과 석유 생산에 영향을 미치는 중요한 네 가지 정치적 요인을 지적해 볼 수 있다.

첫째, 석유산업과 유전개발을 지지하는 기업들과 지역주민들이 정치적으로 큰 영향력을 행사하고 있다. 현재 미국인의 에너지 소비행태에서 큰 이득을 거두고 있는 석유회사나 자동차회사들은 기존의 석유 중심의 에너지 공급 체제를 그대로 유지하기 위해서 의원들에게 막대한 선거자금을 기부하거나 각종 로비를 펼치고 있다(Bang 2010; Littlefield 2013). 지난 2012년 총선에서 석유업계에서 정치행동위원회(Political Action Committee: PAC)를 통해 후보자들에게 기부한

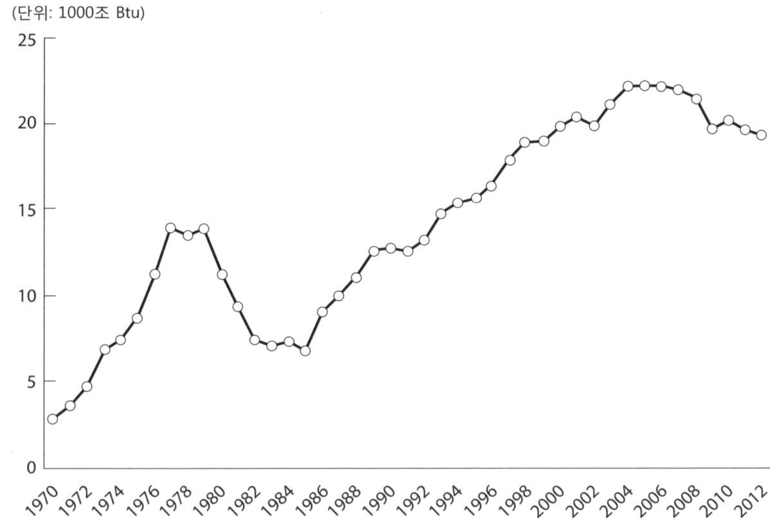

〈그림 7–5〉 미국의 연간 원유수입량

출처: U.S. Energy Information Administration.

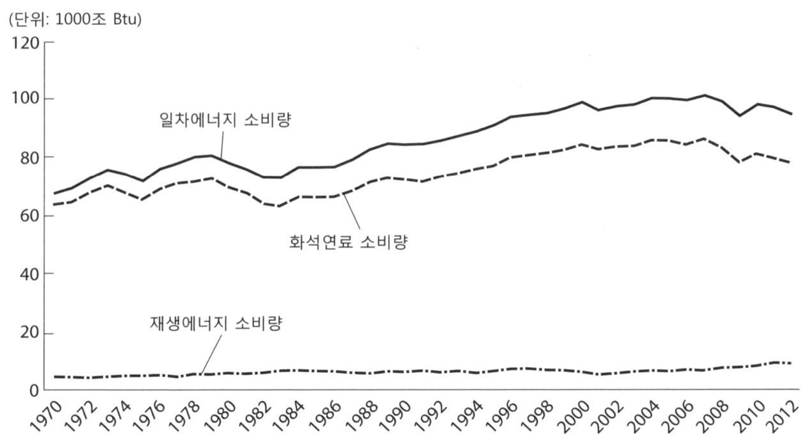

〈그림 7–6〉 미국의 연간 에너지 소비량과 화석연료 및 재생에너지 소비량

출처: U.S. Energy Information Administration.

금액은 약 150만 달러이며 그중 86%인 130만 달러가 유전개발을 지지하고 환경규제에 반대하는 경향이 강한 공화당 후보자들에게 지원되었다.[11] 미국의 대표적인 석유기업인 쉐브론(Chevron)의 경우에는 정치행동위원회 기부금 외에도 250만 달러를 공화당 하원의장인 베이너(John Boehner)를 후원하는 슈퍼팩(Super PAC)에 기부했는데, 이는 2010년 대법원을 통해 슈퍼팩이 합법화된 후 상장기업이 단일 위원회 기부한 자금 중에서 최고 액수다.[12]

더군다나 석유산업은 지역경제와 밀접한 연관이 있기 때문에 지역의원들은 연안유전개발 같은 석유공급의 확대에 적극적이며 석유소비를 감소시킬 수 있는 어떠한 규제에도 반대할 수밖에 없다(Hughes and Flores-Macias 2011). 2008년 33개 주에서 연방정부의 관할권에서 석유를 시추하거나 개발 작업 중이며 이로 인한 고용효과는 195만 명에 달하고 있다(Lawrence 2009). 특히 멕시코 만 연안유전이 집중되어 있는 텍사스나 루이지애나 지역의 주민들은 석유산업의 발전이 주 전체의 지역경제와 고용과 관련되어 있다고 할 수 있다(Gramling and Feudenburg 2006; Ostrander and Lowry 2012). 이에 반해 대체연료의 개발이나 수요억제가 가져오는 이득이란 전 사회에 골고루 분산되어 있을 뿐 아니라 단기적으로 소비자들의 희생을 가져오고, 장기적으로는 그 결과가 불확실하다는 점에서 반대여론을 집결하는 데는 어느 정도의 한계를 가지게 된다(Littlefield 2013). 결국 올슨(Mancur Olson)이 지적한 바와 같이 유전개발로 인해 이득을 거두는 이익집단들이 소수로 구성되어 있으므로 이에 반대하는 다수의 그

---

11 http://www.opensecrets.org/pacs/industry.php?txt=E01&cycle=2012 참조.

12 http://www.washingtonpost.com/blogs/post-politics/wp/2012/10/26/chevron-donates-2-5-million-to-gop-super-pac/ 참조.

힘이 분산되어 있는 집단들보다 정책결정자들에게 더욱 효과적으로 로비를 펼칠 수 있는 것이다(Olson 1965).

둘째, 2000년대에 들어 석유 가격이 상승하면서 유전개발을 통해 석유생산을 확대하자는 여론이 더욱 강해지고 있다. 〈표 7-2〉에서 보듯이 2011년 갤럽 조사에서 60%의 응답자가 연안유전개발에 찬성하였다. 이는 2010년 중반에 있었던 딥워터 호라이즌 석유 유출 사고에도 불구하고 그 전년도 조사보다 10%나 증가한 수치이다. 더군다나 지난 10년간 알래스카의 북극국립야생보호구역 유전개발에 대한 지지도는 꾸준히 늘어나 2011년에는 설문을 시작한 2002년 이후 처음으로 찬성의견이 반대의견보다 우세하게 나타났다(〈표 7-3〉 참조).

이에 비해서 화석연료와 유전개발에 대한 반대 이유가 되는 지구온난화에 대한 여론은 유동적이었다. 지난 10여 년 동안의 갤럽 조사에서 기후변화에 대해서 개인적으로 염려한다는 의견이 50%대에

〈표 7-2〉 연안유전개발에 대한 지지율 변화

조사 기간	찬성	반대	의견 없음
2010. 3. 24–25	50%	46%	4%
2011. 3. 3–6	60%	37%	3%

출처: 갤럽(Gallup).

〈표 7-3〉 북극국립야생보호구역의 유전개발에 대한 지지율 변화

조사 기간	찬성	반대	의견 없음
2002. 3. 18–20	35%	56%	9%
2005. 3. 7–10	42%	53%	5%
2008. 3. 6–9	43%	52%	6%
2011. 3. 3–6	49%	45%	6%

출처: 갤럽(Gallup).

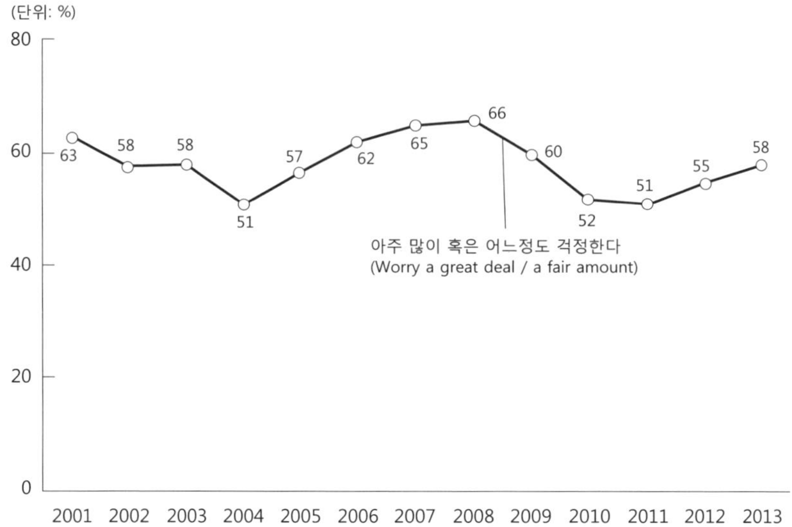

〈그림 7-7〉 지구온난화에 대한 여론 변화

출처: 갤럽(Gallup).

서 오가고 있으며 2013년도 조사에서는 응답자의 58%가 지구온난화에 대해 '아주 많이(a great deal)' 혹은 '어느 정도(a fair amount)' 걱정한다고 대답하였다(〈그림 7-7〉 참조). '약간 걱정될 뿐이다(only a little)'라는 응답은 20%였으며 '전혀 걱정하지 않는다(not at all)'라는 응답도 23%나 되었다. 일반적으로 설문조사의 응답자들이 환경 문제나 규제에 대해 실제보다 호의적으로 대답하는 경향에 비추어보아 여전히 적지 않은 미국의 유권자들이 지구온난화에 대해 회의적인 시각을 가지고 있는 것으로 보인다. 더욱이 다른 갤럽 조사에 따르면 2009년 이후 40% 이상의 응답자가 지구온난화가 대중매체에 의해서 과장되었다고 인식하고 있는 것으로 나타난다.[13]

셋째, 견제와 균형을 원칙으로 하는 미국 정책결정과정의 특징이 에너지정책의 과감한 개혁을 어렵게 만들고 있다. 미국에서 새로운 정책을 실행하기 위해서는 상원과 하원, 그리고 대통령의 승인이 필요하다. 이러한 다수의 거부권 행사자가 존재하는 구조에서는 앞서서 지적했던 에너지 공급과 관련된 다양한 이익집단들이 각종 로비를 통해서 하나의 거부권 행사자만 설득하면 되기 때문에 획기적인 정책의 변화를 어렵게 만든다(Vezirgiannidou 2013). 다시 말해서, 설사 대통령과 상원이 화석연료 의존을 줄이는 에너지 법안에 찬성하더라도 하원의 다수 의원들이 이를 반대한다면 그 법안은 채택될 수 없는 것이다. 따라서 에너지정책에 대한 서로 다른 이해관계가 팽팽히 맞서고 있고 어느 여론도 절대 우위를 점하지 못하는 현재 상태에서는 모든 거부권 행사자들이 동의할 수 있는 급진적인 방안은 존재하기 어려우며 현상유지나 점증적인 정책 변화만이 가능할 뿐이다(Bang 2010; Tsebelis 1995 참조).

마지막으로 석유를 대체할 마땅한 에너지 대안이 없다는 것이다. 지금까지 석유를 대신해 에너지 공급을 확대할 수 있는 대안으로 나온 것은 전통적인 에너지 자원인 석탄의 생산이나 대체연료인 바이오 연료, 수력, 풍력, 태양열 등이 있다. 하지만 그중에서 태양열을 제외하고는 어느 에너지원도 환경단체들의 적극적인 지지를 받지 못하고 있다(Stein 2008). 먼저 환경주의자들은 석유보다 지구온난화의 원인이 되는 이산화탄소와 여러 공해물질을 더 많이 배출하는 석탄의 생산 확대에 반대하고 있다. 또한 옥수수를 주원료로 하는 바이오 에너지는 식량 가격의 상승과 더불어 옥수수 생산에 적지 않은 석유소비가 필요하다는 점에서, 수력은 댐 건설로 인해 생태계의 질서를 훼손한다는 점에서, 풍력발전은 거대한 영토가 필요하고 풍차 터빈에

13 http://www.gallup.com/poll/161645/americans-concerns-global-warming-rise.aspx 참조.

의해서 철새들이 피해를 입는다는 점에서 환경주의자들의 지지를 받지 못하고 있다. 유일한 대안으로 환경주의자들이 제시하는 것은 태양열 발전인데 이 역시 네바다 사막과 같은 넓은 영토에 태양열 집열판을 건설하는 방식은 야생생태계를 훼손할 수 있다는 이유로 반대하고 있으며 건물 지붕에 집열판을 장착하는 방식을 선호하고 있다. 하지만 이 방법은 건설비용이 높고 태양이 없는 흐린 날의 수를 고려할 때 비효율적이라는 결정적인 단점을 가지고 있다. 따라서 어떠한 다른 방식도 환경주의자들이나 에너지 공급 확대론자들의 뚜렷한 지지를 얻지 못하는 가운데 기존의 주요 에너지 자원인 석유생산의 확대가 현실적인 대안으로 자리 잡을 수밖에 없다.

5. 결론

지난 40년 동안 에너지 안보와 자립은 미국 에너지정책의 기본적인 목표로 자리 잡았다. 석유자원 수입을 줄임으로써 미국의 경제와 안보를 위협하는 요소를 제거하겠다는 것이다. 하지만 어떻게 에너지 자립을 이룰 것인지에 대해서는 정치적 이해관계에 따라 서로 다른 방안들이 제시되고 있다. 공화당을 중심으로 한 보수 진영에서는 알래스카와 연안지역의 유전개발로 석유공급을 확대하는 것만이 원유가격을 안정시키고 수입원유에 대한 의존을 줄여 나가는 대안이라고 주장하고 있으며, 민주당을 중심으로 한 진보 진영에서는 효율적인 에너지 사용과 재생에너지의 개발이 에너지정책의 근간이 되어야 한다고 주장한다.

현재까지는 수요억제정책보다는 공급확대정책이 우세하였다. 수십 년 동안 에너지 소비가 꾸준히 증가함에도 불구하고 이를 규제하는 대책은 거의 마련되지 않았다. 카터 대통령과 클린턴 대통령은 화석연료의 소비를 줄이기 위해서 에너지세를 도입하려고 했지만 의회의 반대로 무산되었다. 또한 정권이 바뀔 때마다 반복적으로 거론되는 재생에너지에 대한 지원은 뚜렷한 성과를 거두지 못했다. 닉슨 대통령 시기부터 재생에너지 사업에 대한 대규모 투자가 약속되었지만 지금까지도 전체 에너지 생산량 중 재생에너지가 차지하는 비율은 매우 낮은 실정이다. 결국 석유공급의 확대만이 에너지 자립을 이룰 수 있는 현실적인 대안으로 여겨졌다. 그러므로 1989년과 2010년의 원유 유출 사고와 같은 대규모 환경재앙이 초래될 가능성이 큼에도 불구하고 연안유전개발은 해안 근처의 얕은 바다에서 심해로까지 그 범위를 점점 더 넓혀 나가고 있다.

그렇다면 앞으로의 미국 에너지정책의 향방은 어떠할 것인가? 현재 오바마의 에너지정책에서 볼 수 있듯이 미국정부는 장기적으로는 재생에너지의 생산을 늘려 나가고, 단기적으로는 연안지역과 알래스카의 유전개발을 확대하는 정책을 계속적으로 추진해 나갈 것이다. 이는 1970년대의 이후 미연방정부 에너지정책의 기조이기도 하며 앞으로도 이러한 기본적인 정책적 틀은 크게 변하지 않을 것이다. 물론 부시와 오바마 정부에서 평균연비제도를 강화하고 건물과 가정용 전기기구들의 에너지 효율성을 높이기 위한 여러 조치가 취해지긴 했지만 그보다 강도 높은 에너지 소비를 규제하는 제도가 도입될 것을 기대하기는 힘들다. 석유산업과 관련된 이익집단들의 정치적 영향력과 다수의 거부권 행사자가 존재하는 제도적 특성 등이 이를 어렵게 만들고 있기 때문이다. 더욱이 국민적 여론이 연안유전개발과 북극국립야생보호구역의 개발에 점점 더 호의적으로 변해 가는 것에 비추어 볼 때 미국정부는 석유생산에 의존하는 공급 확대의 에너지정책을 계속적으로 추진해 나갈 수밖에 없다. 하지만 이러한 국내의 석유생산만으로는 급증하는 에너지 소비를 충족시킬 수 없기 때문에 미국은 계속적으로 해외에서 수입하는 석유에 의존적일 수밖에 없으며 에너지 안보와 자립은 점점 더 달성하기 어려운 정치적 목표가 되어 가고 있다.

참고문헌

정하윤·이재승. 2012.「미국의 기후변화 및 신재생에너지정책의 전개과정 분석: 행정부별 특징을 중심으로」.『국제관계연구』17(2): 6-45.

Attanasi, Emil D., and Philip A. Freeman. 2010. *Economic Analysis of the 2010 U.S. Geological Survey Assessment of Undiscovered Oil and Gas in the National Petroleum Reserve in Alaska*. U.S. Geological Survey Open-File Report 2011-1103.

Bang, Guri. 2010. "Energy Security and Climate Concerns: Triggers for Energy Policy Change in the United States?" *Energy Policy* 38: 1645-1653.

Behrens, Car E. 2013. *Energy Policy: 113th Congress Issues*. Congress Research Service Report of Congress R42756.

Below, Amy. 2011. "A Tale of Two Branches: Policy Framing & U.S. Energy Security." Presented at Annual Convention for the American Political Science Association.

Cleveland, Cutler J., and Robert K. Kaufmann. 2003. "Oil Supply and Oil Politics: Déjà Vu All over Again." *Energy Policy* 31: 485-489.

Corn, M. Lynne, Michael Ratner, and Kristina Alexander. 2010. *Artic National Wildlife Refuge (ANWR): A Primer for the 112th Congress*. Congressional Research Service Report for Congress RL33872.

Erlandson, Dawn. 1994. "The BTU Tax Experience: What Happened and Why It Happened." *Pace Environmental Law Review* 1(12): 173-184.

Freeman, Jody. 2012. "Climate and Energy Policy in the Obama Administration." *Pace Environmental Law Review* 30: 375-390.

Gramling, Robert, and William R. Feudenburg. 2006. "Attitudes toward Offshore Oil Development: A Summary of Current Evidence." *Ocean & Coastal Management* 49: 442-461.

Gramling, Robert, and William R. Feudenburg. 2012. "A Century of Macondo: United States Energy Policy and the BP Blowout Catastrophe." *American Behavioral Scientist* 56(1): 47-75.

Hughes, Llewelyn, and Francisco Flores-Macias. 2011. "'Drill, Baby, Drill!' The Correlates of 'Energy Independence' Policy in the United States." International Political Economy Society Annual Conference. Madison, Wisconsin.

Humphries, Marc, Robert Pirog, and Gene Whitney. 2010. *U.S. Offshore Oil and Gas Resources: Prospects and Processes*." Congressional Research Service Report for Congress (April 26).

Lawrence, Frederick J. 2009. *2009-2010 IPAA Oil & Gas Producing Industry in Your State*. Washington, D.C.: IPAA.

Layzer, Judith A. 2002. *The Environmental Case: Translating Values into Policy*. Washington, D.C.: CQ Press.

Littlefield, Scott R. 2013. "Security, Independence, and Substantiality: Imprecise Language and the Manipulation of Energy Policy in the United States." *Energy Policy* 52: 779-788.

Monaghan, Nicholas J. 2009. "'Drill, Baby, Drill!': The Arctic National Wildlife Refuge America's Energy Reckoning." *Notre Dame Journal of Law, Ethics & Public Policy* 23: 649-672.

National Research Council. 2003. *Cumulative Environmental Effects of Oil and Gas Activities on Alaska's North Slope*. Washington, D.C.: The National Academies Press.

Olson, Mancur. 1965. *The Logic of Collective Action: Public Goods and the Theory of Groups*. Cambridge: Harvard University Press.

Ostrander, Ian, and William R. Lowry. 2012. "Oil Crises and Policy Continuity: A History of Failure to Change." *Journal of Policy History* 24(3): 384-404.

Parker, Larry B., Robert L. Bamberger, and Susan R. Abbasi. 1981. *The Unfolding of the Reagan Energy Program: The First Year*. Congressional Research Service Report for Congress No. 81-266.

Smith, Zachary A. 2009. *The Environmental Policy Paradox*, 5th ed. Upper Saddle River, NJ: Pearson Prentice Hall.

Stein, Steve. 2008. "Energy Independence Isn't Very Green." *Policy Review* 148: 3-18.

Tsebelis, George. 1995. "Decision Making in Political Systems: Veto Players in Presidentialism, Parliamentarism, Multicameralism and Multipartyism." *British*

Journal of Political Science 25(3): 289-325.
USGS. 1998. *Artic National Wild Refuge, 1002 Area, Petroleum Assessment, 1998*. USGS Open-File Report 98-34.
USGS. 2002. *Artic Refuge Coastal Plain Terrestial Wildlife Research Summaries*. Biological Science Report USGS/BRD/BSR-2002-0001.
USGS. 2005. Economics of 1998 U.S. Geological Survey's 1002 Area Regional Assessment: An Economic Update. Open File Report 2005-1217.
Vann, Adam. 2013. *Offshore Oil and Gas Development: Legal Framework*. Congress Research Service Report for Congress RL33404.
Vezirgiannidou, Sevasti-Eleni. 2013. "Climate and Energy Policy in the United States: The Battle of Ideas." *Environmental Politics* 22(4): 593-609.

8장

인권외교의 전통과 인도주의적 개입:

2011년 리비아 사태를 중심으로

정구연

1. 서론

이 연구는 2011년 미국 오바마(Barack Obama) 정부가 참여한 대(對) 리비아 인도주의적 개입정책의 배경을 분석하고, 이 개입정책의 규범적 근간이 된 보호책임(Responsibility to Protect: R2P) 원칙의 향후 공고화 가능성에 대해 논의한다. 2010년 튀니지에서 시작되어 리비아, 시리아 및 이집트를 포함한 북아프리카 마그레브 지역 및 중동으로까지 확산된 반정부 민주화 시위는 소위 '아랍의 봄' 혹은 '재스민 혁명'으로 일컬어진다. 단순 시위에서 시작하여 인도주의적 위기(humanitarian crisis) 상황으로까지 심화되었던 일련의 이번 사태에 대해 미국은 인도주의적 개입정책부터 불개입정책까지 다양한 스펙트럼의 외교정책수단을 신축적으로 채택해 왔다. '아랍의 봄'에 대한 이와 같은 미국의 태도는 미국 인권외교사에서 문제점으로 지적받아 온 선별성(selectivity)과 비일관성(inconsistency)이 두드러지게 나타난 사례로 볼 수 있다.[1] 다시 말해 중동과 북아프리카 전역으로 확산된 정권교체운동은 해당 국가 내 기존 정권의 억압에 저항한 측면에서, 그리고 인도주의적 위기 상황으로까지 정의될 수 있는 인명피해를 야기했다는 점에서 유사성을 보이지만, 미국은 각각의 사례에 대해 매우 선별적인 개입정책과 일관되지 않은 정책수단을 사용했던 것이다.

2013년 현재 여전히 진행 중인 여러 '아랍의 봄' 사례들 가운데 이 연구에서는 미국이 북대서양조약기구(North Atlantic Treaty Organization: NATO) 동맹국들과 함께 가장 강제적인 군사개입정책을 채택했던 리비아 사태를 중심으로, 그러한 정책이 도출될 수 있었던 정책결정과정을 논의해 보고자 한다. 특히 보호책임 규범이 2011년 리비아 군사개입작전을 정당화시킨 과정에 주목하여, 이것이 미국의 대리비아 인권외교정책 형성과정에서 어떠한 역할을 수행했는지를 알아본다. 2010년 민주화 시위가 북아프리카와 중동 지역으로 확산되자 리비아 역시 내전의 양상을 보이며 정부군과 반군 간의 치열한 전투가 전개되었고, 더욱이 카다피 정부의 유혈진압으로 인해 대규모의 인명피해가 발생했다. 그 후 국제연합(UN)과 북대서양조약기구가 주도한 대리비아 인도주의적 군사개입(militarized humanitarian intervention)을 통해 리비아의 카다피 정권은 마침내 붕괴되기에 이른다. 유례없는 국제사회의 무력사용과 적극적 개입을 통해 42년간의 카다피 독재정권을 무너뜨린 리비아 사태는 2005년 국제사회에 소개된 보호책임 규범이 군사적 개입을 정당화한 최초의 사례다. 본 연구는 이와 같이 보호책임 규범의 적용된 첫 번째 사례인 리비아 사태에 개입

1 선별성(selectivity)이란, 예컨대 인권외교를 수행하는 국가가 상대 국가의 시민적·정치적 인권침해 사례에만 관여하고자 하고 경제·사회·문화적 인권침해는 도외시하는 경향을 보일 때, 혹은 비슷한 사례의 인권침해가 여러 국가들 내부에 일어났음에도 불구하고 특정 국가의 사례에만 선택적으로 집중할 때의 경향을 말한다. 반면 일관성(consistency)이란 동일한 인권침해 사례에 대해 해당 국가가 동일한 대응을 보이는 경향을 일컫는다(Baehr and Catermans-Holleman 1994, 63-65).

한 미국의 외교정책과정을 분석하고, 이를 통해 향후 인도주의적 개입정책이 적용되고 공고화될 수 있는 대내외적 조건들을 알아보고자 한다. 즉, 이번 개입정책의 규범적 정당성을 부여했던 보호책임 규범에 대한 미국의 입장을 미국의 인권외교 전통에 따라 분석하고, 이것이 어떠한 조건하에서 외교정책 결정과정에 영향력을 미칠 수 있는지를 알아보고자 한다.

2. 미국 인권외교의 전통과 보호책임 규범

1) 미국 인권외교의 전통과 인도주의적 개입정책

인권외교란 국제사회에서 인권보호를 증진시키고 인권 현안을 수단적으로 이용하여 또 다른 외교정책적 이익을 달성하는 행위를 일컫는다(Mullerson 1997). 이러한 인권외교는 국제법상 오래도록 존중되어 온 국가주권(state sovereignty)의 원칙과 불개입(non-intervention) 원칙에 정면으로 도전한다. 한 국가의 관할권 내에서 발생한 사건에 대해서는 그 국가만이 법적 권한을 갖고 있다는 국가주권의 원칙과는 반대로, 인권외교는 그 국가가 국민을 다스리는 방식, 즉 인권이 보호되는 방식에 대해 영향력을 행사하여 이를 변화시키고자 하기 때문이다.[2] 미국 내에서는 시민적 자유와 여성의 참정권 확대, 노예제 폐지 같은 일련의 인권운동과 맞물려 외교정책 우선순위에서도 인권

2 이러한 불개입 원칙은 국제연합 헌장 7장에 명시되어 있으며, 이후로도 1965년 국제연합 총회 결의안 2131호(A/6014), 그리고 1970년 국제연합 총회결의안 2625호(A/8082)를 통해서도 나타났다. 국제연합 외의 지역기구에서도 이러한 불개입 원칙이 확인되는데, 미주기구(Organization of American States) 헌장과 헬싱키 최종의정서(The Final Act of Helsinki Conference)에서도 나타났다.

의 중요성은 점차 강조되기에 이르렀고, 결과적으로 미국 외교정책의 주요 의제가 되었다. 특히 20세기 이후 세계 여러 곳에서 일어난 사건들, 예컨대 홀로코스트(holocaust), 베트남 전쟁과 같은 사건은 국제적 인권보호에 대한 국가적 관심을 환기시키는 데 기여했으며, 세계인권선언(Universal Declaration of Human Rights)과 여러 국제인권조약이 체결되고 관련 기구가 설립됨으로써 다양한 인권들이 국제적으로 인정받고 관찰될 수 있게 되었다(Pease and Forsythe 1993, 294-297). 이에 따라 미국 의회와 대중들은 미국의 대외정책이 국가의 도덕적 원칙, 즉 미국적 가치(American value)를 반영하여 이를 국제사회에 확산시키기를 희망했다(Apocada and Stohl 1999, 186). 실제로 미국 의회는 1961년 '대외원조법(Foreign Assistance Act)'과 1976년 '국제안보 및 무기수출통제법(International Security and Arms Export Control Act)' 등을 통해 대외원조공여 및 무기 수출에서 상대 국가의 인권보호 현황을 중요한 평가기준으로 삼기도 했다. 1977년 10월 미국 카터(Jimmy Carter) 대통령은 인권 및 인도적 지원국(Bureau of Human Rights and Humanitarian Affairs, 현재의 Bureau of Democracy, Human Rights, and Labor)을 국무부 안에 설립함으로써 인권보호에 대한 미국의 국제적 공약을 공식화했는데, 이는 보다 일관성 있는 인권외교정책을 추진하기 위한 제도적 기반이 되었다. 레이건(Ronald W. Reagan) 대통령의 경우 레이건 독트린을 통해 민주주의 확산을 위한 미국의 무력 사용을 공언한 바도 있다. 실제로 강제적 인권외교의 한 형태인 인도주의적 개입의 경우는 1991년 걸프전 직후 사담 후세인 정부로부터 북이라크 쿠르드족을 보호하기 위해 미국을 비롯한 여러 걸프전 동맹국들이 군사적으로 개입한 사례가 있으며, 이에 대해 국제연합 안전보장이사회는 결의안 688호를 통해 이라크 내의 대규모 인권유린이 국제적 평화와 안정에 위협이 된다고 밝힌 바 있다. 즉 인권유린은 단순히 간섭 불가능한 국내적 사안이 아니라 국제사회의 문제, 더욱이 지역적 안정을 위협하는 사안이라는 인식이 가능해진 것이다. 요컨대 인권의 중요성과 이에 대한 인식은 점진적으로 커져 왔다고 볼 수 있으며, 국제사회 전반의 인권보호 향상을 위한 인권외교도 과거보다 빈번하게 나타났다고 볼 수 있다. 〈표 8-1〉은 미국의 인권외교정책 수단을 보여 주며, 실제로는 개별적인 수단이 단독으로 사용되기보다는 여러 수단이 복합적으로 사용된 사례가 더욱 많다.

그러나 냉전기 동안 미국의 인권외교 성적표는 매우 저조했다. 미국과 소련은 자칫 핵위기로 치달을 수 있는 모험주의적인 개입정책을 상호 지양했다. 대신 미국의 선별적 개입으로 인해 인권외교는 미국 내 좌우 진영으로부터 비난을 받았다. 예컨대 미국이 한국과 같은 권위주의적 동맹국의 인권유린 실태에 침묵하는 것에 대해 미국 내 좌파들이 비난의 목소리를 높인 반면, 보수 진영은 한국보다 니카라과나 앙골라와 같은 공산주의 국가에서 자행되는 인권유린 실태가 더욱 심각하다고 맞받아쳤다(Chomsky and Herman 1979, 295; Kirkpatrick 1979, 34). 신생독립국들의 경우 인권외교를 빌미로 한 개입정책이 자국의 주권침해를 초래할 것을 우려해 민족자결권을 강하게 주장하여 미국 인권외교 수행의 여지를 막고자 했으며, 그 밖의 국가들은 인권외교 수행 시 향후 자신들에게도 상호적인 개입정책이 수행될 것을 두려워하여 인권외교 자체를 자제해 왔다. 국제연합 안전보장이사회의 경우도 냉전기 동안 인도주의적 개입을 단 한 번도 직접적으로 수행하거나 상임이사국들에게 수행 권한을 부여한 적이 없다. 이는 국제연합 헌장에 명시된 불개입 원칙과 인권보호의 원칙이 충돌할 경우, 국제연합은 회원국들의 주권과 이들 국가주권에 대한 국제사회의 불개입 원칙을 더욱 존중한다는 것을 단적으로 보여 주었다고 할 수 있다. 요컨대 냉전기 미국을 비롯한 국제사회의 인권외교는 도덕

〈표 8-1〉 미국의 인권외교 수단

수단	행위자	우호적·설득적 수단	적대적·강제적 수단
외교적 수단	대통령	• 대사관 설립/확대 • 비자 자유화 • 국제기구 가입/회의 참석 지지 • 성명서(communiqué) 발표 • 정상회담/고위급 장관 회담 개최	• 대사관 폐쇄/축소 • 대사 소환 • 비자 발급 제한 • 항공기 착륙 불허/제한 • 국제기구 가입/회의 참석 반대 • 정상회담/고위급 장관 회담 취소/연기
정치적 수단	대통령/의회	• 의회 결의안 발표 • 국제기구 의회 참여 지지 • 무기거래 지지 • 의회대표단 파견 • 대통령 선언문 발표 • 자매도시 협정 체결	• 적대적 의회 결의안 발표 • 의회대표단 파견(진상규명 목적) • 국제의회 조직 참여 반대 • 직접 접촉 거부 • 무기거래 반대 • 대통령의 적대적 선언문 발표 및 방문 거부
경제적 수단	대통령/의회	• 외채탕감 및 관련 협상 • 관세 특혜 • 지역 무역기구 참여 지지 • 무역 금융 • 투자 독려 • 무역자유화 • 국제금융기구 가입 지지 • 금융제재 완화 • 대외원조 확대	• 외채탕감 및 협상 제한 • 투자 제한 • 무역 규제 증가/금수조치 • 국제금융기구 가입 반대 • 금융제재 증가 • 대외원조 제한 • 지역 무역기구 참여 반대 • 무역 금융 축소 • 투자 금지 • 해외금융자산 동결 • G7 제재 그룹(Sanction Group) 작동
군사적 수단	대통령/의회	• 군사교육 및 훈련(International Military Education and Training: IMET) 기회 확대 • 군사협력: 공동훈련 및 기술이전 • 신뢰구축 조치 • 평화유지군 파견	• 군사교육 및 훈련 기회 제한 • 군사협력 제한 • 신뢰구축 조치 제한 • 전쟁 및 군사적 개입 • 무력시위 • 평화유지군 철수

출처: Liang-Fenton(2004)의 표를 참고로 작성.

적 규범의 잣대로 봤을 때에는 옳지 못했으나, 매우 일관적으로 방관적인 태도를 견지해 왔다고 볼 수 있다.

그러나 냉전이 종식된 이후로 한 국가의 관할권 내에서 벌어지는 인권침해가 더 이상 국가주권이라는 이름 아래 묵과될 수 없다는 규범이 국제사회에 확산됨으로써 미국의 인권외교는 탄력을 받는 듯했다.[3] 특히 2005년 국제연합 세계정상회의(The 2005 UN World Summit)에서 '개입 및 국가주권에 관한 국제위원회(International Commission on Intervention and State Sovereignty)'에 의해 제시된 보호책임 원칙이 만장일치로 채택됨으로써 그동안 논란에 휩싸여 왔던 인도주의적 개입 정책은 국제사회에서 그 정당성을 얻게 되었다. 또한 보호책임 규범은 2005년 국제연합 총회 결의안으로 채택되었고, 다음 해인 2006년 국제연합 안전보장이사회 결의안 1674호를 통해 재확인됨으로써 대규모 인권유린사태를 해결할 수 있는 윤리적 기준이 최초로 만들어지게 되었다. 2005년 총회 결의안 제138항에 따르면 개별 국가는 집단학살(genocide), 전쟁범죄(war crime), 인종청소(ethnic cleansing), 반인도적 범죄(crimes against humanity)의 네 가지 인위적 범죄 및 위기상황으로부터 국민들을 보호할 의무가 있으며, 주변 국제사회 역시 해당 국가가 이러한 책임을 수행할 수 있도록 지원해 주어야 한다. 이 네 가지 범죄는 바로 국제형사재판소가 관할권을 가지는 범죄로서, 이에 대해서 보호책임 원칙이 적용될 수 있게 된 것이다. 반기문 사무총장도 '보호책임 원칙을 말에서 행동으로(translating R2P from words to deeds)' 옮기는 것을 임기 내 우선과제로 삼았으며, 이에 따라 안전보장이사회는 2007년 수단의 다르푸르 사태와 2008년 케냐 대선 후 갈등 같은 사태를 해결하는 과정에서 보호책임 원칙을 언급하곤 했다

3 이러한 규범적 변화는 국제연합 사무총장 코피 아난(Kofi Annan)의 1999년 기고문에 다음과 같이 표현되어 있다. "오늘날 국제연합 헌장을 반추해 보면, 헌장은 인류 개개인을 보호하는 데 그 목적을 두고 있고, (냉전시기와 같이) 개개인을 학대하는 국가를 비호하는 데 그 목적이 있지 않음을 알 수 있다(When we read the Charter today, we are more than ever conscious that its aim is to protect individual human beings, not to protect those who abuse them)."(Kofi Annan, "Two Concepts of Sovereignty," *The Economist, September* 18, 1999)

(Bellamy and Davies 2009, 547-574). 이와 같은 국제사회의 규범적 변화와 더불어, 냉전기 양극체제 속에서 세력균형을 추구해야만 했던 미국은 냉전 종식으로 운신의 폭이 커짐에 따라 인권외교를 추진할 수 있는 기회를 얻을 수 있었다. 더욱이 미국의 정책결정자들에게 있어 인권보호라는 목표 자체도 중요해졌을 뿐만이 아니라, 이를 통해 세계 체제적 안정과 번영, 그리고 궁극적으로 미국의 경제발전을 이끌어낼 수 있다고 믿었기에 탈냉전기 미국의 인권외교는 단순히 인권보호뿐만이 아니라 미국의 국가이익 실현을 위해 세계 여러 국가에 개입할 수 있는 훌륭한 명분을 가져다주었다(Kanter and Brook 1994, 15-16).[4] 물론 미국 내에 보호책임 규범의 확산에 대한 반대의 목소리도 존재했다. 특히 2008년 러시아가 그루지아(Georgia) 내 자국민이 집단학살의 위험에 놓여 있어 군사적 개입을 시행한 사례에서와 같이 일부 국가들이 보호책임 규범을 오용할 가능성이 있다는 점에서 그러했다. 또한 미국 정책결정자들은 보호책임 규범의 존재로 인해 미국의 전략적 이해관계가 존재하지 않는 지역에 대해 자동적으로 개입하는 '의무'를 수행해야 할지도 모른다는 점을 불편해했다.[5] 예컨대 부시(George W. Bush) 행정부 당시 미국의 국제연합 대사였던 볼

4 본질적으로 인권외교의 수행은 인권보호와 관련한 해당 국가 정부와 국민 간의 관계를 변화시키는 데 그 목적을 두고 있다. 그런 의미에서 인권외교는 항상 개입정책의 성격을 띨 수밖에 없다. 이러한 인권외교정책은 때로는 인도주의적 개입에 호의적이었던 민주당과 공화당의 양당적 지지를 얻기도 했다. 특히 부시 행정부를 지배했던 네오콘(Neo-Conservative) 세력의 경우에는 보다 현실주의적인 근거를 바탕으로 인권외교에 힘을 실어주었다. 즉 인권외교는 수단적 차원에서 미국식 자유주의적 제도를 전 세계로 확장하고 국제체제적 안정을 강화할 수 있다는 믿음 아래 인권외교를 지지해 왔다(Gourevitch 2007).

5 집권 초기에 부시 대통령은 어떠한 윤리적인 목적이든지 그로 인한 국제사회로부터의 법적 의무가 미국에 부과되는 것을 피하고자 했다. 이러한 이유로 부시 대통령은 대외적으로 '인권(human rights)' 대신 '존엄성(dignity)'이라는 용어를 더욱 빈번히 사용했다(Mertus 2003, 372).

튼(John Bolton)은 "국제연합 헌장 그 어디에도 안보리 이사국들의 인도주의적 위기 상황에 대한 개입 의무를 명시하지 않았다"라는 점을 강조하곤 했다(Orford 2011, 400-424).

이러한 보호책임 원칙은 학계에서도 큰 반향을 일으켰고, 세계 곳곳에서 일어나는 인도주의적 위기 상황으로의 적용가능성에 대한 많은 연구가 이루어졌다. 더욱이 2005년 발생한 사이클론 나르기스(Nargis)가 미얀마 중남부지역을 강타해 5만여 명의 희생자를 냈음에도 불구하고 미얀마 정부가 국제사회의 구호활동을 거부하는 사태가 발생하자, 자연재해로 인한 인도주의적 위기 상황이라 할지라도 보호책임 규범이 적용되어야 한다는 연구도 등장했다(Caballero-Anthony and Chng 2009, 135-155). 한국 학계에서는 보호책임 의무의 개념적 논의뿐만이 아니라(조동준 2011, 161-181) 보호책임 규범의 한국적 상황, 즉 북한의 급변사태와 인권유린 상황에의 적용가능성에 대한 연구로 이어졌다(이신화 2011, 257-281; 박동형 2012, 287-312; Byung-sun Oh 2012, 307-337; 박홍순 2011, 71-115; Young Sok Kim 2006, 74-94).

인권외교를 수행할 기회가 늘어났음에도 불구하고 미국의 해외 개입정책 빈도가 증가하지는 않았다. 지난 1996년 국제연합 사무총장이었던 부트로스-갈리(Boutros Boutros-Ghali)가 비판한 것처럼 미국은 냉전 종식 이후 인도주의적 개입이 필요한 세계 곳곳의 위기 상황을 무시함으로써 이들을 '버림받은 갈등(Orphan conflict)'으로 전락시켰다(Ajami 1996, 162-164). 즉 미국의 인권외교정책은 그 스스로 미국예외주의(American exceptionalism)를 주창해 온 것과 반대로 여전히 선별적으로 개진되어 왔던 것이다. 〈표 8-2〉에 나타난 것과 같이 냉전 종식 이후 미국은 여러 번의 개입정책과 작전, 그리고 평화유지군 파견에 참여해 왔지만 이 가운데 인도주의적 목적, 즉 인권외교의 차원에서 수행된 개입정책은 매우 드물다. 인도주의적 개입을

〈표 8-2〉 미국의 개입정책 시행 사례(1990-2012)

지역	연도	인도주의적 개입	의회 승인		국제기구참여
			승인	반대	
사우디아라비아	1990	No	No	No	No
이라크	1991	No	Yes (사전)	No	UN
이라크	1991-92	Yes	Yes (사후)	No	UN
소말리아	1992	No	Yes (사후)	No	UN
쿠웨이트	1992	No	Yes (사전)	No	UN
소말리아	1993-94	Yes	No	Yes	UN
이라크	1993	No	No	No	No
이라크	1993-	No	Yes (사전)	No	UN
마케도니아	1993-	No	No	No	UN
보스니아	1993-95	No	No	No	UN/NATO
르완다	1994	No	No	Yes	UN
아이티	1994-	Yes	No	Yes	UN
자이르	1996	No	No	No	UN
수단	1998	Yes	No	No	No
이라크	1998	No	Yes (사전)	No	UN
보스니아	1995-	Yes	No	Yes	UN/NATO
코소보	1999	Yes	No	Yes	NATO
코소보	1999	Yes	No	No	UN
동티모르	1999-	Yes	Yes (사후)	No	UN
이라크	1999-	No	No	No	UN
예멘	2000	No	No	No	No
아프가니스탄	2001-	No	Yes (사전)	No	No
유고슬라비아	2001-	Yes	No	No	No
보스니아	2001-	Yes	No	No	No
이라크	2003-	Yes	No	No	No
라이베리아	2003	No	No	No	No
케냐	2004	No	No	No	No
지부티	2004	No	No	No	No
에리트리아	2004	No	No	No	No
예멘	2005	No	No	No	No
리비아	2011-	No	No	No	UN
중앙아프리카	2011	No	No	No	No
예멘	2012	No	No	No	UN

출처: Grimmet(2012b)의 자료 참고.

목적으로 미국은 지난 1991년 북이라크 쿠르드족을 보호하기 위한 'Operation Provide Comfort', 1992년 소말리아 내전에 대한 'Unified Force' 등 국제연합 안전보장이사회와 북대서양조약기구의 승인을 바탕으로 군사작전을 수행해 왔으며, 1994년 아이티에 대한 'Uphold Democracy' 작전의 경우 미국은 단독으로 군사작전을 수행하였다.

그러나 인도주의적 목적을 위한 이러한 군사작전은 상당히 예외적인 것으로, 유사한 형태와 규모의 갈등 상황과 사상자가 발생한 여타 내전, 인종청소 같은 전체 사례에 비해 극히 일부분에 해당된다. 또한 공식적으로 선언된 미국의 인권보호 공약이 실제 외교정책에서는 단순한 수사에 지나지 않는 경우도 존재했다. 예컨대 부시(George W. Bush) 행정부의 경우 테러와의 전쟁(War on Terrorism)과 북한 핵문제 해결을 위해 중국과의 협조가 절실했던 이유로 중국 내 인권탄압에 침묵한 바 있다(Liang-Fenton 2004, 123-124). 이는 근본적으로 미국이 광범위하고 국가이익을 보유하고 있기 때문이며 그러한 전략적 이익과 인권외교의 목표가 상충될 경우 언제나 타협점이 마련되어 왔다는 점에 기인한다. 특히 가장 강제적 형태의 인권외교정책인 인도주의적 군사개입정책은 더욱 그러하다. 인도주의적 군사개입은 "자국민 이외의 개인들에 대한 광범위하고 중대한 인권침해를 예방하거나 중지시키기 위해 해당 국가의 동의 없이 무력 위협이나 무력 사용을 하는 것"(Holzgrefe and Keohane 2003, 18)으로서,[6] 지상군 파

---

6 참고로 인도주의적 위기 상황 및 인도주의적 개입정책의 성격은 냉전 종식을 전후로 진화하는 양상을 보인다. 원론적으로 인권보호정책과 인도주의적 지원정책은 구분될 수 있으며 상호보완적인 관계에 놓여 있다. 둘 다 인간 개개인의 생명과 건강, 그리고 존엄성을 보호하는 목적을 가지지만 약간 다른 시선으로 이러한 목적에 접근한다. 인도주의적 지원은 대개 전시상황에 국한되어 수행되지만 전쟁과 갈등상황에 직접적으로 참여하지 않는 개개인을 보호하는 데 주안점을 두고 있다. 반면에 인권정책은 전쟁이나 평시라는 시점과 상관없이 보편적으로 적용되며 해당 정부의 전횡으로부터 국민을 보호하고자

병 등의 물리적인 매몰비용(sunk cost)뿐만이 아니라, 실제 군사작전이 실패하거나 철수할 경우 감내해야 할 정치적 비용과 미국의 신용도 및 평판의 문제가 존재한다. 예컨대 지난 1993년 소말리아 내전 당시 소말리아의 모가디슈(Mogadishu) 거리를 따라 미군의 시체가 자동차에 묶여 끌려 다니는 장면이 CNN에 의해 전 세계에 방영된 이후로 미국은 다국적 국제연합군으로부터 자국군을 즉시 철수시킨 바 있다. 이러한 선례는 최근 세계 곳곳에 존재하는 반군조직들이나 테러조직들에 의해 악용되어 이들이 다국적 국제연합군이나 강대국들의 군대를 자국의 영토에서 철수시키기 위해 의도적으로 공격하게끔 하는 근거가 되었다. 또한 인권외교의 수행을 선언한 후 실제로 실천하지 못할 경우 감수해야 할 청중비용(audience cost)은 미국의 세계적 평판에 적지 않은 영향을 미칠 수 있어 더욱 조심스럽게 접근할 수밖에 없다. 더욱이 이라크 및 아프가니스탄 전쟁 이후 미국 국민들은 해외개입 자체에 대해 부정적인 여론을 형성하기도 했다(Clements 2013, 119-131).

이러한 인도주의적 개입정책의 결정요인은 미국 외교정책 연구에 있어 아직도 논란이 분분한 부분이다. 물론 인도주의적 개입의 사례가 매우 드물기 때문에 결정요인을 일반화할 수 있을 정도의 정량적 연구도 부족하며 결과적으로 이들 연구의 외적 타당성은 매우 낮

한다. 인도주의적 지원정책 및 인권정책의 경우 전쟁행위 자체에 대해서는 문제 삼지 않고, 단지 전쟁행위로부터 영향을 받는 민간인이나 전쟁포로에 대해 관심을 갖는다. 그러나 최근 이 둘 간의 구분이 모호해지고 있다. 과거에는 인도주의적 지원정책, 예컨대 민간인 구조 및 지원 작전은 매우 손쉽게 수행되어 왔었던 반면, 최근에는 인도주의적 위기 상황이 단순히 자연재해에만 국한되어 있지 않고 강도 높은 내전이나 해당 정부 혹은 반군의 존재에 의해 민간인들에게 구호품이 전달될 수 없는 상황이 자주 생기고 있기 때문이다. 결국 인도주의적 목적을 위해 인권외교를 수행해야 하는 상황이 결과적으로 초래되었다.

다. 즉 대부분의 연구는 사례연구를 통해 이루어지고 있기에 인도주의적 개입정책에 대한 일반화된 결론을 도출한 기존 연구를 찾기는 어렵다. 그럼에도 불구하고 개별 사례연구를 통한 기존 연구는 외교정책 결정과정에 대한 다음과 같은 관점들을 보여 준다. 현실주의적 관점이 지배해 온 전통 안보 분야의 경우 인도주의적 개입이라는 정책은 실제로 인도주의적 명분 외에 전략적 목적이 존재하기 때문에 수행되는 것이라고 주장하지만, 실제 인도주의적 개입이 일어난 지역과 국가는 미국의 전략적 이익이 부재한 지역인 경우가 대부분이다. 더욱이 냉전이 종식되었기 때문에 수단적인 목표를 위해 인권외교를 빌미로 한 개입정책을 추진할 명분도 매우 줄어들었다. 즉 소련과의 세력균형 다툼에서 우위를 점하기 위해, 혹은 서로의 진영을 와해시킬 목적으로 개입정책을 수행할 이유가 없어졌다는 것이다. 자유주의적 관점과 제도적 관점에서는 CNN 효과 등을 강조하며 정책결정자들이 감내해야 하는 국내 정치적 비용의 크기에 상응하여 미국 인권정책 수단의 강제수준(coerciveness)이 결정된다는 연구, 혹은 인도주의 규범의 확산에 따라 점진적으로 인도주의적 개입의 빈도가 높아질 것이라는 구성주의적 연구 등도 존재한다. 최근에는 미국 의회와 대통령 간의 갈등이 인도주의적 개입정책 수행의 가장 큰 걸림돌로 작용한다는 연구도 있다.[7] 앞서 〈표 8-2〉에 나와 있듯이 미국 의회는 냉전 종식 이후로도 개입정책에 소극적이었을 뿐만 아니라 국제연합으로부터의 개입 권한 위임에도 불구하고 매우 제한적으로 개입정책에 대해 승인해 왔다. 즉 냉전 종식 이후 미국 대통령이 미국 단독으로 인권외교 개입정책을 수행한 경우는 매우 드물며,

---

7 이러한 연구로는 Schultz(2003), Lindsay(1994), Hinckley(1994), Warburg(1989) 등을 참조할 수 있다.

대부분의 경우 국제연합이나 북대서양조약기구, 혹은 여타 지역기구와 함께 작전을 수행할 것이라는 기대에도 불구하고 미국 의회는 해외개입정책에 부정적인 모습을 보여 왔던 것이다. 이는 기본적으로 의회의 의원들은 선거구에서의 재선(reelection)을 최우선순위로 상정하고 있으며, 그런 의미에서 선거구 내의 포크배럴(pork barrel) 정치동학에 더 큰 관심을 갖고 있기 때문이다. 이런 의회의 일원들에게 있어 인도주의적 개입정책이란 '책임회피의 정치학(politics of blame avoidance)'의 영역에 속해 있는데 이는 대외정책, 특히 인도주의적 개입정책은 만약 사태가 악화될 경우 돌이킬 수 없는 선거의 악재로 작용할 수 있기 때문이다(Weaver 1986, 371-398; Kull *et al.* 1997).[8] 이런 이유로 미국은 대부분 대통령의 권한을 이용해 의회 승인 없는 작전을 수행해 왔으며, 특히 현대전에 있어 미국 대통령은 1973년 미국 의회에서 통과된 전쟁권 결의안(The War Power Resolution)으로부터도 자유롭게 군사력을 움직일 수 있었다. 또한 미국 대통령은 국제기구로부터의 권한위임을 통해 작전수행의 국제적 정당성을 담보해 왔다. 더욱이 국제기구와의 협력을 통한 개입정책은 대중의 지지를 얻기 쉽다는 장점이 있으며, 대통령의 정치적 비용과 청중비용을 증가시켜 개입정책에 대한 스스로의 공약을 지키며 이를 철회하기 어려운 상황을 의도적으로 만들 수 있게 되었다.

2) 보호책임 규범의 적용 및 주체의 문제

보호책임 규범은 인도주의적 개입 논의의 연장선상에서 제기되었

---

8 물론 '책임회피의 정치학'은 양면성을 지닌다. 실패한 인도주의적 개입작전을 지지했을 경우 얻게 되는 비난과 더불어 성공한 작전을 사전에 반대했을 경우에도 의원들은 그 비난을 피하기 어려워진다. 그러한 이유로 의회는 대부분 무반응(inaction)의 전략을 선택한다.

다(Weiss and Thakur 2010, 308-340). 탈냉전 이후 급격히 증가한 내전과 반인도적 범죄, 난민 및 국내 실향민 발생 등의 문제와 관련해 국가는 특권으로서의 주권을 누리는 것이 아니라 책임으로서의 주권(sovereignty as a responsibility)을 수행해야 한다고 코피 아난(Kofi Annan) 국제연합 사무총장과 프란시스 덩(Francis Deng)에 의해 주장되었다. 즉 국가의 주권은 국가의 권리뿐만이 아니라 국민을 보호해야 하는 국가의 책임을 포함하는 것이며, 만약 국가가 스스로의 국민을 보호하지 않거나 보호할 능력이 부재한 경우 그 책임은 국제사회에 의해서 수행되어야 한다는 것이다(ICISS 2001; 박동형 2012, 287-312; 박홍순 2011, 71-115; 이신화 2012, 257-281; 조동준 2011, 161-181). 그러므로 국가주권은 전통적으로 여겨져 온 것처럼 불가침의 권리가 아니라 주변 국가와 국제사회가 개입할 수 있는 권리, 혹은 더 나아가 보호의 책임으로까지 그 개념적 변화를 겪게 되었다. 이러한 개념적 변화의 필요성은 캐나다 외교장관 액스워시(Lloyd Axworthy)가 주도하는 '개입 및 국가주권에 관한 국제위원회'가 구성됨으로써 이론적으로 좀 더 체계화되었으며, 2001년 ICISS는 보고서 『보호책임(*Responsibility to Protect*)』을 출판하였다. 이 보고서의 첫 페이지에는 다음과 같은 보호책임 원칙의 세 가지 요소가 명시되어 있다(ICISS 2001, XI).

- 예방의 책임(The Responsibility to Prevent): 국민을 위험에 처하게 하는 내전과 인위적 위기 상황의 근본 원인에 대한 예방적 처방
- 대응의 책임(The Responsibility to React): 제재와 국제적 기소, 혹은 군사적 개입과 같은 강제적 조치를 통해 위기 상황에 대응
- 재건의 책임(The Responsibility to Rebuild): 군사적 개입 이후 해당 지역의 재건과 화해, 그리고 갈등의 원인을 해소하기 위한 지원

또한 2005년 코피 아난 사무총장은 창설 60주년을 앞둔 국제연합의 21세기 과제를 파악하기 위해 국제연합 고위급 패널(The High-Level Panel on Threats, Challenges and Change)을 조직하여 국제연합이 향후 직면하게 될 도전과 과제에 대한 보고서를 작성하게 하였다. 고위급 패널은 이 보고서를 통해 국제적 의제로서의 보호책임 원칙을 지지하고, 동시에 2005년 국제연합 세계정상회의를 통해 보호책임 원칙은 국제사회에서 국제연합의 역할을 강화하기 위한 방안의 하나로서 제시되었다. 더욱이 보호책임 원칙의 실행이 정당화될 수 있는 국제법적 관할권과 발동의 정당성을 집단학살, 인종청소, 반인도적 범죄, 그리고 이와 같은 위협의 심각성, 비례적 수단 등으로 규정짓고 이에 관한 국제연합 회원국의 책임을 분명히 하게 된다.[9] 즉 보호책임 원칙을 완수하기 위한 국제사회 혹은 개별 회원국의 군사적 개입의 주요 목적은 대규모의 인명피해나 인권남용을 중지 또는 예방하기 위한 것이어야 하며, 그 군사적 개입은 경제 제재와 같은 비군사적 조치나 외교적 중재가 실패했을 경우 최후의 수단으로 취해져야 한다.

이러한 보호책임 원칙은 이후 많은 사례에 적용가능성을 보여 주었다. 문제는 보호책임의 주체가 누가 될 것이냐 하는 것이다. '개입 및 국가주권에 관한 국제위원회'에 따르면 국제연합 안전보장이사회가 보호책임의 주체가 되는 것을 원칙으로 한다. 이는 국제연합 창설과 동시에 제창된 국제연합헌장에 따른 것으로서, 국제연합은 헌장상 '국제평화 및 안전의 유지'를 목적으로 하는 포괄적 안보기구로서의 합법성과 정당성을 가지고 있으며, 국제분쟁의 해결에서 분쟁의 평화적 해결과 강제적 조치라는 두 가지 접근방법을 채택하고 있다.

---

9 2005 UN World Summit Outcome (A/RES/60/1), 2005, pp. 138-140.

국제연합은 헌장 제6장에 따라 분쟁을 중재, 협상, 조정 및 사법적 해결 등을 통해 '평화적 수단'을 우선적으로 추구할 것을 권고하고 있다. 이것이 불가능하거나 실패할 경우, 그리고 해당 갈등상황이 국제사회의 안정에 위협이 될 경우 헌장 제7장에 따라 국제연합 안전보장이사회는 모든 회원국을 대신하여 평화를 위협하는 주체를 규정하여 군사적 조치 등 필요한 강제조치를 취할 수 있다.

이러한 맥락에서 보호책임 규범이 발동되고 실제 사례에 적용될 때에는 앞서 언급했듯이 분쟁으로의 개입(intervention), 예방(prevention)과 재건(rebuilding)의 임무를 수행해야 한다(Bellamy 2008, 135-156). 이때 물론 국제연합 안전보장이사회가 중심이 되는 것이 법적 정당성을 확보하기 위한 최적의 방안이겠지만, 보호책임의 규범은 여타 지역기구나 특정 국가 혹은 특정 국가가 주도하는 자발적 동지국가연합(a coalition of the willing)에 의해 주도될 수도 있으며, 실제로 많은 사례에서 이와 같이 실천되고 있다. 특히 보호책임 규범의 실천과정에서 군사력이 사용되어야 할 경우, 현행 국제연합 체제상 독립적인 상비국제연합군이 존재하지 않기 때문에 특정 국가 혹은 지역기구 주도의 군사력에 위임할 수밖에 없다. 예컨대 북대서양조약기구나 유럽연합 등이 독자적으로 혹은 국제연합의 위임에 의해 개입정책을 수행할 수 있는 것이다. 이러한 국제사회의 현실 속에서 약소국들은 보호책임의 규범이 자칫 강대국들의 전략적 이해관계에 따라 개입정책을 정당화하는 논리로 사용되어 보호책임 규범의 공정성, 중립성 및 인도주의적 기준이 훼손될지도 모른다는 비판을 제기한다.

반면 미국은 보호책임 규범에 대해 어떠한 입장을 보이는가? 미국은 민주당과 공화당 모두 실제 인도주의적 개입과 보호책임 규범의 발동에 대해 소극적이고도 현실주의적인 입장을 보여 왔다. 이미 레이건 및 부시(George H. W. Bush) 행정부 시기부터 미국은 와인버거 독트린(Weinburger Doctrine)을 통해 미국의 해외개입정책의 가이드라인을 마련했으며, 이를 통해 해외개입정책을 제한하려 했다. 1984년 와인버거(Casper Weinburger) 국방장관은 ① 매우 중요한 국가이익의 존재 유무, ② 개입작전의 승리를 보장할 수 있는 강력한 군사력 사용, ③ 명확한 정치적·군사적 목표, ④ 현장 상황에서 군사력 배치 재조정 가능성, ⑤ 의회와 대중의 지지 확보, ⑥ 마지막 수단(last resort)으로서의 군사력 사용 등 여섯 가지 개입 원칙을 제시했다. 이후 1992년 합참의장이었던 콜린 파월(Colin Powell)이 와인버거 독트린을 받아들이며 미국 개입정책의 가이드라인을 재확인하게 되었다.

반면 클린턴(Bill Clinton) 대통령의 경우 1992년 대통령 선거운동 당시 소위 적극적 다자주의(Assertive Multilateralism)를 주창하며 보스니아 내전에 소극적으로 대처했던 부시 정부를 비난하면서 집단학살, 인종청소와 같은 인도주의적 위기 상황에 대한 미국의 강력한 개입을 촉구한 바 있다. 그러나 집권 초기인 1993년 소말리아 내전에서 희생당한 18명의 미군의 소식이 CNN을 통해 전 세계에 방송되어 클린턴 정부에 대한 비난이 급증하자 민주당과 클린턴 정부는 대통령 지침 25호(Presidential Decision Directive-25)를 통해 인도주의적 개입을 포함한 평화유지활동에의 미군 참여기준을 매우 제한적으로 정립하게 된다. 대통령 지침 25호는 요컨대 미국의 국가이익이 존재하지 않는 국제연합의 평화유지활동에 제한적으로 참여하며, 평화유지활동에 대한 금전적인 지원을 점진적으로 축소하는 것을 골자로 하고 있다.[10] 이러한 제한적인 개입정책 기준에 근거해 미국은 1994년 르완다 내전을 외면했고, 그 주변국인 부룬디, 탄자니아, 콩고민주

10 대통령 지침 25호의 원본은 http://www.fas.org/irp/offdocs/pdd/pdd-25.pdf 참조.

공화국의 난민 위기 상황에도 단지 인도주의적 지원(humanitarian aid)을 보급하는 것으로 상황을 회피하고자 했다. 대신 클린턴 정부는 국제연합으로 하여금 인도주의적 위기 상황에 보다 효율적으로 대처하고 평화유지활동을 돕기 위해 국제연합 평화유지국(UN Department of Peacekeeping Operation)에 400만 달러의 기금을 공여하고, 동시에 미 국방부로 하여금 국제연합 평화유지군의 군수운영을 혁신시키도록 했다. 미국 국무부에게는 아프리카 국가들을 대상으로 한 평화유지군 훈련을, 미국 중앙정보부에게는 인종청소와 대량학살 등에 대한 국제연합의 조기경보력(early-warning capacity)을 제고하기 위한 연구조사를 수주시키기도 했다. 이러한 일련의 조치들은 물론 국제연합이 인도주의적 위기 상황에 대해 보다 효과적으로 대응할 수 있도록 돕는 데 목적이 있었으나, 미국의 직접적인 개입을 회피하기 위한 전략이라고도 볼 수 있다.

그럼에도 불구하고 미국은 인도주의적 위기 상황에 있어 국제연합만이 유일한 주체는 아니라는 점을 강조하기도 했다. 즉 1995년 코소보 공습 당시 국제연합 안전보장이사회의 승인과 위임 없이 독자적으로 북대서양조약기구를 통한 공중폭격을 감행했던 사례가 바로 이에 해당된다. 클린턴 대통령은 코소보 공습과 관련한 미국의 입장을 "미국이 해결할 수 있는 능력 안에 일어나는 분쟁과 대량학살에 관해서, 우리는 이들을 막을 것이다"(Clinton 1999)라고 표현한 바 있다. 반면에 미국은 개입정책이 불필요하거나 필요 이상의 희생을 감수해야 하는 경우로부터 자유롭기 위해 공식적인 인도주의적 개입의 원칙을 대통령 지침 25호 이상으로 확장시켜 공식화하지 않았다. 이는 다른 국가들이 미국의 원칙을 바탕으로 여타 국가에 불필요한 개입정책을 개진할 가능성을 차단하기 위한 목적도 있었다(Feinstein and De Bruin 2009, 182).

부시 정부의 경우 대선운동 및 집권 초기에 인도주의적 개입정책에 대한 반대를 공식적으로 밝힌 바 있으며, 2001년 보호책임 규범의 정립에 대해서도 부정적이었다. 공화당의 전통적인 입장과 마찬가지로 부시 정부는 미국의 국가이익이 존재하지 않는 지역에 대한 미군의 개입정책을 선호하지 않았기 때문이다. 대선 후보로서 부시 대통령은 "나는 인종청소도 싫어하고 대량학살도 싫어한다. 그러나 나는 우리(미국) 군대를 그러한 갈등 지역에 파견하지 않을 것이다"(Feinstein and De Bruin 2009, 183)라는 의견을 밝힌 바 있다. 그러나 9·11 테러 이후 이러한 입장은 정반대로 선회하여, 실패 국가의 존재가 테러리즘과 연계되어 있다는 가정하에 인도주의적 위기 상황에 좀 더 민감하게 반응하기 시작한다. 2006년에 발표된 4개년 국방정책보고서(Quadrennial Defense Review)에 따르면 미국정부는 테러리즘과 비국가적 위협으로부터 개발도상국과 저개발국을 보호하기 위한 파트너십 역량 개발을 강조하고 있으며, 특히 2003년 다르푸르 사태에 대해 부시 행정부의 가장 중요한 지지 그룹이었던 복음주의자들의 개입 로비가 시작되며 인도주의적 위기 상황에 대한 인식이 제고되었다. 이에 따라 다르푸르 사태 해결을 촉구하는 안전보장이사회의 결의안에 '보호책임'이라는 용어가 포함되는 것을 미국이 지지하게 되었으며, 이에 따라 다르푸르 사태 해결을 위한 국제연합 평화유지군이 파견될 수 있게 되었다.[11] 그러나 부시 행정부는 다르푸르 사태를 보다 효과적으로 해결하기 위해 국제연합과의 공조를 도모하기보다는 2007년 수단의 기업들에 대한 금융제재를 확대하는 등 미국의 개별적인 행동을 취하였다.

11 다르푸르 사태 해결을 위한 국제연합 안전보장이사회의 결의안은 1706호이다. S/RES/1706 (August 31, 2006).

요컨대 보호책임 원칙은 미국 행정부에 있어 규범적으로 내재화되지는 않았다. 보호책임 규범에 대한 국제사회의 규범적 환경 변화를 인지하고 이에 대해 충분히 이해하고는 있으나, 인권외교와 미국 스스로의 전략적 이익이 충돌하거나 미국의 안보정책 운신의 폭이 줄어들 경우에 대비하여 보호책임 원칙에 대한 미온적인 태도를 보여 왔다고 결론 내릴 수 있다.

3. 리비아 사태와 미국의 인도주의적 개입 참여

1) 리비아 사태의 배경과 결과

카다피 정권은 이드리스 알 사누시(Idris Al Sannusi) 국왕이 치료를 목적으로 리비아를 잠시 떠나 있던 1969년 쿠데타로 집권한 이후 40여 년 동안 독재를 통해 반정부세력에 대한 불법 체포, 구금, 고문, 처형 등 무자비한 인권탄압정책을 자행해 왔다. 더욱이 리비아는 최근 지리적 동서 진영을 거점으로 부족연합 간의 대결이 진행되어 왔는데, 이러한 정치적 균열은 카다피의 출신 부족인 카다파(Quadafa) 부족과 그 연대 세력들이 서부 트리폴리를, 또한 동부에는 카다피 정권으로부터의 핍박을 받아 온 반카다피 세력이 모여들면서 더욱 심화되었다(박동형 2012, 294). 또한 석유 및 가스 등 천연자원 수출로 인한 국가적 수입의 불평등 분배 문제에 직면해 있었고, 동시에 개헌과 정치개혁을 주장하는 실용주의 노선의 개혁파들의 요구에 대해 카다피 정부는 반대가 아닌 무대응으로 일관함으로써 오히려 리비아 내 혁명의 도화선이 되었다(Blanchard 2012, 15-16). 또한 튀니지와 이집트에서의 반정부 시위 소식이 인터넷과 휴대폰 등을 통해 리비아 시민들에게 전해지면서 리비아 내의 반정부 시위는 더욱 탄력을 받게 되었다. 요컨대 이러한 여러 문제들로 인해 국민들의 불만이 팽배한 상황에서 2011년 1월 주택 건설 지연에 항의하는 시위가 벵가지(Benghazi) 등의 도시에서 일어났고, 2월 15일 인권변호사 파티 테르빌(Fathi Terbil)이 연행되자 반정부 시위가 전국적으로 확산되기에 이른다.

이에 대해 카다피 정권은 초기부터 유혈진압으로 일관했고, 이러한 강경대응으로 인해 여러 시민단체와 마그레브 지역기구들, 즉 아랍연맹과 아프리카연합, 이슬람회의 등은 국제사회가 카다피의 강경대응을 막아야 한다는 의견을 확산시켰으며, 미국을 비롯한 서방국가들도 카다피 정부를 비난하기 시작했다. 2011년 2월 22일부터 민간인 시위대에 대한 카다피 정부의 폭격이 시작되자 2월 26일 반정부 인사들이 국가과도위원회(National Transitional Committee)를 설치하여 조직적인 반정부 활동에 나서게 된다. 반면 카다피 정부는 트리폴리(Tripoli)와 미수라타(Misuratah)의 반정부 시위를 진압하고 벵가지로 점차 그 진압의 폭을 넓혀 가자, 이에 대해 영국과 프랑스의 주도로 국제연합 안전보장이사회가 마침내 소집되었고, 리비아에 대한 결의안 1970호가 만장일치로 통과되었다. 이 결의안에는 보호책임 개념을 적용하여 리비아의 자국민 보호에 대한 책임을 재확인하고, 차후 카다피와 그 측근들에 대한 국제형사재판소 회부 등을 명시하였다.[12] 이와 더불어 안전보장이사회는 3월 17일 결의안 1973호를 통해 리비아 영공에 대한 비행금지구역을 설정했으며 국제연합 회원국은 리비아 국민의 보호를 위해 모든 필요한 조치를 취하도록 했다.[13] 이는 군사적 조치까지 포함한 것으로, 3월 19일부터 리비아에 대한 무기 금수조치와 비행금지구역 수호를 위한 다국적군의 군사개입이 시작되었다.

12 UN DOC S/RES/1970 (February 26, 2011).

13 UN DOC S/RES/1973 (March 17, 2011).

또한 항공기 운항금지 및 자산 동결 같은 강제적 조치도 포함되었다.

미국은 수십조 달러에 이르는 리비아 국가자산을 동결시켰고, 대통령령(Executive Order) 13566호 및 안전보장이사회 결의안 1970호와 1973호에 따라 리비아 국영 석유회사에 제재를 가하였다. 이와 같은 국제사회의 리비아 개입은 민간인 보호를 위해 필요한 조치를 취하는 데 그 목적을 두었기에 보호책임 규범이 적용된 최초의 사례로 자리매김할 수 있었고, 향후 보호책임 규범이 보다 유의미한 국제규범으로 내재화될 수 있는 기회가 되었다(Orford 2011, 403). 3월 19일부터 31일까지의 군사작전 지휘는 미국이 '오디세이 새벽(Odyssey Dawn)' 작전을 통해 안전보장이사회 결의안 1973호를 시행했고, 이후로는 미국·영국·프랑스가 포함된 다국적군이 주도했으며, 특히 북대서양조약기구의 지휘 아래 'Operation Unified Protector'로 명명된 군사작전을 수행하였다. 카다피 정권은 폭격기와 탱크를 동원하여 반격하고자 했으나, 다국적군의 조직적인 폭격 지원에 힘입은 반정부군은 점차 전세를 바꾸어 이후 2011년 8월 수도 트리폴리를 수중에 얻었다. 또한 안전보장이사회는 카다피와 그 가족 및 측근들을 국제형사재판소에 회부하였고 국제형사재판소는 6월 27일 카다피에 대해 '반인도적 범죄' 혐의로 체포영장을 발부하였다. 인도주의적 개입 작전 수행 중 국제형사재판소로의 회부는 오히려 카다피로 하여금 권좌에서 물러나기 어렵게 만들 것이라는 예측도 있었으나, 10월 20일 카다피가 피살됨에 따라 그를 실질적으로 기소하기 어렵게 되었다. 이후 10월 24일 국가과도위원회가 리비아 내전이 공식적으로 종료되었음을 선포하였고, 10월 26일 리비아 내의 비행금지구역 설정 해제를 선언함에 따라 북대서양조약기구의 임무도 31일 종료되었다. 이로써 약 3만여 명 이상의 사상자를 낸 리비아 사태는 8개월 만에 종식되었고, 카다피 정권이 무너진 리비아는 현재 민주국가로의 이행단계를 밟고 있다.

2) 보호책임 규범과 미국의 대응

2011년 3월 오바마 행정부는 미국 의회에 보고서를 제출하며 3월 19일부터 시작된 미국의 '오디세이 새벽' 작전이 전쟁권 결의안을 준수하고 있다는 점을 밝혔다. 그리고 아프리카 사령부의 지휘에 따라 미국은 비행금지구역을 수호하고 민간인에 대한 카다피 정부의 폭격을 막기 위해 리비아의 공군방어 시스템을 공격할 것을 명시했다. 다만 이러한 작전 수행은 차후 북대서양조약기구 중심의 다국적군이 지상 작전을 수행하는 것을 돕기 위한 목적으로 제한되어 있다는 점을 밝혔다(Grimmett 2012a, 11-14).

요컨대 오바마 정부는 '아랍의 봄' 사태에 대해 미국이 직접적으로 강제 조치를 취할 경우 오히려 역효과를 낳을 것이라는 가정하에 외교정책을 펼쳤다. 2011년 5월 오바마 대통령은 아랍의 봄 사태에 대한 미국의 기본 원칙을 다음과 같이 밝혔다(Blanchard *et al.* 2012, 18).

- 미국은 중동과 북아프리카 지역의 시민들에 대한 폭력과 억압에 반대하며, 이들의 평화로운 집회의 자유, 언론의 자유, 종교의 자유 및 남녀평등과 같은 인권이 이 지역에서 보호되어야 한다고 믿는다.
- 이 지역의 시민들은 그들이 원하는 지도자를 선택할 권리가 있다.
- 미국은 이 지역에서의 정치·경제개혁을 지지한다.

이와 같이 미국은 '아랍의 봄'을 통한 이 지역의 민주화 이행을 환영했으나, 비자유적 민주주의(illiberal democracy), 즉 소수의 권리와 인권보장, 그리고 건전한 민주주의 제도가 부재한 절차적 민주주의

로의 이행은 경계했다.

국제연합을 중심으로 한 국제사회가 리비아 사태에 대해 보호책임 규범을 적용하여 군사적으로 개입했다는 사실은 여러 측면에서 중요한 함의를 갖고 있으며, 특히 향후 국지적 분쟁과 인도주의적 위기 상황에 대한 국제사회의 대응의 폭을 넓히고 또 이들 개입정책의 정당성을 확보할 수 있는 선례로 작용할 공산이 크다. 더욱이 리비아 사태 해결을 위해 미국이 안전보장이사회의 결의안 1970호와 1973호에 보호책임 원칙을 명시하는 데 찬성했다는 점도 고무적이다. 반면 이번 개입정책의 문제점은 북대서양조약기구를 중심으로 한 다국적군이 원래의 보호책임 규범의 규정에서 벗어나 리비아 반정부군에 편승하여 정권교체에 일조했다는 점이다. 물론 러시아와 중국이 리비아와 직접적인 이해관계를 갖지 않고 있기에 안전보장이사회에서의 결의안 발의가 용이했던 점도 있지만, 그럼에도 불구하고 북대서양조약기구를 중심으로 한 다국적군에게 위임된 권한 이외의 군사 활동으로 인해 이번 개입작전은 신제국주의적 개입(neo-imperial intervention) 혹은 인도적 제국주의(humanitarian imperialism)라는 비난을 받았다(박동형 2012, 287-312). 결과적으로는 리비아의 정권교체와 민주화의 길을 열어주었다고 자평할 수도 있으나, 보호책임 규범에 찬성하지 않는 국가들에게 향후 보호개입 규범 적용에 반대할 수 있는 구실을 주었다. 강대국들이 약소국의 주권을 침해할 수 있는 소지를 갖고 있는 것이 바로 보호책임 규범이라는 사실이 실제로 확인된 사례가 바로 이번 리비아 공습이었다는 것이다. 실제로 최근 시리아 내전에 대한 안전보장이사회의 결의안 채택 과정에서도 중국을 비롯한 여러 반서방 국가들로부터 보호책임 규범에 대한 반대를 이끌어내었다.

또한 미국은 '오디세이 새벽' 작전을 통해 개입작전을 개시했을 뿐 이번 리비아에 대한 지상군사작전은 사실상 영국과 프랑스가 주도하였다. 즉 미국은 가장 높은 정치·군사적 비용을 치러야 하는 지상군 파병을 피했던 것이다. 이는 리비아가 유럽대륙의 주요 석유공급처였으며 프랑스의 무기 수출 고객이었기 때문이다. 이러한 경제적 이익을 수호하기 위해 영국과 프랑스는 그동안 발전시켜 온 공동군사전략을 리비아 사태에 적용했고 미국의 이익이 명확하지 않은 국제분쟁에 유럽연합의 독자적 안보전략을 추구하여 안보 영역에서의 영향력을 확대하려는 계산이 존재했다. 반면 미국의 경우 이미 대테러전쟁을 위한 반테러 협력 체제를 중동 및 마그레브 국가들과 형성하고 있었기에 리비아에 대한 적극적인 개입정책을 표명하기 어려웠다. 또한 오랜 기간에 걸친 이라크전과 아프가니스탄 전쟁 수행으로 인해 제3의 전선을 구축하기 어려운 점도 있었으며, 국내 여론도 북아프리카 및 중동 지역에서의 분쟁 개입에 매우 소극적이었다. 리비아 사태가 진행되던 2011년 3월 실시된 여론조사 결과를 나타낸 〈표 8-3〉에 따르면 북대서양조약기구 회원국인 미국, 영국, 프랑스, 독일, 이탈리아, 그리고 스페인의 국민들은 대부분 리비아 개입작전을 그다지 지지하지 않는 것으로 나타나고 있으며, 찬성과 반대의 비율이 비슷하게 나타나고 있다. 특히 미국의 경우 북대서양조약기구의 다른 회원국들보다도 리비아 개입작전에 대해 가장 낮은 지지율을 보이고 있다.

또 〈표 8-4〉에서 볼 수 있듯이 리비아 사태에 대한 미국의 개입정책은 이전의 인도주의적 개입작전보다도 현저히 낮은 지지율을 보이고 있다. 이와 같은 국내의 악조건뿐만이 아니라 대외적으로도 만약 미국의 적극적인 개입정책이 개진되었을 경우 카다피 이후 반미정권이 수립될 가능성 역시 존재했다. 그럼에도 불구하고 오바마 정부가 고민했던 부분은 바로 1994년 르완다 대학살과 같은 인도주의

〈표 8-3〉 리비아 군사개입작전에 대한 북대서양조약기구 회원국의 여론

구분	지지한다	모르겠다	반대한다
미국	32%	31%	37%
영국	37%	28%	35%
프랑스	40%	30%	30%
독일	34%	27%	39%
이탈리아	29%	22%	49%
스페인	37%	29%	34%

출처: Clements(2013) 및 Financial Times/Harris가 2013년 3월 30일부터 4월 4일까지 6,241명의 성인을 대상으로 실시한 온라인 여론조사 결과 참고.

〈표 8-4〉 리비아 군사개입작전에 대한 미국 내 여론

인도주의적 위기사태	미국의 개입 찬성	미국의 개입 반대
리비아 사태(2011)	27%	63%
다르푸르 인종청소(2006)	51%	36%
코소보 인종갈등(1999)	47%	46%
보스니아-세르비아 갈등(1995)	30%	64%

출처: Pew Research Center가 2011년 3월 10-13일에 미국인 1,001명을 대상으로 실시한 여론조사 결과.

적 위기 사태가 일어날 가능성이었으며, 이로 인해 미국은 '뒤로부터의 지지(lead from behind)' 전략으로부터 선회하여 소극적이나마 다국적군의 개입정책에 참여하게 되었다. 오바마 정부는 이번 카다피 정권의 몰락과 리비아 공습을 매우 성공적인 개입정책의 사례로 자화자찬하기도 한다(Patrick 2011). 앞서 언급했듯이 이번 작전에 있어 미국은 지상군을 파견하지도 않았으며, 미국군의 인명피해도 없었고 전쟁비용도 매우 작았기 때문이다.

이러한 점을 예측한 듯 오바마 행정부는 2011년 8월 대통령 지침 10호(Presidential Study Directive-10)를 제시하였다. 대통령 지침 10호는

매우 단순한 점을 강조한다. 미국은 향후에도 무시하기 어려운 인도주의적 위기 상황에 맞닥뜨릴 것이고 이것은 미국의 국가안보이익의 중요한 부분 중 하나이며, 그러한 상황에 대비한 다양한 전략, 예컨대 금융제재, 무기금수조치, 군사적 개입 등을 준비해야 한다는 것이다. 이러한 점에 있어 대통령 지침 10호는 미국의 보호책임 규범이라고 볼 수 있으나, 이것이 앞으로도 실질적인 정책 가이드라인으로 자리잡을 수 있을 것인가는 매우 회의적이며, 향후 미국 대통령의 선택에 따라 매우 선별적으로 채택될 것이라는 의견이 지배적이다. 오바마 대통령 스스로도 매우 실용적인 현실주의자로 평가되는 만큼 인도주의적 위기 상황에 대해 실질적인 비용과 이득을 계산한 인권외교는 계속될 것으로 예측된다. 리비아 사태의 경우는 수단적 인권외교가 수행된 적확한 예로서, 미국이 적은 비용으로 미국적 가치를 대외적으로 공언할 수 있었던 좋은 기회였다고 평가할 수 있다.

4. 결론

지금까지 살펴본 바와 같이 미국의 인권외교는 선별성과 비일관성을 특징으로 하고 있다. 반면 인권외교에 관한 최근의 보호책임 규범은 국제사회의 변화를 반영하고 있다. 냉전 종식 이후 급격히 증가한 인도주의적 위기 상황, 내전, 인종청소 같은 현안에 대응하기 위해, 즉 인간안보 혹은 인권보호가 탈냉전의 가장 중요한 명제가 되고 있으며 이에 대응하기 위한 최근의 노력은 보호책임 규범으로 나타나게 되었다. 즉 국가주권이나 내정불간섭 원칙이 실패국가 연명의 이유가 되어서는 안 된다는 규범적 변화로 인해, 그리고 집단학살, 인종청소 같은 범죄행위가 국제사회의 안정에 위협요소가 될 수 있다는 인식의 변화로 인해 보호책임 규범은 점차 국제사회 일원들의 지지를 얻어 가고 있다.

반면 미국의 인권외교 현황은 여전히 선별적이며 국가이익과 타협하는 모습을 많이 보여 주고 있다. 이번 리비아 사태에 대한 미국의 개입은 신속한 개입과 독재정권 축출, 민주정부 수립 노력의 경주 등 일련의 정책에 있어 보호책임의 전형적인 적용 사례를 보여 주는 듯하지만, 이는 기본적으로 적은 참여비용과 사상자 수, 그리고 주도국이 아닌 참여국가로 인권외교를 수행할 수 있다는 전략적 선택으로 인한 것이었기 때문이다.

그렇기 때문에 리비아 사태에 대한 미국의 개입은 보호책임 규범의 완전한 발현, 혹은 보호책임 규범이 국제사회의 인도주의적 위기 상황에 대한 대응 규범으로 자리 잡았다는 평가를 받기에는 아직은 시기상조인 것으로 보인다. 즉 보호책임 규범이 국제사회에 완전히 내재화되었다기보다는 여전히 국가이익을 실현하기 위한 하나의 수단적 명분이라는 것이 더욱 정확한 평가일 것이다. 이는 최근에도 유사한 패턴으로 지속되고 있는 시리아 사태에 대한 미국의 무반응과 국제연합의 미온적 대응으로부터도 쉽게 알 수 있다. 그럼에도 불구하고 미국의 대통령 지침 10호라는 성과는 보호책임 규범이 확산될 수 있는 하나의 단초가 될 수 있으며, 최소한 미국 외교정책 결정과정에서 대통령 지침 25호와 상충될 수 있는 규범이 등장했다는 점에서 매우 고무적이라고 평가할 수 있다.

또한 아랍의 봄과 같은 사태가 다른 지역에서도 일어날 경우 리비아 개입 사태는 매우 유용한 선례로 작용할 공산이 크다. 특히 많은 점에서 유사한 특성을 보일 수 있는 북한의 급변 사태에 대해서도 과연 국제사회가 보호책임 규범을 제기하여 대응할 것인가 등의 문제에 대해 본 리비아 사태는 많은 시사점을 줄 수 있을 것이다.

참고문헌

박동형. 2012. 「리비아에 대한 '보호책임(R2P)' 적용 사례 연구: 북한에 주는 교훈과 시사점」. 『국제정치논총』 52(3): 287-312.

박홍순. 2012. 「유엔(UN)과 '보호책임'원칙의 실행: 리비아 사태에 대한 유엔 안보리의 대응과 유엔 사무총장의 역할」. *Oughtopia: The Journal of Social Paradigm Studies* 27(2): 71-115.

이신화. 2012. 「국가실패와 보호책임(R2P)의 북한 적용가능성」. 『한국정치학회보』 46(1): 257-281.

조동준. 2011. 「신데렐라처럼 등장한 보호의무 개념과 개입」. 『국제정치논총』 51(2): 161-181.

Ajami, Fouad. 1996. "The Mark of Bosnia: Boutros-Ghali's Reign of Indifference." *Foreign Affairs* 75(3): 162-164.

Annan, Kofi. 1999. "Two Concepts of Sovereignty." *The Economist* (September 18).

Apocada, Clair, and Michael Stohl. 1999. "United States Human Rights Policy and Foreign Assistance." *International Studies Quarterly* 43(1): 185-198.

Baehr, Peter R., and Monique Catermans-Holleman. 1994. *The Role of Human Rights in Foreign Poicy*. New York: Palgrave Macmillan.

Bellamy, Alex. 2008. "Conflict Prevention and the Responsibility to Protect." *Global Governance* 14(2): 135-156.

Bellamy, Alex, and Sara E. Davies. 2009. "The Responsibility to Protect in the Asia-Pacific Region." *Security Dialogue* 40: 547-574.

Blanchard, Christopher M. 2012. "Libya: Transition and U.S. Policy." Congressional Research Service Report (October 18).

Blanchard, Christopher M. *et al.* 2012. "Change in the Middle East: Implication for U.S. Policy." Congressional Research Service Report (March 7).

Caballero-Anthony, Mely, and Belinda Chng. 2009. "Cyclones and Humanitarian Crises: Pushing the Limits of R2P in Southeast Asia." *Global Responsibility to Protect* 1: 135-155.

Chomsky, Noam, and Edward S. Herman. 1979. *After the Cataclysm: Postwar Indochina and the Reconstruction of Imperial Ideology*. Boston: South End Press.

Clements, Ben. 2013. "Public Opinion and Military Intervention: Afghanistan, Iraq and Libya." *The Political Quarterly* 84(1): 119-131.

Clinton, William J. 1999. "Remarks by the President to the KFOR Troops." Skopje, Macedonia (June 22).

Feinstein, Lee, and Erica De Bruin, 2009. "Beyond Words: US Policy and the Responsibility to Protect." In *Responsibility to Protect: The Global Moral Compact for the 21st Century*, edited by Richard H. Cooper and Juliette Voinov Kohler. New York: Palgrave MacMillan.

Gourevitch, Alex. 2007. "Neo-Wilsonianism: The Limit of American Ethical Foreign Policy." In *Rethinking Ethical Foreign Policy: Pitfalls, Possibilities and Paradoxes*, edited by David Chandler and Volker Heins. New York: Routledge.

Grimmett, Richard F. 2012a. "War Powers Resolution: Presidential Compliance." Congressional Research Service Report (September 25).

Grimmett, Richard F. 2012b. "Instances of Use of United states Armed Forces Abroad, 1798-2012." Congressional Research Service Report (September 19).

Hinckley, Barbara. 1994. *Less than Meets the Eyes*. Chicago: University of Chicago Press.

Holzgrefe, J. L., and Robert Keohane. 2003. *Humanitarian Intervention: Ethical, Legal and Political Dilemmas*. Cambridge: Cambridge University Press.

ICISS (International Commission on Intervention and State Sovereignty). 2001. *The Responsibility to Protect: Report of the International Commission on Intervention and State Sovereignty*.

Kanter, Arnold, and Linton F. Brook, eds. 1994. *U.S. Intervention Policy for the Post-Cold War World: New Challenges and New Responses*. New York: W.W. Norton and Company.

Kim, Young Sok. 2006. "Responsibility to Protect, Humanitarian Intervention and North Korea." *Journal of International Business and Law* 5(1): 74-94.

Kirkpatrick, Jeane J. 1979. "Dictatorship and Double Standards." *Commentary* 68(5): 34-45.

Kull, Steven, I. M. Destler, and Clay Ramsay. 1997. *The Foreign Policy Gap: How*

Policymakers Misread the Public. College Park: MD: The Center for International and Seccurity Studies at the University of Maryland.

Liang-Fenton, Debra, ed. 2004. *Implementing U.S. Human Rights Policy*. Washington, D.C.: United States Institute of Peace Press.

Lindsay, James M. 1994. *Congress and the Politics of U.S. Foreign Policy*. Baltimore: the Johns Hopkins University Press.

Mertus, Julie. 2003. "The New U.S. Human Rights Policy: A Radical Departure." *International Studies Perspectives* 4: 371-384.

Mullerson, Rein. 1997. *Human Rights Diplomacy*. New York: Routledge.

Oh, Byung-Sun, 2011. "The Use of Force, Humanitarian Intervention, and the Responsibility to Protect- in the Light of a Recent North Korea Contingency Plan." 『국제법학회논집』 56(4): 307-337.

Orford, Anne. 2011. "From Promise to Practice? The Legal Significance of the Responsibility to Protect Concept." *Responsibility to Protect* 3: 400-424.

Patrick, Stewart. 2011. "Libya and the Future of Humanitarian Intervention." Foreign Affairs (August 26).

Pease, Kelly Kate, and David P. Forsythe. 1993. "Human Rights, Humanitarian Intervention, and World Politics." *Human Rights Quarterly* 15(2): 290-314.

Stewart, Patrick. 2011. "Libya and the Future of Humanitarian Intervention," *Foreign Affairs* (August 26).

Schultz, Kenneth. 2003. "Tying Hands and Washing Hands: The U.S. Congress and Multilateral Humanitarian Intervention." In *Locating the Proper Authorities: The Interaction of Domestic and International Institutions*, edited by Daniel Drezner. Ann Arbor, Michigan: University of Michigan Press.

Warburg, Gerald Flix. 1989. *Conflict and Consensus*. New York: Harper and Row Publisher.

Weaver, Kent R. 1986. "The Politics of Blame Avoidance." *Journal of Public Policy* 6(4): 371-398.

Weiss, Thomas, and Ramesh Thakur. 2010. *Global Governance and the UN*. Bloomington: Indiana University Press.

2005 UN World Summit Outcome (A/RES/60/1).

찾아보기

ㅈ

ㅊ

ㅋ

ㅌ

ㅍ

ㅎ

A–Z

Political Issues for Debate in American Society

Hyun-Jin Seo, So Young Lee, Junseok Kim, Won-ho Park

Seung-Jin Jang, Hoi Ok Jeong, Soo Hyun Jung, and Kuyoun Chung

This book aims to promote in-depth discussion, facilitate further research and help readers understand how political issues affect American society today and will for years to come. It includes eight critical issues at the heart of current American public policy and society: education reform, healthcare reform, gun control, affirmative action, gay rights, immigration, energy security, and human rights diplomacy. Current events and debates over all eight issues are addressed throughout the book to spark interest and demonstrate how the government affects Americans' daily lives. In addition, historical backgrounds are discussed in detail, providing the most important information on the early conflict, limited federal role, Supreme Court decisions, presidential challenges, political reality and rewriting history.

The concluding chapter is designed to encourage discussion and promote critical thinking over new questions of eight national and international issues. In short, each chapter chronicles and analyzes executive, legislative and judicial activities at all levels of state and the federal government, as well as public opinion regarding each issue. Although this book deals with the various sides of a given American political issue, it is designed to get readers engaged and thinking about the Korean political system and the most timely, important, and provocative issues in Korea.

저자 소개

서현진

성신여자대학교 정치외교학과를 졸업한 후 미국 퍼듀대학교에서 비교정치 전공으로 정치학 박사학위를 받았다. 서울대학교 미국학연구소와 경희대학교 시민사회연구소 선임연구원 등을 거쳐 현재 성신여자대학교 사회교육과 교수로 재직 중이다. 최근 저서로는 『변화하는 한국유권자5』(2013, 편), 『어게인 오바마: 2012 미국 대선과 오바마의 재선』(2013, 공저) 등이 있다. 그 밖에 「정당활동가의 정치적 충원에 관한 연구: 19대 총선을 중심으로」(『한국정치연구』 제23집 1호, 2014), 「민주주의 심화와 민주시민교육: 한국과 미국의 고등학교 정치교육 비교연구」(『의정연구』 제18집 3호, 2012) 등 한국과 미국의 선거, 정당, 의회를 포함한 정치과정과 관련하여 여러 편의 논문을 발표하였다.

이소영

연세대학교 정치외교학과와 같은 대학교 대학원을 졸업한 후 미국 텍사스대학교(오스틴) 정치학과에서 정치학 박사학위를 받았다. 현재 대구대학교 국제관계학과 교수로 재직 중이며 미국정치, 비교정치, 정치 커뮤니케이션이 전공분야다. 대표 논문으로는 「2012 한국 여성 유권자의 정치적 정향과 투표행태」(『한국정치학회보』 제47집 5호, 2013), 「풀뿌리 조직화와 2008 오바마 캠페인」(『미국학논집』 제43권 2호, 2011), 「대의민주주의와 소통: 미국 오바마 행정부 하의 의료보험개혁 사례를 중심으로」(『21세기정치학회보』 제20집 3호, 2010), "Regionalism as a Source of Ambivalence"(*Korea Observer*, 2009), 「의회개혁, 정당강화, 그리고 미국하원의 대표성」(『한국정치학회보』 제42집 4호, 2008) 등이 있으며, 공저로 『소셜네트워크와 정치변동』(2012), 『정치적 소통과 SNS』(2012), 『지속가능한 공존의 미래문화』(2012) 등이 있다.

김준석

동국대학교 정치외교학과를 졸업한 후 미국 뉴욕 주 스토니브룩 소재 뉴욕주립대에서 관료에 대한 정치적 통제 연구로 정치학 박사학위를 받았다. 현재 동국대학교 정치외교학과 부교수로 재직하고 있다. 주요 학술논문으로 「가결과 부결의 이분법을 넘어」(『한국정치학회보』 제46집 5호, 2012, 공저), 「입법시간과 입법결과의 경쟁위험분석」

(『한국정치연구』 제21권 3호, 2012) 등이 있고, 역서로 『의회: 선거커넥션(*Congress: Electoral Connection*)』(2010)이 있다.

박원호

서울대학교 정치학과 학부를 졸업하였고 같은 대학교 대학원에서 석사학위를 획득한 후, 미국 미시간대학교에서 정치학 연구방법론 전공으로 정치학 박사학위를 받았다. 미국선거조사(American National Election Studies) 펠로우와 플로리다대학교(University of Florida) 정치학과 교수를 역임하였고 현재 서울대학교 사회과학대학 정치외교학부 교수로 재직하면서 서울대학교 미국학연구소 학술교류부장을 맡고 있다. 공저로 『2012년 대통령선거 분석』(2013), 『한국유권자의 선택』(2013) 등이 있고, 「이슈선점과 정당일체감」(『정당학회보』 제13권 1호, 2014), 「생태학적 추론 서설: 통계학적 연금술 혹은 선거사 연구의 희망?」(『평화연구』 제21권 2호, 2013) 등의 논문을 최근 발표하였다.

장승진

서울대학교 외교학과와 같은 대학교 대학원을 졸업한 뒤 미국 컬럼비아대학교에서 히스패닉계와 아시아계 미국인들의 정치참여에 대한 연구로 정치학 박사학위를 받았다. 컬럼비아대학교 국제공공정책대학원(SIPA) 전임강사를 거쳐 현재 국민대학교 정치외교학과 조교수로 재직하고 있다. 한국과 미국의 선거, 정당, 여론 등 정치과정 및 유권자 정치행태에 대한 여러 편의 논문을 발표하였다.

정회옥

이화여자대학교 정치외교학과와 같은 대학교 대학원을 졸업하고 미국 아이오와대학교에서 소수인종의 정치참여에 관한 논문으로 정치학 박사학위를 받았다. 동국대학교 강의교수를 거쳐 2013년부터 명지대학교 정치외교학과 교수로 재직하고 있다. 주요 논문으로는 "Religious involvement and group identification: The case of Hispanics in the United States"(*Social Science Journal*, 2014), "Minority Policies and Political Participation among Latinos: Exploring Latinos' Response to Substantive Representation"(*Social Science Quarterly*, 2013), "From Civic Participation to Political Participation"(*Voluntas: International Journal of Voluntary and Nonprofit Organizations*, 2013) 등이 있다.

정수현

숭실대학교 정치외교학과와 같은 대학교 대학원을 졸업한 뒤 미국 플로리다 주립대학교에서 미국의 환경규제와 정책네트워크에 관한 연구로 정치학 박사학위를 받았다.

현재 숭실대학교 정치외교학과 박사후연구원으로 있으며 숭실대학교와 연세대학교에서 강의하고 있다. 논문으로는 「국제환경협약의 비준과 거부: 국내 정치적 요인의 영향력을 중심으로」(『국제정치논총』 제53집 3호, 2013)와 「민주주의와 국제환경협약의 준수」(『국제정치논총』 제52집 3호, 2012) 등이 있으며 저서로는 『어게인 오바마: 2012 미국 대선과 오바마의 재선』(2013, 공저)이 있다.

정구연

고려대학교 노어노문학과를 졸업한 후 같은 대학교 대학원 정치외교학과를 거쳐, 2011년 미국 캘리포니아대학교 로스앤젤레스 캠퍼스(UCLA) 정치학과에서 정치학 박사학위를 받았다. 현재 국립외교원 외교안보연구소 객원교수이며 미국외교정책, 비전통안보, 개발협력, 아프리카 거버넌스 등을 주된 연구주제로 다룬다. 대표 논문으로는 「미국의 "밀레니엄 도전 계정"과 아프리카 거버넌스 발전 연구: 시민적·정치적 권리를 중심으로」(『국제정치논총』 제53집 3호, 2013), "Selective Humanitarian Intervention after the End of the Cold War: Evidence from 1991-2005 Data"(『평화연구』 제21권 1호, 2013) 등이 있으며 공저로는 『어게인 오바마: 2012 미국 대선과 오바마의 재선』(2013), 『국제기구의 과거, 현재, 미래』(2013) 등이 있다.